Eike Christiane Schumann

Beziehungsmuster erwachsener Kinder aus Alkoholikerfamilien

Eike Christiane Schumann

Beziehungsmuster erwachsener Kinder aus Alkoholiker-familien

Eine qualitative Untersuchung

Mit einem Geleitwort von Prof. Dr. Gerd Rudolf

Springer Fachmedien Wiesbaden GmbH

Die Deutsche Bibliothek – CIP-Einheitsaufnahme

Schumann, Eike Christiane:
Beziehungsmuster erwachsener Kinder aus Alkoholikerfamilien : eine qualitative Untersuchung / Eike Christiane Schumann. Mit einem Geleitw. von Gerd Rudolf. –
(DUV : Psychologie)
Zugl.: Heidelberg, Univ., Diss., 1998
ISBN 978-3-8244-4339-0   ISBN 978-3-663-09405-0 (eBook)
DOI 10.1007/978-3-663-09405-0

Lektorat: Ute Wrasmann / Neele Schütter

http://www.duv.de

Höchste inhaltliche und technische Qualität unserer Produkte ist unser Ziel. Bei der Produktion und Verbreitung unserer Bücher wollen wir die Umwelt schonen. Dieses Buch ist deshalb auf säurefreiem und chlorfrei gebleichtem Papier gedruckt. Die Einschweißfolie besteht aus Polyäthylen und damit aus organischen Grundstoffen, die weder bei der Herstellung noch bei der Verbrennung Schadstoffe freisetzen.

Die Wiedergabe von Gebrauchsnamen, Handelsnamen, Warenbezeichnungen usw. in diesem Werk berechtigt auch ohne besondere Kennzeichnung nicht zu der Annahme, daß solche Namen im Sinne der Warenzeichen- und Markenschutz-Gesetzgebung als frei zu betrachten wären und daher von jedermann benutzt werden dürften.

MEINEN ELTERN IN LIEBE

GELEITWORT

Erwachsene Patienten, die wegen psychosomatischer Beschwerden, Ängsten, Depressionen und Beziehungsproblemen eine Psychotherapeutische Praxis oder Ambulanz aufsuchen, stoßen im Verlauf der diagnostischen Gespräche auf offensichtliche oder unterschwellige Belastungen ihrer aktuellen Lebenssituation, aber auch auf solche ihres früheren Lebens, insbesondere ihrer Kindheitsgeschichte. Der diagnostisch suchende Blick trifft auf soziale Gegebenheiten und zwischenmenschliche Erfahrungen, welche nicht selten die Anpassungsfähigkeit des Kindes überfordert, es in der Entfaltung seiner Persönlichkeit beeinträchtigt und durch traumatisierende Erfahrungen beschädigt haben. In diesem Zusammenhang spielt der Alkoholmißbrauch eines Elternteils eine häufige und wichtige Rolle.

Es entsteht der klinische Eindruck, daß die alkoholbedingten Familienkrisen und Gewaltausbrüche nicht nur das Beziehungsklima vergiften und die soziale Struktur der Familie ruinieren, sondern daß daraus für alle Beteiligten sehr komplizierte emotionale Muster resultieren, die durch die Erfahrung von ohnmächtigem Haß, Verachtung, Beschämung, Demütigung und gleichzeitiger Solidarität, Anhänglichkeit und Verantwortlichkeit geprägt sind. In der Persönlichkeit der erwachsenen Patienten, die als Kinder in dieser Situation aufgewachsen sind, lassen sich süchtige und sozial desintegrierte Verhaltensweisen ebenso beobachten wie selbstentwertende und selbstschädigende Züge, aber auch die Bereitschaft, in hohem Maße soziale Verantwortung zu übernehmen. Das innere Skript eines solchen Lebens liest sich wie eine Anleitung zum Unglücklichsein. Die therapeutische Erfahrung zeigt, daß es den Patienten häufig schwer wird, aus dem Sog dieser prägenden Erlebnisse herauszutreten und ein selbstbestimmtes und eigenverantwortetes Leben führen zu dürfen.

Die vorliegende, von Frau Dr. Schumann durchgeführte Untersuchung nähert sich diesen Fragen auf eine sehr differenzierte Weise. Mit den Ansätzen der qualitativen Textanalyse werden 31 Fallgeschichten der Psychosomatischen Universitätsklinik Heidelberg untersucht. Dabei lassen sich um die aktuellen Beziehungsgestaltungen der Patienten herum typische Muster bilden. Die kindliche Erfahrung einer Alkoholikerfamilie führt, wie gezeigt wird, nicht zu einer einzigen typischen Konsequenz; vielmehr zeichnet die Untersuchung die Möglichkeit nach, wie einzelne Patienten mit unterschiedlichen Bewältigungsmustern auf die erfahrenen Traumatisierungen antworten. Das Ausmaß der familiären Belastungen und das der erfahrenen physischen Gewalt spielt eine wichtige Rolle für die Entwicklung verschiedener Persönlichkeitsstile. Insgesamt lassen sich die unterschiedlichen Persönlichkeitsmuster als verschiedenartige Verarbeitungsformen eines ähnlichen depressiven Grundkonflikts interpretieren. Von großer klinisch-therapeutischer Bedeutung ist die Beobachtung, daß die psychotherapeutischen Chancen angesichts der unterschiedlichen Beziehungsangebote sehr verschieden sind.

Der Vergleich mit anderen Patienten der Psychosomatischen Ambulanz macht deutlich, daß es sich bei den hier identifizierten Konfliktthemen der Hilflosigkeit, Selbstüberforderung, Opferhaltung und Selbstentwertung nicht um einen allgemeinen Neurotizismus handelt, wie er bei allen psychotherapiesuchenden Patienten vorliegt, sondern eben doch um eine spezifische Konfliktantwort auf die in der Alkoholikerfamilie erfahrene Belastung.

Daß diese klinisch und methodisch sehr interessante Arbeit entstehen konnte, ist dem differenzierten Vorgehen der Verfasserin zu verdanken, aber auch der wissenschaftlichen Begleitung durch Frau Dr. Wilke, welche die Entwicklung des qualitativen Untersuchungsansatzes in unserer Klinik mit großem Engagement gefördert hat. Die abgeschlossene Untersuchung zeigt, daß der qualitative Ansatz für das Verständnis komplexer psychodynamischer Zusammenhänge unverzichtbar ist, indem er jene Hypothesen erst einmal generiert, die nunmehr an größeren Fallzahlen mit einem empirisch-statistischen Untersuchungsansatz überprüft werden können.

Prof. Dr. med. G. Rudolf

VORWORT

Heute existiert ein wachsendes Forschungsinteresse am Schicksal von Kindern, die in einer Alkoholikerfamilie aufgewachsen sind. Dies ist eine relativ neue Entwicklung, nachdem sich die Aufmerksamkeit in der medizinischen, psychologischen und soziologischen Forschung lange Zeit in erster Linie auf die Person des alkoholkranken Menschen richtete.

Suchtkrankheiten können als Systemkrankheiten verstanden werden. Kinder erleben die Auswirkungen des Alkohols in ihrer Herkunftsfamilie hauteng über Jahre hinweg als ihre Normalität. Was für diese Kinder Normalität bedeutet, sind jedoch oft belastende und leidvolle Erfahrungen, mit denen sie konfrontiert werden und mit denen sie sich arrangieren müssen, um zu überleben.

Was wird aus den Betroffenen, wenn sie selbst erwachsen sind und im privaten und beruflichen Bereich sie selbst werden müssen? Gelingt es den heute „erwachsenen Kindern aus Alkoholikerfamilien" (EKA), ein selbstbestimmtes, eigenverantwortliches Leben zu führen? Entwickeln diese Menschen besondere Stärken oder Verletzbarkeiten? Wie ist es um ihre Beziehungsfähigkeit bestellt?

Das sind die Leitfragen dieses Buches. Im Mittelpunkt steht die Untersuchung der Beziehungen dieser Menschen. Die Bedeutung der Beziehungsthematik für die Betroffenen erscheint nicht verwunderlich, kann man doch die Suchterkrankung nicht nur als Systemkrankheit, sondern auch als Beziehungsstörung verstehen. In diesem Buch werden Beziehungsmuster von erwachsenen Kindern aus Alkoholikerfamilien beschrieben und diskutiert sowie die damit verbundenen Ressourcen und Schwierigkeiten, die im Umgang mit diesen Menschen eine große Rolle spielen, aufgezeigt. Die Kenntnis dieser Hintergründe und Zusammenhänge kann die Arbeit mit dieser Klientel erleichtern und verbessern. Insofern zeigt dieses Buch auch Wege zu einer differenzierteren therapeutischen Praxis auf.

Wenngleich für diese Veröffentlichung eine wissenschaftliche Arbeit an einer psychosomatischen Klinik grundlegend ist, richtet sie sich nicht nur an Ärzte und Psychotherapeuten, sondern ebenso an Sozialarbeiter, Erzieher und Pädagogen sowie an Erziehungs- und Sozialwissenschaftler, die mit den Betroffenen in den entsprechenden Einrichtungen zusammentreffen und dabei möglicherweise hin und wieder das Gefühl haben, an ihre Grenzen zu gelangen. Dieses Buch soll das Verständnis für diese Menschen aus Alkoholikerfamilien und ihre Beziehungskonflikte erweitern und so einen zielgerichteten und effektiven Einsatz von wertvollen Energien ermöglichen. Nicht zuletzt erhoffe ich mir, durch die aufgestellten Hypothesen weitere wissenschaftliche Diskussionen anzuregen.

Daß diese Veröffentlichung möglich wurde, verdanke ich der Unterstützung meiner Betreuer und Freunde. Ein ganz besonderer Dank gilt meinem Hauptbetreuer Prof. Dr. med. Gerd Rudolf, dem Ärztlichen Direktor der Psychosomatischen Universitätsklinik Heidelberg, für die konstruktive und bereichernde Zusammenarbeit während der gesamten Zeit meiner wissenschaftlichen Auseinandersetzung mit dieser Thematik. Fruchtbare Diskussionen und wichtige Anregungen haben mir immer wieder neue Perspektiven eröffnet.

Dr. phil. Stefanie Wilke weihte mich in die Besonderheiten und Möglichkeiten der qualitativen Forschung ein und stand mir bei der praktischen Durchführung der Arbeit zuverlässig und hilfreich zur Seite. Dafür möchte ich mich bei ihr an dieser Stelle bedanken.

Meine Eltern und Freunde haben mich geduldig begleitet und zum Dranbleiben ermuntert. Sie haben mich durch ihre Ideen auf neue Spuren gebracht. Eine besondere Hilfe waren mir meine Freundinnen Dipl.-Psych. Lily Gramatikov und Dipl.-Psych. Caroline Dorn mit ihrer konstruktiven Kritik und ihren kreativen Anmerkungen bei der Korrektur meiner Arbeit. Ihnen allen möchte ich ein herzliches Dankeschön sagen.

Eike Ch. Schumann

INHALTSVERZEICHNIS

ABBILDUNGSVERZEICHNIS

1 EINFÜHRUNG

1.1 AUSGANGSSITUATION

Seit über 4000 Jahren haben die Menschen Erfahrungen mit Alkohol. Neben anderen positiven Eigenschaften wird die genußbringende und bewußtseinsverändernde Wirkung dieser Substanz geschätzt. Als Genußmittel ist der Alkohol aus unseren heutigen Lebensbezügen kaum wegzudenken. Ein mäßiger Alkoholkonsum wird gesellschaftlich akzeptiert und bis zu einem gewissen Grad gefördert. Im offiziellen und privaten Bereich gehört der Alkohol als fester, teilweise ritualisierter Bestandteil zu Begegnungen und Kommunikation. Erfolgt jedoch ein übermäßiger Konsum, also ein Mißbrauch, resultieren gesundheitsschädliche Auswirkungen. Ein langfristiger Mißbrauch kann nach einer Gewöhnungsphase in eine Alkoholabhängigkeit münden. Die Alkoholabhängigkeit ist eine schwere Suchterkrankung mit gravierenden Folgen. Die Kinder alkoholabhängiger Menschen kommen zwangsläufig frühzeitig mit den problematischen Auswirkungen der Alkoholsucht in Berührung. Für sie ergeben sich daraus weitreichende Konsequenzen.

Die Alkoholsucht erweist sich in unserer Gesellschaft als Problem von beträchtlichem Ausmaß. Vergegenwärtigt man sich Statistiken zur Thematik, wird die gesellschaftliche Relevanz deutlich. Nach Schätzungen der Deutschen Hauptstelle gegen die Suchtgefahren (DHS, Stand 7/97) liegt die Zahl der behandlungsbedürftigen Alkoholiker[1] in der Bundesrepublik bei 2,5 Millionen, darunter etwa ein Drittel Frauen. Von gleicher Stelle wird die Anzahl der durch die Alkoholabhängigkeit mitbetroffenen Familienmitglieder auf fünf bis sieben Millionen geschätzt, darunter viele Kinder, die in einem Alkoholiker-Familiensystem aufwachsen. Schätzungen aus den U.S.A. über die Anzahl an Menschen, die aus Alkoholikerfamilien stammen, belaufen sich nach Scheitlin (1990) für Amerika auf 28 Millionen, worunter sich 7 Millionen Kinder und Jugendliche unter 18 Jahren befinden. Das wachsende gesellschaftliche Interesse für die Alkoholproblematik resultiert auch aus den enormen finanziellen Belastungen, die durch den Alkoholmißbrauch entstehen. Nach Schätzungen der DHS (Stand 7/97) beträgt der jährliche alkoholbedingte volkswirtschaftliche Schaden 30 bis 80 Milliarden Mark.

Die medizinische Forschung hatte ihr Augenmerk zunächst isoliert auf alkoholabhängige Personen gerichtet. Später erweiterte sich der Blickwinkel, und es folgten Studien, die die umgebenden Strukturen, also das gesamte Alkoholiker-Familiensystem und speziell auch die Situation der Kinder untersuchten. Ein erstes bedeutendes Forschungsergebnis auf diesem Gebiet war der Nachweis eines erhöhten Risikos für erwachsene Kinder aus Alkoholikerfamilien (im folgenden EKA[2]), eine eigene Alkoholsucht zu entwickeln. Damit rückte diese Personengruppe als potentiell alkoholsuchtgefährdet ins Licht der Aufmerksamkeit der medizinischen und psychologischen Forschung. Die Forschungsaktivitäten im deutschsprachigen

---

[1] Wegen der einfacheren Lesbarkeit wird in dieser Arbeit durchgängig die männliche Form verwendet, auch wenn es sich um eine Beschreibung beider Geschlechter handelt. Ist also von männlichen Personen die Rede, schließt das zugleich ein, daß genauso Frauen gemeint sind.

[2] EKA ist eine in der Literatur gängige Abkürzung für erwachsene Kinder aus Alkoholikerfamilien.

Raum sind bisher jedoch gering, so daß hier nur wenige Arbeiten vorhanden sind. Die vorliegende klinische Untersuchung zur Situation der Alkoholikerkinder und ihrer Beziehungserfahrungen soll deshalb einen Beitrag zur Intensivierung der Forschung auf diesem Gebiet im deutschsprachigen Raum leisten.

1.2 GEGENSTAND UND ZIEL DER UNTERSUCHUNG

Die Anregung für die wissenschaftliche Auseinandersetzung mit der Problematik von erwachsenen Kindern aus Alkoholikerfamilien erhielt ich durch Prof. Dr. Rudolf, den Leiter der Psychosomatischen Universitätsklinik Heidelberg. Die Idee, diese Patientengruppe näher zu untersuchen, entstand aus den klinischen Erfahrungen. Der biographische Hintergrund, in einer Alkoholikerfamilie aufgewachsen zu sein, schien für die Krankheitsgenese dieser Patienten eine große Bedeutung zu besitzen. Dementsprechend spielte in der therapeutischen Arbeit die Auseinandersetzung mit der Alkoholproblematik der Eltern und den damit verbundenen Auswirkungen auf das Familienleben eine zentrale Rolle.

In der Forschung wird mehrfach auf die Notwendigkeit einer Beschäftigung mit der Situation von Kindern aus Alkoholikerfamilien hingewiesen (BRAKHOFF 1987, SCHEITLIN 1990). Die Relevanz der Thematik ergibt sich aus dem hohen Prozentsatz an Betroffenen und der überdurchschnittlichen Gefährdung dieser Menschen, selbst an einer Alkoholsucht zu erkranken. Daraus resultiert, wie eingangs bereits erwähnt, ein enormes volkswirtschaftliches Problem.

Bisher veröffentlichte Arbeiten zur Thematik der Alkoholikerkinder beschäftigen sich in erster Linie mit erhöhten Risiken für das Auftreten von Beschwerden und Symptomen. Dabei werden EKA mit Nicht-EKA-Kontrollgruppen in klinischen, nicht-klinischen und gemischten Studien verglichen. In den Untersuchungen erfolgen häufig Erhebungen einzelner, aus dem Zusammenhang gelöster Merkmale. Diese Untersuchungen erbringen differierende Ergebnisse, die kaum zu einem tiefergehenden Verständnis des Gegenstandes führen. Qualitative Forschungsarbeiten zur Thematik werden vermißt. Eine Ausnahme bildet die nichtklinische Studie von VIELHABER (1996), in der acht erwachsene Kinder aus Alkoholikerfamilien interviewt werden. VIELHABER interessiert sich dabei u. a. für Muster und Strukturen in den Herkunftsfamilien, für erlebte Belastungen sowie für Möglichkeiten der Auseinandersetzung mit diesem „emotionalen Erbe". Die dabei entwickelten Hypothesen werden für die acht untersuchten Personen zusammengefaßt und verallgemeinert.

Einige Autoren (u. a. WOITITZ) befassen sich mit der Erarbeitung allgemeingültiger Persönlichkeitskonzepte für EKA. Diese entwickelten Konzepte konnten in überprüfenden Untersuchungen überraschenderweise überwiegend nicht bestätigt werden. Auch andere unerwartete Forschungsergebnisse können teilweise nicht erklärt werden und werfen Fragen nach dem Hintergrund auf. Bisher existieren kaum Studien, die differenzierte Untersuchungen *innerhalb* der EKA-Gruppe vornehmen. Mit der Entwicklung von Rollenkonzepten (z. B. WEGSCHEIDER) wurde ein wichtiger Schritt in diese Richtung unternommen. Danach können EKA entsprechend ihrer in den Familien übernommenen Funktionen differenziert werden.

TWEED & RYFF (1991) regen zu weiteren Forschungsaktivitäten an, die Erklärungen für eine anscheinend bestehende Variabilität bei EKA bezüglich psychischer Funktionen geben sollen.

Diese Anregung aufgreifend setzt sich die vorliegende klinische Studie zum Ziel, durch eine ausführliche Analyse von Einzelfällen und ein Vergleichen dieser Einzelfälle untereinander neue Erkenntnisse bezüglich einer vermutlich bestehenden Variabilität dieser Patientengruppe zu gewinnen. Die Untersuchung erfolgt mit der Absicht, ein differenziertes Verständnis für die Situation und Problematik von EKA-Patienten zu erlangen, um dadurch die therapeutische Arbeit effektiver und reicher gestalten zu können. Als Datenmaterial werden Protokolle von Erstinterviews mit EKA-Patienten verwendet. Die Auswertung der Gesprächsprotokolle erfolgt unter Einsatz einer qualitativen Forschungsmethode, der Grounded Theory.

Zur Einführung in die Thematik wird zunächst ein Überblick über veröffentlichte Studien und Forschungsergebnisse gegeben. In Kapitel 2 werden die Rahmenbedingungen der Untersuchung formuliert und bedeutsame Aspekte bezüglich des Umgangs mit dem Material herausgestellt. Die methodischen Grundlagen und Besonderheiten der qualitativen Forschung werden in Kapitel 3 erläutert. Es folgt die Vorstellung des Ansatzes der Grounded Theory nach Glaser & Strauss. Anschließend werden die einzelnen Auswertungsschritte beschrieben. In Kapitel 5 und 6 erfolgt die Präsentation der Einzelfallergebnisse sowie der Ergebnisse des Gruppen-vergleiches. Abschließend werden die Resultate der Arbeit diskutiert und Schlußfolgerungen abgeleitet.

1.3 FORSCHUNGSSTAND UND LITERATUR

Das Forschungsinteresse hinsichtlich der Alkoholabhängigkeit galt, wie bereits erwähnt, bis vor kurzem in erster Linie den von der Suchtkrankheit betroffenen Menschen selbst. In den vergangenen Jahren hat man erkannt, daß bessere Therapieergebnisse erzielt werden können, wenn in die Behandlung Familienangehörige und wichtige Beziehungspartner der Alkoholiker einbezogen werden (KAUFMAN 1985). In diesem Zusammenhang wird die Bedeutung des Partners und der Familie bei der Entstehung und Aufrechterhaltung einer Alkoholkrankheit immer deutlicher. Die familiensystemische Betrachtung ermöglicht eine Erweiterung der Sichtweise. Die Suchterkrankung Alkoholismus wird zu einer Familienkrankheit. Ungeachtet dieser Erkenntnis und des in den U.S.A. vorhandenen Wissens, daß Kinder aus Alkoholiker-familien ein mehrfach erhöhtes Risiko für die Entwicklung einer eigenen Alkoholabhängigkeit tragen, wurden die spezifische Situation der Kinder und die Auswirkungen auf ihr Leben und ihre Gesundheit in der Forschung noch längere Zeit vernachlässigt (BRAKHOFF 1987, SCHMIDT 1987).

Erst in den 80er Jahren richtete sich die Aufmerksamkeit der Forschung dann auch auf die Situation der Kinder. Die sich entwickelnden Forschungsaktivitäten beschränkten sich zunächst auf den anglo-amerikanischen Sprachraum. Einen Überblick über Forschungsergebnisse und Literatur zu der Thematik der EKA geben BRAKHOFF (1987), KÖPPEL & REINERS (1987),

SHER (1991) und SERRINS et al. (1995). Erste Studien wiesen teilweise beträchtliche methodische Schwächen auf (WEST & PRINZ 1987), die aussagekräftige Schlußfolgerungen hinsichtlich des Ausmaßes und der Hintergründe der Defizite bei EKA nicht zuließen (SHER 1991). Seit den 90-er Jahren hat die Forschung an dieser Stelle jedoch einen qualitativen Sprung gemacht (SERRINS 1995). Eine erste wichtige Veröffentlichung im deutschsprachigen Raum ist das von BRAKHOFF 1987 herausgegebene Buch „Kinder von Suchtkranken: Situation, Prävention, Beratung und Therapie". Die Beiträge in diesem Buch sind das Ergebnis einer Arbeitsgruppe und einer Fachtagung zu dieser Thematik.

Bevor wichtige Forschungsergebnisse zur Problematik der EKA vorgestellt werden, seien einige Einteilungen und wichtige Ätiologiemodelle der Alkoholkrankheit genannt, um den Einflußfaktor 'Alkoholkrankheit der Eltern' zu umreißen.

1.3.1 ALKOHOLABHÄNGIGKEIT: DER ALKOHOLIKER

Die Welt-Gesundheits-Organisation (WHO) hat 1952 eine Definition des Alkoholikers vorgenommen, in der es heißt:

> „Alkoholiker sind exzessive Trinker, deren Abhängigkeit vom Alkohol einen solchen Grad erreicht hat, daß sie deutliche geistige Störungen oder Konflikte in ihrer körperlichen und geistigen Gesundheit, in ihren mitmenschlichen Beziehungen, ihren sozialen und wirtschaftlichen Funktionen - oder Prodrome (Vorzeichen) einer solchen krankhaften Entwicklung - aufweisen." (WHO 1952 nach BÄTZ 1991).

Einen bedeutenden Beitrag zur Alkoholismusforschung leistete JELLINEK (1952, 1960) bei der Formulierung eines Krankheitskonzepts sowie mit seiner Entwicklung eines Typen- und Phasenkonzepts. Das Typenkonzept unterscheidet 5 Typen von Alkoholikern nach dem Vorhandensein einer psychischen oder/und physischen Abhängigkeit, nach der Abstinenzfähigkeit, nach dem Auftreten von Kontrollverlust und Entzugserscheinungen sowie nach der Funktion und den Folgeerscheinungen des Trinkens. Das Phasenmodell beschreibt die Stadien der Suchtentwicklung.

Mit dem Durchsetzen des Krankheitskonzepts wurden verschiedene *Ätiologiemodelle* (biologische, verhaltenstheoretische und psychodynamische) zur Alkoholsucht entwickelt. Die kontroverse Diskussion zwischen dem organischen und dem psychosoziologischen Modell beschreibt PETRY (1987).

BIOLOGISCHE MODELLE konzentrieren sich heute überwiegend auf psychoimmunologische Zusammenhänge und Rezeptormodelle der Sucht (KNORRING 1985, SOYKA 1995, BATRA 1998). In epidemiologischen Studien an Zwillingspaaren und adoptierten Kindern konnten Theorien, die von einer genetischen Ursache des Alkoholismus ausgehen, nur teilweise unterstützt werden (WILSON & NAGOSHI 1988). Einige Zwillingsstudien ergaben keine signifikanten Ergebnisse bezüglich des Vorhandenseins genetischer Einflüsse (ZERBIN-RÜDIN 1989). Forschungsergebnisse, die hingegen das Vorhandensein von genetischen Faktoren nahelegen, erzielten GOODWIN et al. (1973) mit ihren Adoptionsstudien. Weitere wichtige Arbeiten, die auf die Bedeutung des genetischen Aspekts für die Entwicklung einer Alkoholkrankheit aufmerksam machen, kommen von VOLICER et al. (1985) und MAIER (1996).

4

VERHALTENSTHEORETISCHE ANSÄTZE untersuchen klassische und operant konditionierte Lernprozesse sowie kognitive Abläufe bei der Entstehung, Aufrechterhaltung und Überwindung des Suchtverhaltens (WINKLER 1983, KAMPE et al. 1996). PETRY (1996) erläutert in einer Übersichtsarbeit verschiedene verhaltenstheoretische Perspektiven.

Da die vorliegende Untersuchung in einer Klinik mit einem psychoanalytisch orientierten Behandlungskonzept durchgeführt wird, sollen PSYCHOANALYTISCHE ERKLÄRUNGSANSÄTZE zur Suchtthematik näher erläutert werden. Die einzelnen analytischen Schulen haben unterschiedliche Konzepte entwickelt. Einen Überblick über psychoanalytische Theorien bei Sucht und Alkoholabhängigkeit geben die Arbeiten von LÜRSSEN (1976) und ROST (1986). Aus triebtheoretischer Sicht wird der Alkohol als Hilfsmittel zur Entspannung und kurzfristigen Lösung von Triebkonflikten verstanden. Freud hat dem Alkohol eine zentrale Rolle bei der *Durchsetzung des Lustprinzips* zugewiesen (ROST 1986). Vor dem Hintergrund des Paradigmenwechsels von der Trieb- zur Ichpsychologie wurden nunmehr auch die Schwächen der Alkoholikerpersönlichkeit (RADÓ 1926, 1934) mit ausgeprägten *Ich-Funktionsstörungen* gesehen und im Alkoholgebrauch der Versuch einer „Heilung" dieser Defizite. Das Ich greift also durch den Alkoholkonsum „zur toxischen Förderung seiner Funktionen" (RADÓ 1926, S. 363). Betroffene defizitäre Ich-Funktionen sind vor allem die Frustrationstoleranz, die Affekt- und Impulskontrolle, die Urteilsfähigkeit sowie die Innen-/Außen- und Selbst-/Fremdwahrnehmung (HEIGL-EVERS 1995). Vertreter der Selbstpsychologie (KOHUT, SCHEIDT, BURIAN) heben mit ihrem Ansatz ebenfalls den Charakter des *Selbstheilungsversuchs* hier eines schwachen Selbst mittels des Substanzgebrauchs hervor. ROST (1986) unterscheidet neben den neurotischen und den stärker Ich-persönlichkeitsgestörten Alkoholikern eine weitere Gruppe von Alkoholikern, nämlich diejenige mit einer *ausgeprägt destruktiven Dynamik* in ihrem Suchtverhalten. In seiner Erklärung stützt sich ROST auf das objektpsychoanalytische Modell und zwar auf die Arbeiten von KLEIN und FAIRBAIRN. Bei Alkoholikern mit enorm autodestruktivem Potential versteht er die funktionelle Bedeutung der Droge in erster Linie als *Selbstzerstörungsmittel* (Zerstörung des verinnerlichten bösen Objekts), nicht als Selbst-
heilungsmittel.

Fazit ist, daß sich hinter der Symptomatik „Alkoholabhängigkeit" ***völlig verschiedene Phäno-
mene und Strukturen*** verbergen können und „daß einem an sich klaren und eingrenzbaren, dabei weit verbreiteten Leitsymptom eine Vielzahl verschiedener Persönlichkeitsstrukturen und -entwicklungen zugrunde liegen" (ROST 1986, S. 292). Damit werden sich auch für die partnerschaftlichen und familiären Beziehungen unterschiedliche Auswirkungen ergeben.

1.3.2 DIE ALKOHOLIKERFAMILIE: ZUR SITUATION DER KINDER

Nachdem einige Ansätze zum Verständnis der Alkoholkrankheit und der Alkoholikerper-
sönlichkeit erläutert wurden, werden nun wichtige Forschungsergebnisse aus Untersuchungen vorgestellt, die das gesamte Alkoholiker-Familiensystem berücksichtigen. Schwerpunktmäßig wird dabei auf die Situation der Kinder in den Alkoholikerfamilien eingegangen.

1.3.2.1 Die Bedeutung des Symptoms Alkohol für das System Familie

Aus *familientherapeutischer Sicht* wird die Alkoholsucht als Systemkrankheit angesehen. Der Abhängige entwickelt lediglich das Symptom für die gesamte Familie. Mit der Übernahme des Symptoms unterstreicht er unbewußt seine Loyalitätsbindung an die Familie (BOSZORMENYI-NAGY & SPARK 1981).

Das Symptom Sucht wird als eine spezielle Art der Kommunikation des Systems verstanden. Bei der Symptombetrachtung ist weniger die Ursachenentstehung von Interesse als vielmehr die Auswirkungen des Symptoms und dessen funktionale Bedeutung für die Erhaltung und Existenz des Systems (SCHMIDT 1987). Das Suchtverhalten ist gleichzeitig Ausdruck und Kompensationsversuch einer dysfunktionalen Struktur. Der Alkohol fungiert als Regulator, um das empfindliche Gleichgewicht (Homöostase) des Familiengefüges aufrechtzuerhalten (vgl. Hallmaier 1985, KAUFMAN & KAUFMANN 1979, STEINGLASS 1987). Der Alkohol kann dabei quasi zu einem wichtigen Beziehungspartner in der Familie werden, wodurch massive Konflikte zwischen zwei Familienmitgliedern trianguliert werden können (SCHMIDT 1987). Unsicherheiten in den Beziehungen werden durch starre Muster und wiederkehrende Abläufe reduziert (KAUFMAN 1986). STEINGLASS (1979) veranschaulicht in einem Modell den Einfluß des Alkohols sowie seine regulatorische Funktion in einem instabilen Familiengefüge. Solange die Instabilität besteht, ist die Notwendigkeit zur Aufrechterhaltung des Symptoms gegeben.

In der Therapie wird die gesamte Alkoholikerfamilie als Patient behandelt. Es wird dabei niemandem eine Schuld zugewiesen oder eine Hauptverantwortung übertragen, denn die „Beeinflussung ist wechselseitig und synchron, kein Verhalten wird als Ursache des Verhaltens der anderen angesehen" (SCHMIDT 1987, S. 28).

1.3.2.2 Verhältnisse und Strukturen in der Alkoholikerfamilie

Bisherige Forschungsbemühungen zielen darauf hin, typische Interaktionsmuster und Strukturen der Alkoholikerfamilie zu identifizieren. Einige dieser, häufig als dysfunktional bezeichneten, strukturellen Besonderheiten des Alkoholiker-Familiensystems sollen vor dem Hintergrund der Bedürfnisse eines Kindes erläutert werden.

RUDOLF (1996, S. 87ff) beschreibt folgende wichtige Beziehungswünsche des Kindes in der Beziehung zu den Eltern: Wünsche nach Sicherheit im Bindungssystem (bezüglich Versorgung, Schutz, Unterstützung, Geborgenheit); Wünsche nach sozialem Miteinander; Wünsche nach Stimulation, Anregung und Freiraum; Wünsche nach Bestätigung, Anerkennung und Zuneigung sowie nach Konstanz in der Beziehung.

Für die kindliche Entwicklung müssen bestimmte Voraussetzungen gewährleistet sein, um diese nicht gravierend zu gefährden, so z. B. ein Mindestmaß an emotionaler und körperlicher Zuneigung, Nähe und Versorgung sowie ein Respektieren und Setzen von Grenzen. In den Alkoholiker-Familien werden diese Voraussetzungen nur unzureichend erfüllt: Einige Untersuchungen bestätigten *global* das Vorhandensein dysfunktionaler und disharmonischer Familienverhältnisse und Beziehungen (EDWARDS & ZANDER 1985, HYPHANTIS et al. 1991, KERR & HILL 1992b). Andere Autoren sind darum bemüht, diese dysfunktionalen Strukturen im

Alkoholiker-Familiensystem zu *spezifizieren*. Dabei wurden folgende Aspekte herausgefunden, überprüft und diskutiert:

• *Unbeständigkeit, Unzuverlässigkeit, Vernachlässigung*

Die Bedürfnisse des Kindes nach Sicherheit, Konstanz, Zuverlässigkeit und Berechenbarkeit werden immer wieder enttäuscht (EDWARDS & ZANDER 1985, BLACK 1988, BRAKHOFF 1987). Das Kind ist mit Stimmungs- und Verhaltensschwankungen des Alkoholikerelternteils konfrontiert. Da die Eltern durch ihre Sucht weniger Freiräume für das Kind haben, sind Kinder in Alkoholikerfamilien stärker gefährdet, vernachlässigt zu werden, als Kinder aus anderen Familien. BÄTZ (1991) bestätigte diese Hypothese in einer klinischen Untersuchung mit 29 Alkoholikerfamilien und 41 Therapeutenfamilien als Vergleichsgruppe.

• *Unberechenbarkeit, Unkontrollierbarkeit*

Die wiederkehrende Beziehungserfahrung von Unberechenbarkeit, verbunden mit dem Gefühl ohnmächtig und schutzlos ausgeliefert zu sein (wie z. B. bei brutaler oder unberechenbarer Gewalt, Willkür und Beziehungsabbrüchen), kann eine resignative Lebenseinstellung fördern. Die Kinder verharren dann möglicherweise in einer Opferposition und nehmen auch später keinen aktiven Einfluß auf ihre Lebensgestaltung.

BENNETT (1988) fand in einer Untersuchung von Schülern aus Alkoholikerfamilien protektive Faktoren heraus, welche die Wahrscheinlichkeit des Auftretens von psychischen Symptomen und Verhaltensstörungen bei Kindern alkoholabhängiger Eltern reduzieren. Als schützende Bedingungen nennt BENNETT (1988) das Vorhandensein von bewußt geplanten und einge-haltenen Regeln in der Familie (sog. identitätsstiftende Familienrituale) und von geschätzten, liebevollen Beziehungen. Dies wird als wichtige Voraussetzung dafür erachtet, daß die Kinder die Fähigkeit entwickeln können, bewußt und kontrolliert Einfluß auf ihr Leben zu nehmen.

Die als bedeutsam erkannten Familienrituale beinhalten nach WOLIN & BENNETT (1984) bestimmte *Traditionen* (mehr familien-, weniger kulturspezifisch), *Zelebrationen* wie z. B. Hochzeiten, Geburtstage, Jahrestage, religiöse Rituale (mehr kultur-, weniger familienspezi-fisch) und familiäre *Interaktionsmuster*, die das tägliche Leben gestalten, z. B. Essenszeiten, Zu-Bett-geh-Rituale, die Abendgestaltung, der Umgang mit Gästen etc. Im Hinblick auf die Ein-schätzung und Behandlung von Familien wurde das Vorhandensein bzw. Nicht-Vorhandensein solcher familiären Rituale als zuverlässige Variable für den Vergleich von Familiensituationen sowie für die Einschätzung der chronischen Streßbelastung in Familien (z. B. bei chronischem Alkoholismus) erkannt. WOLIN et al. (1979) konnten in ihrer Untersuchung an 25 Alkoholiker-familien nachweisen, daß die Wahrscheinlichkeit einer „Transmission" des Alkoholproblems an die nächste Generation abhängig von der Beständigkeit der Familienrituale war. In Familien, in denen sich die Rituale während des Trinkens der Eltern änderten, bestand für die Kinder ein erhöhtes Risiko für die Entwicklung eines Alkoholproblems.

• Systemgrenzen-Generationsgrenzen

In der Literatur wird immer wieder die Problematik der gestörten Grenzen sowohl innerhalb des Familiensystems als auch nach außen angesprochen. Die Grenzen nach außen werden als besonders undurchlässig und unflexibel beschrieben (STEINGLASS 1987). Das nach außen abgeschlossene System verhindert somit, daß Werte, Normen und Strukturen in Frage gestellt werden können. Die *starre Abgrenzung nach außen* bringt eine *soziale Isolierung der Kinder* mit sich (SCHMIDT 1987). Damit wird den Kindern die Chance genommen, außerhalb der Familie korrigierende Beziehungserfahrungen machen zu können.

Die starke Außenabgrenzung und das besonders enge aufeinander Bezogen- und Ange-wiesensein innerhalb des Familiensystems führt zu *diffusen, durchlässigen Grenzen nach innen*. Eine innerfamiliäre Grenzvermischung mit Nichteinhaltung der Generationsgrenzen ist für Alkoholikerfamilien charakteristisch (SCHMIDT 1987). Hinzu kann die Unbeständigkeit einer Grenzregelung in nüchternen oder nassen Phasen des Alkoholikerelternteils kommen.

• Verantwortlichkeiten

Mit dem Konzept der *Rollendiffusion* (SCHMIDT 1987) wird aus familiensystemischer Sicht eine verschobene Rollenverteilung in der Familie bezeichnet. Ist ein Elternteil nicht in der Lage, Verantwortung zu übernehmen und seine Funktion zu erfüllen (EDWARDS & ZANDER 1985, BÄTZ 1991), werden die Kinder stellvertretend zur Übernahme dieser Elternposition gedrängt (WEGSCHEIDER 1988, BLACK 1988). Häufig fungieren die Kinder dann als Eltern- oder Partnerersatz.

BOSZORMENYI-NAGY & SPARK (1981) bezeichnen dieses Phänomen als *Parentifizierung*. Dabei wird betont, daß nicht die Parentifizierung an sich pathologisch ist. Ein gewisses Maß an Parentifizierung ist sogar notwendig, damit sich das Kind für sein künftiges Leben mit verantwortlichen Rollen identifizieren kann. Übernehmen die Kinder aber unverhältnismäßig viele Aufgaben der Elterngeneration, kann es zu einer Umkehrung des Generationsgefälles kommen (BOSZORMENYI-NAGY & SPARK 1981). In Alkoholikerfamilien ist das entwicklungs-förderliche Maß an Verantwortungsübernahme durch die Kinder oft weit überschritten, wenn diese beispielsweise den Haushalt führen, die betrunkenen Eltern auf der Arbeitsstelle entschuldigen, sich um kleinere Geschwister kümmern oder die Eltern emotional und körperlich schützen bzw. unterstützen. Langfristig folgt daraus eine Überforderung des Kindes und eine Beeinträchtigung seiner Entwicklung.

KRÖGER et al. (1994) bestätigen in ihrer Studie die Hypothese einer erhöhten Verantwortungs-übernahme durch Kinder aus Alkoholikerfamilien. Sie fanden heraus, daß Kinder von alkoholkranken Vätern (n=40), die sich in Behandlung begeben hatten, vergleichsweise mehr Verantwortung übernahmen als Kinder einer nichtklinischen Kontrollgruppe (n=37). Die Verantwortungsübernahme der Kinder aus den Alkoholikerfamilien war um so geringer, je stärker die eingenommene Verantwortungsposition des Alkoholikervaters war. .

• Co-Abhängigkeit

Im Mittelpunkt des Konzepts der Co-Abhängigkeit steht ebenfalls die unverhältnismäßig stark ausgeprägte Verantwortungsübernahme für andere Personen. Der Begriff des „Co-Alkoholismus" wurde in den 70er Jahren geprägt. Nach einer konzeptionellen Erweiterung wurde kurze Zeit später der Begriff der „Co-Abhängigkeit" eingeführt. Es existieren verschiedene Definitionen dieses Begriffs. Ein Hauptmerkmal für co-abhängiges Verhalten ist die einseitige Konzentration auf die Bedürfnisse *anderer* Menschen bei gleichzeitiger Vernachlässigung der eigenen Bedürfnisse und der eigenen Entwicklung (SCHAEF 1990). Das Konzept der Co-Abhängigkeit wurde mehrfach auch auf die Kinder alkoholabhängiger Eltern angewandt (Rennert 1990). Nach Hallmaier (1985) sind zu den Co-Alkoholikern alle Familienmitglieder zu rechnen, die stellvertretend für den Alkoholiker Verantwortung übernehmen, die jener aufgrund seiner Symptomatik nicht mehr übernehmen kann oder will. Dieses Verhalten kann ähnlich autodestruktive Züge annehmen wie ein Suchtverhalten.

• Gewalt, physische Mißhandlung, sexueller Mißbrauch

Nur wenige Arbeiten befassen sich mit dem Auftreten von Gewalt in Alkoholikerfamilien. ROSE et al. (1991) stellten in ihrer klinischen Studie fest, daß EKA in ihrer Kindheit sowohl mehr physische Mißhandlung als auch sexuellen Mißbrauch erfahren hatten. Auch KERR & HILL (1992b) bestätigten in ihrer Studie das signifikant häufigere Auftreten von physischer Mißhandlung durch die Alkoholikereltern. Das gehäufte Auftreten von sexuellem Mißbrauch kann als eine Folge der nach innen verschwommenen Generationsgrenzen angesehen werden (BLACK 1988, YAMA et al. 1993, VIELHABER 1996). Die Hypothese einer additiven Auswirkung mehrerer traumatischer Erfahrungen bezüglich der Symptomatik wurde von mehreren Autoren unterstützt (ROSE et al. 1991, YAMA et al. 1993, FOX & GILBERT 1994).

• Verleugnung, Vermeidung, Konfliktverhalten

Charakteristisch für Alkoholikerfamilien ist ein kritik- und konfliktvermeidendes Interaktionsverhalten. Es findet eine Vermeidung von offener Auseinandersetzung, direkter Kommunikation und Konfrontation statt. Das Suchtproblem wird tabuisiert und verleugnet (SCHMIDT 1987, WEGSCHEIDER 1988, BLACK 1988). Daneben wird generell alles Belastende und Bedrohliche vermieden (VIELHABER 1996). Vorhandene familiäre Spannungen werden über den Alkohol vorübergehend ausgeglichen und entlastet. Nicht ausgetragene Konflikte finden außer im Suchtverhalten häufig in psychosomatischen Symptomen ihren Ausdruck und können dadurch reguliert werden (SCHMIDT 1987). Nach außen werden jegliche Auffälligkeiten, Probleme und Spannungen vertuscht (WEGSCHEIDER 1988). Die Normalität soll bewiesen werden. Mitunter erfolgt eine extreme soziale Anpassung bei gleichzeitiger sozialer Isolierung.

• Enge Bindungen und Loyalitäten

Bei der Vertuschung des Suchtproblems nach außen müssen die Familienmitglieder an einem Strang ziehen, um die Existenz des Systems und jedes einzelnen Mitglieds nicht zu gefährden. Der Zusammenhalt über Geheimnisse, Loyalitätsbindungen und unausgesprochene Abkommen führt zu einer engen Bindung der einzelnen an das System. KRÖGER et al. (1994) haben das stärkere Involviertsein von EKA in familiäre Beziehungen bestätigt. Die Kinder werden in Loyalitätskonflikte verwickelt und zur Lösung von Partnerschaftskonflikten mißbraucht (HALEY 1980). Kinder übernehmen Ausgleichs- und Entlastungsfunktionen. Gleichzeitig kann eine starke emotionale Distanziertheit in den Familien herrschen. GRASHA & HOMAN (1995) ermittelten eine größere emotionale Distanz (mit emotional negativem Familienklima, ausgeprägter Unterwürfigkeit und Gehorsam) zwischen den EKA und ihren Eltern im Vergleich zur Kontrollgruppe. BERLIN et al. (1988) und JAKOB (1991) diskutieren Schwierigkeiten von EKA bei der Ablösung vom Elternhaus. BERLIN et al. (1988) fanden heraus, daß EKA sich schwer taten, Vorstellungen und Ideen zu entwickeln, Beziehungen außerhalb der Familie zu nutzen, um unverarbeitete Gefühle und Probleme bezüglich ihrer Herkunftsfamilie zu besprechen.

• Trennung, Scheidung

In der Übersichtsarbeit von KÖPPL & REINERS (1987) wird das Problem der erhöhten Scheidungsraten in Alkoholikerehen und die Bedeutung für die Kinder angesprochen. El GUEBALY et al. (1990) und HYPHANTIS et al. (1991) wiesen in ihren nichtklinischen Stichprobenvergleichen höhere Scheidungs- und Trennungsraten bei Eltern von EKA nach.

• Einfluß des Geschlechts des trinkenden Elternteils

TISLENKO & STEINGLASS (1988) verglichen die Interaktionsmuster von 23 Familien, in denen der Vater Alkoholiker war, mit 8 Familien mit Alkoholikermüttern. Die Interaktionsmuster erwiesen sich als ähnlich und unabhängig vom Geschlecht des trinkenden Elternteils. Abhängig war das Interaktionsverhalten vom gegenwärtigen Zustand (Alkoholstatus) des trinkenden Elternteils.

• Protektive Faktoren

Nur wenige Autoren (WOLIN & BENNETT 1984, BENNETT 1988, VIELHABER 1996) haben in ihren Studien protektive Faktoren untersucht. Bennett (1988) nennt als schützende Faktoren das Vorhandensein von Familienritualen und geschätzten, liebevollen Beziehungen. VIELHABER (1996) ermittelte folgende Faktoren als längerfristig stabilisierend und entwicklungsfördernd: Unterstützung und Hilfe in Form von emotionaler Kompensation, Schutz, Informationen, Handlungsanregungen, identitätsstiftende oder revidierende Erfahrungen. Nach HILL et al. (1992) stellt das Vorhandensein von positiven familiären Beziehungen - bei potentiell vorhandenen negativen Auswirkungen einer elterlichen Alkohoabhängigkeit für die Entwicklung der Kinder - einen protektiven Faktor dar.

• Vergleich Alkohol und andere Belastungsfaktoren

Einige Autoren unterstützen die Hypothese, daß die Belastung durch eine Alkoholerkrankung vergleichbare Auswirkungen nach sich zieht (z. B. hinsichtlich Symptomentwicklung, Bewältigungsmechanismen) wie eine Belastung durch dysfunktionale Familienverhältnisse oder durch andere traumatische Lebenserfahrungen in der Kindheit (HALL et al. 1994). Nach WERNER & BROIDA (1991) ist das Vorhandensein von dysfunktionalen Familienverhältnissen eher ein Prädiktor für bestimmte Persönlichkeitsunterschiede (z. B. Selbstbewußtsein) als die elterliche Alkoholabhängigkeit an sich. YEATMAN et al. (1994) untersuchten in einer nichtklinischen Studie (n=307) EKA und Nicht-EKA u. a. hinsichtlich vorhandener Familienverhältnisse und wahrgenommener Sorgen und Leiden in der Kindheit. Ein familiäres Klima mit hohen Werten für 'Konflikthaftigkeit' und niedrigen Werten für 'Zusammenhalt und Ausdrucksfähigkeit' war nachweislich eher ein Prädiktor für eine starke psychische Belastung in der Kindheit als für ein elterliches Alkoholsuchtverhalten.

Aufgrund der Forschungsergebnisse der vergangenen Jahre wird heute von anderer Seite die Existenz einer typischen Alkoholikerfamilie bezweifelt. Neuere Bestrebungen orientieren sich dahingehend, Differenzierungen der einzelnen Alkoholiker-Familiensysteme vorzunehmen. KAUFMAN & PATTISON (1981) nehmen eine Einteilung in vier Alkoholikersysteme vor: das funktionierende, das neurotisch verstrickte, das desintegrierte und das nicht vorhandene System. Als Konsequenz daraus werden differenzierte Behandlungs- und Interventionsstrategien für die jeweiligen Systeme abgeleitet.

1.3.2.3 Symptomatik, psychische Belastung

In zahlreichen Studien wurde die Belastung von EKA untersucht. WEST & PRINZ (1987) faßten in einem Übersichtsartikel alle 46 Studien zusammen, die in den U.S.A. im Zeitraum 1975-1985 veröffentlicht wurden und sich mit der Beziehung zwischen elterlicher Alkoholabhängigkeit und kindlicher Psychopathologie beschäftigten. Das Risiko für folgende Belastungen wurde in mehreren Studien als erhöht bestätigt: Hyperaktivität, Verhaltensstörungen, Substanzmißbrauch und Delinquenz, kognitive Leistungsschwächen, soziale Anpassungsschwierigkeiten, somatische gesundheitliche Probleme, Ängste und Depressionen.

Insgesamt variieren die Ergebnisse klinischer und nichtklinischer Studien stark, so daß eine separate Darstellung erfolgen soll. Vorab sei jedoch bemerkt, daß sowohl klinische als auch nichtklinische Studien nahezu durchgängig ein erhöhtes Risiko für eine Alkohol- oder Drogenabhängigkeit bzw. -mißbrauch feststellten.

NICHTKLINISCHE Untersuchungen, wie die Arbeiten von CHURCHILL et al. (1990), TWEED & RYFF (1991), JONES & ZALEWSKI (1994), GIUANTA & COMPAS (1994), erbrachten häufig keine signifikanten Unterschiede zwischen EKA und Kontrollpersonen bezüglich aller oder einiger Symptomvariablen, ausgenommen erhöhte Depressionswerte, die in dem überwiegenden Teil aller nichtklinischen Arbeiten gemessen wurden (TWEED & RYFF 1991, MCNEILL & GIBERT

11

1991, JONES & ZALEWSKI 1994, BELLIVEAU & STOPPARD 1995, BUSH et al. 1995). Aus den Ergebnissen ihrer Arbeit schlossen auch BRAITHWAITE & DEVINE (1993), daß das Vorkommen von elterlicher Alkoholabhängigkeit allein keinen direkten Einfluß auf die Entwicklung einer psychischen Symptomatik hat, wobei das parallele Vorkommen von elterlicher Alkoholabhängigkeit und disharmonischen Familienverhältnissen dagegen eine additiv negative Auswirkung auf die Lebenszufriedenheit der Kinder hatte. Andere Ergebnisse erzielten jedoch SHER et al. (1991) in ihrer Vergleichsstudie von 253 EKA und 237 Nicht-EKA. Für weibliche und männliche EKA wurden neben ausgeprägteren Alkohol- und Drogenproblemen durchweg unterschiedliche Werte für die untersuchten Variablen (u. a. höhere Werte für psychiatrische Störungen, unkontrolliertes Verhalten, geringere akademische Bildung, schlechtere Ausdrucksmöglichkeiten) festgestellt.

KERR & HILL (1992a) interessierten sich in ihrer explorativen Studie (n=437) für die aktuellen partnerschaftlichen und familiären Beziehungen von EKA. Sie fanden höhere Scheidungsraten, eine geringere Zufriedenheit in der Ehe, mit ihren Partnern und eigenen Kindern sowie häufigere Alkoholikerpartner als bei der Kontrollgruppe. Höhere Scheidungs- und Trennungsraten für EKA haben auch PARKER & HARFORD (1988) und EL GUEBALY et al. (1990) nachgewiesen. Eine geringere Zufriedenheit in Beziehungen sowohl zu Männern als auch zu Frauen stellten BRABANT & MARTOF (1993) fest. Signifikante Unterschiede hinsichtlich diverser anderer Variablen ergaben sich auch hier nicht.

BERKOWITZ & PERKINS (1988) berücksichtigten in ihrer Untersuchung die Auswirkungen des Geschlechts des trinkenden Elternteil auf die Symptombelastung. In dieser Vergleichsstudie mit 860 Collegestudenten wurden Persönlichkeitsmerkmale, wie z. B. Impulsivität, Selbstentwertung, Unabhängigkeit und soziale Bedürftigkeit bei EKA und ihren peers untersucht. Bis auf eine stärkere Selbstentwertung vor allem bei den weiblichen EKA und höhere Werte auf der Autonomieskala bei den männlichen EKA ergaben sich für die übrigen Variablen keine unterschiedlichen Werte. Das Ausmaß der Selbstentwertung war bei weiblichen EKA mit einem Alkoholikervater signifikant größer als bei weiblichen EKA mit einer Alkoholikermutter. Dagegen unterstützten BELLIVEAU & STOPPARD (1995) mit ihrer Untersuchung die Hypothese, daß weder das Geschlecht der EKA noch das Geschlecht des trinkenden Elternteils einen signifikanten Einfluß auf die Entwicklung psychopathologischer Symptome hat.

Eine der wenigen Arbeiten, die versucht, Faktoren zu identifizieren, um die Gruppe der EKA zu differenzieren, ist die nichtklinische Studie (n=500) von ACKERMAN & GONDOLF (1991). Ermittelte Faktoren, die einen signifikanten Einfluß auf das Symptomausmaß (gemessen mit dem EKA-Index) hatten, waren 'Geschlecht', 'ethische Minderheit', 'elterliche Beziehung', 'als Kind erhaltene Hilfe' und 'als Erwachsener in Anspruch genommene Therapie'. Dabei ergaben sich für die Autoren einige unerwartete Ergebnisse: der höhere Wert auf dem EKA-Index für EKA, die eine Therapie aufsuchten oder als Kind Hilfe erhalten hatten.

Bei KLINISCHEN Stichproben wurden für EKA im Vergleich zu Nicht-EKA-Kontrollpersonen überwiegend höhere Werte auf Symptomskalen ermittelt. Dabei wurden nachgewiesen: höhere Inzidenzraten für Alkoholabhängigkeit, Drogen und Eßstörungen, stärker ausgeprägte Selbstwertprobleme und Identitätsstörungen, höhere Depressionswerte, häufigeres Auftreten von Ängstlichkeit, Ängsten, Phobien, von Beziehungsschwierigkeiten, Partnerschafts- und Familienproblemen, von Schul- und Leistungsschwierigkeiten, eine geringere Frustrations- und Streßtoleranz, höhere Werte für Suizidalität, ein häufigeres Auftreten von Persönlichkeitsstörungen und höhere Prävalenzraten für psychiatrische Erkrankungen. Eine wichtige Vergleichsstudie war die Untersuchung von MATHEW et al. (1993) an 408 EKA und 1477 Nicht-EKA.

1.3.2.4 Abhängigkeitsproblematik bei EKA und Sucht des Partners

Durch die Ergebnisse zahlreicher Studien kann mittlerweile das erhöhte Risiko von EKA für die Entwicklung einer eigenen Alkoholabhängigkeit oder eines auffälligen Trinkverhaltens als gesichert gelten. Im Vergleich zu anderen Alkoholikern beginnt die Alkoholabhängigkeit bei EKA in früheren Lebensjahren (SVANUM & MCADOO 1991). Das Risiko zu erkranken wird für EKA mit etwa 3- bis 4-fach erhöht (MAULEN & FAUST 1992) und für männliche EKA mit 3- bis 5-fach erhöht (OLBRICH et al. 1998) angegeben. Verantwortlich werden Identifikations- und Lernprozesse gemacht. Die Hypothese einer genetischen Ursache wurde weitgehend verworfen. In einer Übersichtsarbeit, in die 39 Studien einbezogen wurden, bestätigte COTTON (1979) das erhöhte Risiko für die Entwicklung einer eigenen Alkoholabhängigkeit. Ebenfalls bestätigte er das erhöhte Risiko, einen alkoholabhängigen Partner zu heiraten. Dabei sind vor allem Frauen überdurchschnittlich gefährdet, eine sogenannte co-abhängige Beziehung zu einem alkoholabhängigen Partner einzugehen (vgl. BRAKHOFF 1987, KÖPPEL & REINERS 1987). Neuere Arbeiten, die den Mißbrauch und die Abhängigkeit von Alkohol und Drogen bei EKA untersuchten und das erhöhte Risiko der eigenen Suchtentwicklung nachgewiesen haben, stammen von STABENAU (1990), HARBURG et al. (1990), EL GUEBALY et al. (1991), CHASSIN et al. (1991), BIDAUT et al. (1994), SHER et al. (1991) und MATHEW et al. (1994). DOMENNICO & WINDLE (1993) haben in ihrer nichtklinischen Untersuchung (n=616) keine signifikant höheren Werte hinsichtlich des Alkoholkonsums herausgefunden. Jedoch wurde ein vergleichsweise stärker betont kompensatorisches Trinken bei EKA festgestellt.

Die Bedeutung des Substanzmißbrauchs als *vermeidende Bewältigungsstrategie* wird auch in anderen Arbeiten herausgestellt. OLBRICH et al. (1998) fanden in einer Auswertung der 6 bisher vorliegenden Arbeiten zum Thema Alkohol- und Streßexposition das übereinstimmende Ergebnis, daß Söhne von Alkoholkranken im Gegensatz zu Kontrollpersonen in laborexperimentellen Untersuchungen bei Alkoholgabe diesen dazu benutzten, aufkommende Streßreaktionen zu dämpfen. CLAIR & GENEST (1987) zeigten in ihrer nichtklinischen Untersuchung, daß EKA häufiger vermeidende Kopingstrategien wie Rauchen, Trinken und Essen einsetzen als Nicht-EKA. Das Eßverhalten von adoleszenten Kindern aus Alkoholikerfamilien (n=838) haben CHANDY et al. (1994) untersucht. Für alle sieben in der Studie untersuchten Eßstörungsformen wurden signifikant höhere Prävalenzwerte gefunden. CLAYDON (1987) konnte in einer Untersuchung von 1302 College-Studenten nachweisen, daß bei EKA (n=149) neben einem erhöhten Risiko für einen Alkoholmißbrauch auch ein erhöhtes Risiko für den Mißbrauch von Drogen und Nahrungsmitteln besteht, und zwar bei beiden Geschlechter für alle drei Substanzen. Unterschiede innerhalb der EKA-Gruppe bestanden zwischen beiden Geschlechtern insofern, daß männliche EKA höhere Werte für einen Alkohol- und Drogenmißbrauch aufwiesen (vgl. auch PARKER & HARFORD 1988). Weibliche EKA berichteten häufiger über Eßstörungen. Auf ein unterschiedliches geschlechtsspezifisches Suchtrisiko bei EKA in Abhängigkeit vom Geschlecht des abhängigen Elternteils haben OHANNESSIAN & HESSELBROCK (1994) hingewiesen. Danach haben Männer mit einem Alkoholikervater ein besonders stark erhöhtes Risiko, eine eigene Alkoholabhängigkeit zu entwickeln.

1.3.2.5 Persönlichkeits- und Rollenkonzepte für EKA

PERSÖNLICHKEITSKONZEPTE

Es sind einige Arbeiten entstanden, die versucht haben, ein typisches Bild von EKA zu zeichnen. Erwähnt seien hier exemplarisch die Ergebnisse von WOITITZ (1983, dt. 1990), auf die sich der überwiegende Teil von überprüfenden Forschungsbemühungen bezogen hat. Im Laufe ihrer langjährigen klinischen Tätigkeit mit Alkoholikerfamilien entwickelte WOITITZ (1990) eine Persönlichkeitscharakteristik von EKA, die 13 Merkmale umfaßt, die diese Menschen in ihrem Erleben und Verhalten typischerweise aufweisen sollen. Die von WOITITZ (1990) aufgestellten Persönlichkeitsmerkmale wurden in klinischen und nichtklinischen Studien einer Überprüfung unterzogen:

klinisch: LYON & SEEFELDT (1995) überprüften die 13 Persönlichkeitsmerkmale an einer gemischt klinischen und nichtklinischen Stichprobe (n=139). Verglichen wurden drei Gruppen: klinische EKA, nichtklinische EKA und Nicht-EKA. Mit den Ergebnissen der Untersuchung konnte die Gültigkeit der Charakteristik von WOITITZ *nicht* bestätigt werden.

nichtklinisch: BAKER & STEPHENSON (1995) überprüften 8 der 13 Persönlichkeitsmerkmale und stellen für männliche EKA (n=20) *keine* Unterschiede zur Kontrollgruppe (n=46) fest. Weibliche EKA (n=29) waren im Vergleich zur Kontrollgruppe (n=71) flexibler, impulsiver, pessimistischer und fühlten sich weniger wohl. HAVEY et al. (1995) überprüften die 13 Kriterien an einer nichtklinische Stichprobe von 442 Personen. Es wurden keine Übereinstimmungen festgestellt. Die Probanden berichteten lediglich über mehr erfahrene Belastung in ihrer Kindheit im Vergleich zu ihren peers. Die Generalisierbarkeit der Persönlichkeitsmerkmale auf nichtklinische Bezüge wurde damit widerlegt.

Andere Autoren (z. B. SHEMWELL et al. 1995) stellten ebenfalls *keine* signifikanten Unter- schiede hinsichtlich überprüfter Persönlichkeitsmerkmale fest bzw. konnten die Hypothese eines existierenden typischen Persönlichkeitsprofils von EKA - wie in der gängigen Literatur beschrieben - nicht bestätigen (CARPENTER 1995). Auf die Heterogenität innerhalb der Gruppe der EKA hinsichtlich verschiedener Persönlichkeitsmerkmale machten D'ANDREA et al. (1994) mit ihrer nichtklinischen Studie (n=97) aufmerksam.

FISHER et al. (1993) kamen zu dem Ergebnis, daß sich EKA in wichtigen Persönlichkeitsmerk- malen nicht von Personen unterscheiden, die in anderweitig dysfunktionalen Familienverhält- nissen aufgewachsen sind. Untersucht wurden 28 Persönlichkeitsmerkmale bei drei Gruppen:

EKA (n=97), Erwachsene, die in dysfunktionalen Familien aufgewachsen sind (n=36) und Erwachsene aus nicht-dysfunktionalen Familienverhältnissen (n=41). In einem Gruppenvergleich wurden Unterschiede hinsichtlich der untersuchten Persönlichkeitsmerkmale zwischen EKA und Erwachsenen aus nicht-dysfunktionalen Familien festgestellt, nicht jedoch zwischen EKA und Erwachsenen aus dysfunktionalen Familienverhältnissen. Zu einem ähnlichen Ergebnis kamen HARDWICK et al. (1995). Sie untersuchten ebenfalls die drei Gruppen: EKA (n=49), Erwachsene, die in dysfunktionalen Familien aufgewachsen sind (n=48) und Erwachsene aus 'normalen' Familien (n=55). Ähnlichkeiten zwischen EKA und Erwachsenen aus dysfunktionalen Familien wurden festgestellt. Diese beiden Gruppen unterschieden sich in gleicher Weise von den Erwachsenen aus 'normalen' Familien hinsichtlich des Bindungsverhaltens (unsicher gebunden) und zweier Familienhintergrundsvariablen (subjektiv wahrgenommene Fürsorge und Versorgung durch Mutter und Vater).

ROLLENKONZEPTE

Familiensystemische Forschungen haben versucht, EKA-Rollenkonzepte zu entwickeln. Die Einnahme einer bestimmten Rolle innerhalb des Familiensystems stellt für die Kinder eine Strategie dar, mit schwierigen Verhältnissen in der Familie klarzukommen. Daher wurden diese Rollen auch als „Überlebensrollen" bezeichnet. Das Gesamtfamiliensystem wird durch die Rollenübernahme der Kinder stabilisiert. Somit wird dem Bedürfnis nach Sicherheit entsprochen.

JENKINS et al. (1993) untersuchten die Bereitschaft von EKA zu einer dysfunktionalen Rollenübernahme. Sie verglichen EKA, Erwachsene, die in ihrer Kindheit andere Belastungen erfahren hatten, und Erwachsene ohne berichtete belastende Erfahrungen. Sowohl von EKA als auch von Erwachsenen mit anderen belastenden Kindheitserfahrungen wurden häufiger dysfunktionale Rollen übernommen. Nach DEVINE & BRAITHWAITE (1993) scheint die Übernahme bestimmter „Überlebensrollen" allerdings eher im Zusammenhang mit dem Vorhandensein von desorganisierten Familienverhältnissen zu stehen als mit der Alkoholabhängigkeit der Eltern an sich. Die Übernahme von „Überlebensrollen" stellt keineswegs einen protektiven Faktor für die Entwicklung dieser Kinder dar (BRAITHWAITE & DEVINE 1993). Die Übernahme bestimmter Rollen („verlorenes Kind", „ausagierendes Kind" und „Clown") wirkt sich im Gegenteil nachteilig auf das Wohlbefinden der Kinder aus.

Aus der klinischen Arbeit mit Alkoholikerfamilien wurden verschiedene Rollenmodelle (WEG-SCHEIDER 1988, BLACK 1988) entwickelt, die das charakteristische Rollenverhalten der Kinder in diesen Familien erfassen. WEGSCHEIDER differenzierte in ihrem Modell vier Rollen bzw. Überlebensstrategien (WEGSCHEIDER 1981, dt. 1988):

- der Held (family hero)
- der Sündenbock (scapegoat)
- das unsichtbare, stille Kind (lost child)
- das Maskottchen (mascot).

In dem von BLACK (1988) parallel entwickelten Modell wurden folgende vier Rollen benannt:

- das verantwortungsbewußte Kind (responsible child)
- das fügsame Kind (adjuster)
- der Friedensstifter (placater)
- das ausagierende Kind (acting-out child).

Die Rollen der beiden Modelle überschneiden sich teilweise (z. B. entspricht das „unsichtbare, stille Kind" dem „fügsamen Kind", der „Sündenbock" dem „ausagierenden Kind", der „Held" dem „verantwortungsbewußten Kind"). Einzelne Rollen können auch von mehreren Personen gleichzeitig eingenommen werden. Manchmal übernehmen Kinder mehrere Rollen abwechselnd entsprechend der aktuellen familiären Situation oder nacheinander im Laufe ihrer Entwicklung. Auch äußere Veränderungen (z. B. Scheidung der Eltern, Geburt und Auszug von Geschwistern) können zu einem Rollenwechsel führen.

Nach den von BLACK (1988) definierten „Überlebensrollen" für Kinder aus Alkoholikerfamilien entwickelten RHODES & BLACKHAM (1987) einen Rollenidentifikationstest (CAFRI). Im Vergleich zu Nicht-EKA übernahmen EKA tendentiell häufiger die „ausagierende" Rolle und die Rolle des „angepaßten und beschwichtigenden Kindes" („Friedensstifter"). Die Rollenübernahme war unabhängig von der Position in der Geschwisterreihe und vom Alter. Weibliche Adoleszente übernahmen häufiger die „Friedensstifterrolle". DEVINE & BRAITHWAITE (1993) ermittelten in ihrer Untersuchung hohe Interkorrelationswerte für die einzelnen Rollen bis auf die Rolle des „fügsamen Kindes". Ein Zusammenhang zwischen der Übernahme von bestimmten Rollen und der elterlichen Alkoholabhängigkeit bestand nur für die Rolle des „verantwortungsbewußten" und des „ausagierenden Kindes". SCAVNICKY-MYLANT (1990) konnte in ihrer Untersuchung die Hypothese eines spezifischen Rollenverhaltens der EKA nicht bestätigen. Es gelang jedoch, zwei Kopingstrategien für EKA herauszuarbeiten, nämlich ein 'zurückhaltender Ausdruck von Gefühlen' und eine 'Vermeidung von Auseinandersetzungen'.

1.3.2.6 Prävention und Behandlung

Nachdem das erhöhte Risiko für die Entwicklung einer Alkoholabhängigkeit und anderer psychischer Störungen erkannt worden war, wurde die Notwendigkeit gesehen, prophylaktische und therapeutische Konzepte für die betroffenen Kinder zu entwickeln. Auf den Mangel und die mangelnde Qualität von Studien über Behandlungsergebnisse und die Effektivität von Präventions- und Behandlungsprogrammen haben EMSHOFF & ANYAN (1991) sowie JOHNSON & TIEGEL (1991) hingewiesen. Von mehreren Autoren wurde die Forderung nach einer Früherkennung von Kindern, Jugendlichen und jungen Erwachsenen aus Alkoholikerfamilien in den Schulen, Universitäten, Beratungsstellen und Kliniken gestellt, um eine frühere und gezieltere Durchführung von präventiven Maßnahmen, Beratungen und Behandlungen zu ermöglichen (SCHEITLIN 1990, EMSHOFF & ANYAN 1991, WOODSIDE et al. 1993). WOODSIDE et al. (1993) begründen diese Forderung mit den Ergebnissen aus einer Studie, bei der die Häufigkeit von Krankenhauseinweisungen von 1,6 Millionen Versicherungsteilnehmern ermittelt wurde. Für EKA wurde eine größere Anzahl an Krankenhauseinweisungen und längere Liegezeiten mit höheren Behandlungskosten festgestellt. Ebenfalls wurde die Anfälligkeit von

EKA für bestimmte Krankheiten nachgewiesen, und zwar für psychische Erkrankungen, Substanzabhängigkeiten, Unfälle und Vergiftungen.

Programme und Vorschläge für präventive und therapeutische Maßnahmen beinhalten den Aufbau und die Förderung von stabilen, vertrauensvollen Beziehungen sowie Hilfestellungen, um die Verleugnung der elterlichen Alkoholabhängigkeit überwinden zu können.

Weiterhin werden eine Aufklärungsarbeit über Ursachen und Wirkungen von Alkohol, Alkoholabhängigkeit und Familiendynamik in Alkoholikerfamilien sowie eine Unterstützung von Beziehungsaufnahmen außerhalb der Alkoholikerfamilien (EDWARDS & ZANDER 1985) als wichtig erachtet. Auf die Bedeutung der Selbsthilfegruppen bei der gemeinsamen Auseinandersetzung der EKA mit ihrer Problematik machen CUTTER & CUTTER (1987), JOHNSON & TIEGEL (1991) sowie MAULEN & FAUST (1992) aufmerksam. CUTTER & CUTTER (1987) gewannen ein Bild über die Arbeit in diesen Gruppen, indem sie ihre Beobachtungen von 12 Al-Anon[3]-Gruppensitzungen sowie Interviews mit den Betroffenen auswerteten. Bei 25% der Redebeiträge handelte es sich um Berichte über Verbesserungen und positive Selbstveränderungen, bei 20% der Beiträge um den Wunsch danach. Berichtete Veränderungen in der Beziehung zu dem Alkoholiker waren gering.

Die Notwendigkeit zu einer Einbeziehung des gesamten Familiensystems in die Behandlung wurde zunehmend stärker betont (WEGSCHEIDER 1988) und verwirklicht. Zum einen wurden dadurch bessere Langzeitergebnisse bei der Alkoholiker-Therapie erzielt. Zum anderen hat diese Maßnahme präventiven Charakter bezüglich der anderen Familienmitglieder.

Als effektive Alternative zu einer familientherapeutischen Behandlung empfehlen BERNARD & RAMAGE (1991) die Behandlung von EKA im gruppentherapeutischen Kontext. Die besondere Chance sehen sie in der sich gestaltenden familienähnlichen Situation innerhalb der Gruppe, die genutzt werden kann, dysfunktionale Überlebensmechanismen zu erkennen und gesündere, effektivere Bewältigungsstrategien zu entwickeln.

JAKOB (1991) kritisierte die Vernachlässigung der Problematik von Kindern, Jugendlichen und Erwachsenen aus Alkoholikerfamilien auf medizinischem Gebiet im deutschsprachigen Raum. Er wies auf Schwierigkeiten hin, die EKA bei der Ablösung vom Elternhaus haben. Durch die unterschiedlichen Rollen, die Kinder in Alkoholikerfamilien einnehmen, sind diese fest an das System gebunden. Aus therapeutischer Sicht hält er die Verwendung von Rollenmodellen für sinnvoll, da sie die Möglichkeit einer Veränderung auch in kürzerer Zeit implizieren. Nach seiner Ansicht sollte eine Behandlung stärker die Aktivierung von Ressourcen beinhalten als die Fokussierung auf Defizite.

---

[3] Al-Anon = Selbsthilfegruppe für Angehörige von Alkoholikern

2 RAHMEN UND VORAUSSETZUNGEN DER UNTERSUCHUNG

2.1 ENTWICKLUNG DER FRAGESTELLUNG

Der Einsatz einer qualitativen Auswertungsmethodik[4] erfordert in einigen Punkten ein für die quantitative Forschung unübliches Herangehen an den Forschungsgegenstand. Die Untersuchung wird mit einer relativ offenen Fragestellung eingeleitet. Dieses Vorgehen ermöglicht einen bisher kaum beschrittenen Zugang zum Forschungsgegenstand der EKA-Thematik. Berücksichtigt werden dadurch die in letzter Zeit lauter werdenden Forderungen nach einer differenzierten Betrachtung der EKA-Problematik, um unbefriedigende Ergebnisse quantitativer Analysen erklären zu können. Die komplexen Strukturen und vielschichtigen Beschreibungsebenen der vorliegenden Daten können durch dieses Vorgehen adäquat erfaßt werden. Ein weiterer Vorteil liegt darin, daß eine zu schnelle Reduktion und Verallgemeinerung der Daten sowie eine Loslösung der Daten aus dem Zusammenhang vermieden werden können.

Die Entwicklung der Fragestellung gestaltet sich zu einem Prozeß, der die Arbeit begleitet. Erst im Verlauf des Forschungsprozesses wird die Fragestellung eingegrenzt und konkretisiert. Dieses Vorgehen wird mit der unterschiedlichen Zielsetzung begründet, nach der in der qualitativen Forschung meist die *Generierung* einer Theorie und nicht die Überprüfung einer solchen angestrebt wird. Nach STRAUSS & CORBIN (1996, S. 22) werden Fragestellungen benötigt, die „die notwendige Flexibilität und Freiheit geben, ein Phänomen in seiner Tiefe zu erforschen". Fragestellungen sollen handlungs- und prozeßorientiert formuliert werden. Zumindest eingangs werden keine Hypothesen über Zusammenhänge zwischen abhängigen und unabhängigen Variablen aufgestellt. Ziel der Untersuchung soll sein, „auf wichtige, bisher nicht bekannte Probleme und Themen Antworten zu finden" (STRAUSS & CORBIN 1996, S. 23).

Ausgangspunkt für die vorliegende Untersuchung sind folgende Fragestellungen mit allgemeinem Interesse:

1. Worüber berichten Therapeuten in Anamneseprotokollen von Erstgesprächen mit EKA? Welche Thematiken kommen zur Sprache? Gibt es Gemeinsamkeiten in den angesprochenen Themen (Beschwerden, Symptome, Schwierigkeiten, Konflikte)?
2. Wie wird die lebensgeschichtliche Erfahrung, ein Alkoholikerkind zu sein, im Interviewbericht thematisiert? Welche Erfahrungen werden beschrieben? Werden Auswirkungen und Konsequenzen aus dieser Erfahrung benannt, wenn ja welche?

Im Laufe des Arbeitsprozesses fokussiert sich der Interessenschwerpunkt auf folgende zentrale Fragestellungen:

3. Über welche aktuellen Beziehungserfahrungen wird berichtet? Wie gestalten EKA-Patienten heute ihre Beziehungen?
4. Existiert eine Homogenität oder Heterogenität bezüglich der Gesamtgruppe der EKA? Lassen sich unterschiedliche Muster der Beziehungsgestaltung finden?

---

[4] Die Begründung für die Wahl einer qualitativen Methode wird im Kapitel methodische Grundlagen gegeben.

5. Bestehen Zusammenhänge zwischen dem Beziehungsmuster und
   - der biographischen Erfahrung
   - der Beziehung zum Alkoholikerelternhaus heute
   - dem therapeutischen Arbeitskontakt?

2.2 KLINISCHER KONTEXT DER UNTERSUCHUNG

• Indikationen und Behandlungskonzept

Die Daten wurden in der Ambulanz der Psychosomatischen Universitätsklinik Heidelberg erhoben. Die Heidelberger Psychosomatische Klinik ist traditionell durch eine psychoanalytische Arbeitsweise geprägt. Hier werden Patienten mit psychischen, psychosomatischen oder somatopsychischen Beschwerdebildern ambulant und stationär behandelt. In der Ambulanz steht die diagnostische Abklärung und Weitervermittlung der Patienten im Vordergrund. Jährlich werden etwa 800 Patienten untersucht. Die Verteilung der gestellten Diagnosen gibt einen Eindruck über das Patientenspektrum. Eine Tabelle aus dem Fünf-Jahres-Bericht (1989-1994) der Heidelberger Psychosomatischen Klinik (RUDOLF 1995, S. 10) gibt die prozentuale Verteilung der gestellten Diagnosen bei Ambulanzpatienten in diesem Zeitraum wieder:

Diagnosen:

• Neurosen (z. B.: depressive Störungen, Angststörungen)	36 %
• funktionelle Störungen	14 %
• Persönlichkeitsstörungen	12 %
• psychosomatische und somatopsychische Störungen	11 %
• Eßstörungen	11 %
• Süchte	5 %
• Psychosen	5 %
• sonstige	6 %

Nach einer ausführlichen diagnostischen Abklärung in der Ambulanz wird gegebenenfalls die Indikation für die Behandlung auf der Station gestellt. Andere Patienten werden zu niedergelassenen Therapeuten bzw. in andere Kliniken überwiesen oder z. B. an Beratungsstellen vermittelt.

• Organisation der Ambulanzsprechstunde

Die Ambulanzsprechstunde, zu der die Patienten üblicherweise ohne Voranmeldung erscheinen, findet zweimal wöchentlich statt. Der Modus, nach welchem die Patienten die Sprechstunde erreichen, ist unterschiedlich. Überwiegend kommen sie auf Überweisung ihres Hausarztes oder erscheinen aus benachbarten Kliniken zu konsiliarischen Untersuchungen.

Mitarbeiter der Ambulanz sind Ärzte und Psychologen, welche die Erstgespräche mit den Patienten führen. Im Anschluß an jede Ambulanzsprechstunde findet eine kollegiale Supervision in Form der Ambulanzkonferenz statt.

2.3 MATERIAL

2.3.1 DER INTERVIEWBERICHT ALS DATENQUELLE DER UNTERSUCHUNG

Als Datengrundlage für die Untersuchung dienen Protokolle von diagnostischen Erstgesprächen nach der tiefenpsychologischen Anamneseerhebung. Das psychoanalytische Interview (analytisch orientiertes Erstgespräch) wird als klinisches Interview den teilstandardisierten Befragungsverfahren zugeordnet. Es kann eine Form eines Forschungsinterviews darstellen. Diese teilstrukturierte Gesprächsform bietet einerseits Freiraum bei der Themenwahl und individuellen Gestaltung; andererseits wird durch die Vorgabe standardisierter Elemente und Vorgehensweisen (z. B. Symptomabklärung, Erhebung der biographische Anamnese, Angaben zu Partnerschaft, Familie, Beruf) ein gewisser Rahmen gesetzt. Die diagnostische Untersuchung bietet eine nicht-experimentelle Untersuchungssituation, in der die Patienten ein eigenes Anliegen an die Untersuchung haben, wodurch eine authentische Darstellung der Zusammenhänge gefördert wird.

Die Durchführung diagnostischer Erstgespräche erfordert einige klinische Erfahrung. Da die Autorin dieser Arbeit über keine therapeutische Ausbildung und Erfahrung verfügte, bot die Verwendung der Erstinterviewprotokolle von Therapeuten der Klinik die Chance, die Kompetenz erfahrener Kollegen zu nutzen. Ein weiterer Vorteil liegt darin, die Sichtweise und Beurteilung von verschiedenen Fachleuten einbeziehen zu können. Da im voraus nicht bekannt war, ob und wann Patienten mit den Auswahlkriterien in der Ambulanz untersucht würden, war es nicht möglich, bei den Untersuchungen anwesend zu sein.

2.3.2 DAS DIAGNOSTISCHE INTERVIEW IN DER PSYCHOSOMATISCHEN MEDIZIN

2.3.2.1 Definition und Abgrenzung

Die diagnostische Untersuchungssituation in der Psychosomatischen Medizin unterscheidet sich grundlegend von der Situation in anderen fachärztlichen Gebieten. Zurückzuführen ist dies u. a. auf die Besonderheiten im beruflichen Selbstverständnis des „Psychosomatischen Arztes", welches RUDOLF (1996, S. 303) folgendermaßen beschreibt: „Während der Arzt gegenüber seinem Patienten eine aktive Verantwortungshaltung einnimmt, also aufgrund seiner Expertenschaft entscheidet, anordnet und handelt, betont der Psychotherapeut die Gemeinsamkeit der therapeutischen Bemühungen und die Eigenaktivität und Selbstverantwortung des Patienten".

Als diagnostisches Verfahren wird in der psychosomatischen Medizin das Gespräch eingesetzt. Der Umstand, daß ohne apparative Untersuchungsmethoden gearbeitet wird und „lediglich" miteinander gesprochen wird, ergibt eine völlig andere Situation als in der „Organmedizin", in der die Schwerpunktverlagerung auf die apparative Diagnostik teilweise soweit fortgeschritten ist, daß der Patient vor der Untersuchung kaum begrüßt wird. Informationen und Fragen, die der Patient hinsichtlich seiner Beschwerden, seines Befindens und seiner momentanen Lebenssituation für wichtig hält und die er mitteilen möchte, werden oft nur wenig berücksichtigt. So ist die Tatsache, daß der Patient in einem Erstgespräch in der Psychosomatischen Klinik längere Zeit über sich berichten kann und daß ihm dabei zugehört wird, einigen Patienten unvertraut. Bei der diagnostischen Untersuchung in der Psychosomatischen Medizin ist der Arzt mit seinen Gegenübertragungsgefühlen das wichtigste Instrument. Nach RUDOLF (1996, S. 290) soll der Therapeut „seine subjektiven Regungen, Empfindungen und Phantasien durchaus ernst nehmen [...], um die interaktionelle Ausstrahlung seines Gegenübers und die gemeinsam entwickelte Beziehung erfassen zu können".

RUDOLF (1996, S. 305f) grenzt das *diagnostische* Gespräch gegen andere Typen professioneller Gespräche im psychotherapeutischen Bereich ab. Er unterscheidet das

- diagnostische Gespräch
- das therapeutische Gespräch (Behandlung der Störung)
- das beratende Gespräch (Umgang mit der Störung) und
- das stützende Gespräch (Begleitung einer Störung).

Die Entwicklung des diagnostischen Gesprächs in der Psychosomatischen Medizin wurde von verschiedenen Seiten gefördert. Einen entscheidenden Beitrag leisteten mit ihren Arbeiten neben anderen: V. WEIZSÄCKER, BALINT & BALINT (1961, diagnostisches Interview an der Tavistock Clinic) und ARGELANDER (1966, 1970). Neu war die Betonung von psychischen Aspekten bei der Erklärung von Krankheiten. Der Beziehungsaspekt im diagnostischen und therapeutischen ärztlichen Gespräch gewann zunehmend an Bedeutung.

Im Laufe der Zeit entstanden mehrere Typen des psychosomatischen oder psychoanalytischen diagnostischen Gesprächs, so daß heute eine Reihe von Gesprächsformen mit unterschiedlichen Konzepten und Schwerpunkten existieren. Ein ausführlicher Überblick über die Entwicklung und die Formen diagnostischer Gespräche findet sich bei THOMÄ & KÄCHELE (1985), WILKE (1992), MERTENS (1992) und FROMMER (1996). An dieser Stelle soll lediglich eine Ausführung zur Differenzierung zwischen dem tiefenpsychologischen (analytisch orientierten) Anamnese-gespräch und dem psychoanalytischen Interview erfolgen. Mit Blick auf die Praxis räumt MERTENS (1992) allerdings ein, daß im klinischen Alltag eher Mischformen dieser beiden Interviewtypen vorkommen.

Die Situation im *psychoanalytischen Interview* ist aufgrund der minimalen Vorgaben relativ offen. Dem Patienten wird weitgehend überlassen, welche Themen er anspricht bzw. ob er überhaupt spricht. Nachfragen sind nicht vorgesehen. Der Therapeut geht sehr zurückhaltend vor. Ein besonderer Fokus seiner Aufmerksamkeit liegt auf der Wahrnehmung des bewußten und unbewußten Beziehungsgeschehens (MERTENS 1992).

Im Gegensatz dazu ist das Vorgehen beim *analytisch orientierten Anamnesegespräch* strukturierter und standardisierter. Die tiefenpsychologische Anamnese wurde in Deutschland überwiegend von SCHULTZ-HENCKE (1951) entwickelt und von DÜHRSSEN (1986) und RUDOLF (1981) weiterentwickelt. Hierbei werden gezielt und systematisch Informationen zur Biographie und zu aktuellen Lebensbezügen des Patienten erhoben, um ein möglichst aussagekräftiges diagnostisches Bild von der Psychodynamik und strukturellen Verfassung' des Patienten zu erhalten.

2.3.2.2 Ziel des diagnostischen Erstgespräches

Aufgabe für den psychosomatisch denkenden Arzt ist es, gemeinsam mit dem Patienten dessen Erkrankung als Teil seiner Lebensgeschichte zu verstehen. Außerdem geht es um die Klärung der Fragen, ob eine Behandlung notwendig (Indikation), möglich und sinnvoll (Therapiemotivation, prognostische Einschätzung) erscheint und in welcher Form sie durchgeführt werden kann (z. B. stationär, ambulant, analytisch). In dem Erstgespräch muß sich der Therapeut auf die Abklärung bestimmter Themenbereiche, die Persönlichkeit des Patienten und seine Erkrankung betreffend, konzentrieren. Dabei ist die Schaffung einer vertrauensvollen Atmosphäre, in der der Patient sich öffnen und mitteilen kann, Voraussetzung.

RUDOLF (1996, S. 288f) benennt folgende, für das diagnostische Erstgespräch bedeutsame Themenschwerpunkte:

- klinisches Bild (Symptome, Befunde, Krankheitsverlauf, Vorbehandlungen)
- symptomauslösende Konfliktsituation
- aktuelle Lebensrealität (äußere Realität, aktuelle Lebenssituation: Partnerschaft, Familie, Beruf, wirtschaftliche Situation, soziale Situation)
- biographischer Hintergrund (objektive Verhältnisse und wichtige Menschen)
- Patient-Therapeut-Beziehung (s. Kapitel 2.3.3)
- Beurteilung, klinische Interpretation (zentraler Beziehungskonflikt, Struktur, Bewältigungsmodus, Auslösesituation, psychodynamische Bedeutung der Erkrankung, interaktionelle Bedeutung des Krankseins ...)
- Klinische Schlußfolgerungen (Diagnose, Differentialdiagnose, Prognose, Indikationsentscheidung, Therapieplanung).

Zusammengefaßt ergeben sich nach RUDOLF (a. a. O., S. 305) für das diagnostische Gespräch folgende Zielsetzungen:

- Beziehungsaufnahme
- systematisches Sammeln von Fakten und Verstehen ihrer Bedeutung
- Hypothesenbildung über den Zusammenhang zwischen aktueller Störung, äußerer Belastung, innerem Konflikt und lebensgeschichtlicher Prägung,
- Einschätzung der Verlaufs- bzw. Therapieprognose.

Die *Ziele der Patienten* sind dagegen unterschiedlich. Die Patienten gelangen in das Gespräch mit verschiedenen Wünschen, Vorstellungen, Erwartungen, Ängsten, Befürchtungen und Hoffnungen. Viele dieser Motivationen sind den Patienten bewußt nicht zugänglich. Einige Patienten erscheinen nicht aufgrund eines eigenen Anliegens, sondern erfüllen die Erwartungen eines überweisenden Arztes oder eines Familienmitgliedes (z. B. Anorexiepatientin). ARGELANDER (1970) bezeichnet diese Patienten als vorgeschickte oder vorgeschobene Patienten. Diese Konstellation wirkt sich erschwerend auf den therapeutischen Kontakt aus.

Für die *Erstellung des Interviewberichtes* muß der Therapeut eine Reihe von Informationen auf verschiedenen Ebenen verarbeiten. ARGELANDER (1970, S. 12f) unterscheidet drei Arten von Gesprächsinformationen, deren Summe das Ergebnis des diagnostischen Interviews ausmacht:

- die objektiven Informationen

„Diese Informationsquelle wird am häufigsten benutzt. Ihre Daten sind nachprüfbar und absolut zuverlässig. Dagegen beinhalten die aus ihnen gewonnenen Informationen einen hohen Grad von Vieldeutigkeit. Die Verläßlichkeit der psychologischen Aussage hängt letztlich vom Fachwissen und der überzeugenden logischen Kombinationsfähigkeit ab. Als Kriterium für den relativen Wahrheitsgehalt der Interpretation bietet sich die logische Evidenz an.“

- die subjektiven Informationen

Die „Daten können mehr oder weniger verläßlich sein. Entscheidend ist ausschließlich die Bedeutung, die der Patient ihnen verleiht. [...] Das Instrument der Wahrnehmung der subjektiven Informationen beruht allein auf dem gekonnten Umgang mit dem Patienten in der Interviewsituation. [...] Das Kriterium für ihre Verläßlichkeit ist die situative Evidenz. [...] Ihr Erkenntniswert vollzieht sich mehr aus einer erlebnisverarbeitenden Einsicht.“

- und die szenischen oder situativen Informationen

Diese unterscheiden „sich von den subjektiven nur durch eine Akzentverschiebung. [...] Bei der szenischen Information dominiert das Erlebnis der Situation mit all seinen Gefühlsregungen und Vorstellungsabläufen [...]. Das Kriterium für die Verläßlichkeit der Information ist ebenfalls die situative (szenische) Evidenz. Das Instrument der Wahrnehmung ist einzig die Persönlichkeit des Interviewers, eingesetzt und abgestimmt auf das unbewußte Beziehungsfeld mit dem Patienten.“

2.3.2.3 Das Erstinterview in der Heidelberger psychosomatischen Ambulanz

Nach HOHAGE et al. (1981) gibt es keine einheitliche Erstgesprächstechnik. Vielmehr wird die Abhängigkeit der Gesprächsführung von mehreren Faktoren betont (z. B. Rahmenbedingungen des Gesprächs, Art und Zusammensetzung der Klientel, besondere Interessen und Ziele des Therapeuten). Das Vorgehen im diagnostisches Erstgespräch in der Psychosomatischen Klinik Heidelberg orientiert sich konzeptuell in etwa an den Prinzipien des tiefenpsychologischen Anamnesegesprächs. Da die einzelnen Therapeuten einen unterschiedlichen Ausbildungshintergrund besitzen (Ärzte, Psychologen, vorhandene bzw. nicht vorhandene analytische Ausbildung) und unterschiedliche klinische Erfahrungen mitbringen, werden von den einzelnen Therapeuten bestimmte Aspekte stärker betont.

• DIE THERAPEUTEN

Die anamnestischen Gespräche werden von Therapeuten (Ärzte und Psychologen) an der Klinik durchgeführt. Die Protokolle dieser Gespräche werden von den jeweiligen Therapeuten selbst verfaßt. In der vorliegenden Arbeit werden 31 Erstinterviewprotokolle von *17 verschiedenen Therapeuten* (11 Frauen, 6 Männer) ausgewertet, wobei von jedem Therapeuten etwa 1 bis 2 Protokolle stammen.

• ÄUSSERE GESPRÄCHSBEDINGUNGEN

Anfangs begrüßt der Therapeut den Patient und stellt sich vor. Für das Gespräch[5] ist ein klar definierten Rahmen vorgegeben, der dem Patienten mitgeteilt wird. Das Gespräch dauert in der

---

[5] In der Folge wird der Begriff „*Erstinterview/-gespräch*" oder „*Interview/Gespräch*" für das diagnostische Gespräch in der psychosomatischen Ambulanz verwendet.

Regel etwa 60 Minuten. Bestehen nach dem ersten Kontakt noch diagnostische Unklarheiten oder Fragen zum Procedere, wird ein zweiter oder dritter Gesprächstermin vereinbart. In der Regel sind ein bis zwei Termine ausreichend. Eine von äußeren Bedingungen möglichst störungsfreie Atmosphäre ist eine Grundvoraussetzung dafür, daß sich der Patient vertrauensvoll mit seinem Anliegen an den Therapeuten wenden kann.

• INHALTLICHE GESPRÄCHSBEDINGUNGEN

Der Gesprächsinhalt wird verhältnismäßig wenig durch den Therapeuten bestimmt. Der Therapeut steht dem Patienten und seinem Anliegen zur Verfügung, verhält sich aber zurückhaltend[6]. Die Patienten berichten über weite Strecken offen und frei von ihren Beschwerden, Sorgen und Wünschen und vertreten ihr Anliegen. Andererseits verfolgt auch der Therapeut ein Ziel insofern, als er sich ein Bild von dem Patienten und seiner Erkrankung machen möchte. Er wird versuchen, mit dem Patienten einen Zusammenhang zwischen den Beschwerden, seiner aktuellen Lebenssituation und seiner Lebensgeschichte herzustellen. Abschließend hat er eine Diagnose zu stellen und eine Indikationsentscheidung zu treffen.

Nach LAMNEK (1988, Bd. II, S. 60) handelt es sich bei qualitativen Interviews im Hinblick auf die Intentionen des Interviewers „vornehmlich um *vermittelnde*, aber durchaus auch um *ermittelnde* Interviews".

Die vorgegebenen Richtlinien für das anschließend zu erstellende Interviewprotokoll (s. Kapitel 2.3.4) dienen auch als Orientierungshilfe im Gespräch. Der Therapeut kann zu einzelnen Themenschwerpunkten Fragen stellen, sollte der Patient auf diese nicht zu sprechen kommen. Die Reihenfolge und Vollständigkeit, in der die einzelnen Punkte besprochen werden, ergeben sich aus dem Gesprächsverlauf und sind jeweils unterschiedlich.

Durch diese Herangehensweise werden die Kriterien des teilstandardisierten Interviews erfüllt, d. h. nach LAMNEK (1988, Bd. II, S. 68) „die Fragen sind nicht vorab formuliert und es gibt keine spezifische Abfolge von Fragen".

Im Gespräch wird der Therapeut Hypothesen über den Patienten und seine Beschwerden entwickeln und diese im weiteren Gesprächsverlauf überprüfen. Dementsprechend wird er den Themen unterschiedliche Wichtigkeit und Bedeutung beimessen und sich auf einzelne Inhalte stärker konzentrieren. Er wird an bestimmten Stellen tiefgreifendere Fragen stellen und sich besondere Situationen und Beziehungen näher beschreiben lassen. Im Gegensatz zum fokussierten Interview (HOPF 1991) wird das Thema bzw. der Gegenstand der Fokussierung nicht vorab bestimmt.

---

[6] Die Praktizierung einer „offenen Gesprächstechnik", in der der Interviewer sich „anregend-passiv" verhält, sowie die „Assymmetrie in der Gesprächssituation (einer erzählt, der andere hört zu)" wirkt nach LAMNEK (1988, Bd. II, S.68) „als positive Sanktion".

2.3.3 DIE THERAPEUTISCHE ARBEITSBEZIEHUNG

Eine Voraussetzung für das Gelingen der diagnostischen Untersuchung sowie der späteren psychotherapeutischen Behandlung ist eine Vereinbarung zwischen Therapeut und Patient. In einer Art Vertrag werden Bedingungen der Arbeitsbeziehung mehr oder weniger explizit ausgehandelt. Mit einer Festlegung des Rahmens (Raum, Zeit, Frequenz der Gespräche, Bezahlung) werden äußere Voraussetzungen benannt. Der Therapeut steht mit seiner Zeit, seinen persönlichen und beruflichen Fähigkeiten und seinem Wissen dem Patienten in bestimmtem Umfang zur Verfügung. Eine wichtige Aufgabe des Therapeuten ist es, sich seiner bewußten und unbewußten Motive (Interesse, Macht, Verständnis, Sorge, Ärger, Ablehnung) klar zu werden.

Das Anliegen der Patienten ist zunächst nicht immer „offensichtlich" und auch für diese selbst oft nicht klar. Eine wichtige Aufgabe besteht darin, unbewußte Motive der Patienten zu explorieren. Es geht dabei um Erwartungen, Wünsche und die Motivation, sich einzulassen sowie um die Bereitschaft, etwas zu verändern und Verantwortung zu übernehmen. Zu prüfen sind weiterhin die Möglichkeiten des Patienten, sich anzuvertrauen, sich verständlich zu machen, den Therapeuten zu erreichen, ihn für sich einzunehmen und die Fähigkeit, die eigene Sichtweise hinterfragen zu können.

In der Patient-Therapeut-Begegnung treffen unterschiedliche Erwartungen und Interessen aufeinander, die verhandelt werden. Wie effektiv und kooperativ dieser Verhandlungsprozeß verläuft, ist entscheidend von der Beziehungsfähigkeit beider Interaktionspartner abhängig. Im Falle einer gelungenen Interaktion können für beide Seiten befriedigende Ergebnisse erzielt werden. Es wird möglich, ein Verständnis der Erkrankung bzw. eine Krankheitseinsicht zu gewinnen und sich über die Behandlungsnotwendigkeit auseinanderzusetzen. Im günstigen Fall kommt es zu einer Einigung (Konsens) mit einem akzeptablen und annehmbaren Ergebnis für beide Seiten. In diesem Fall kann sich der Therapeut ein schlüssiges Bild über die Situation des Patienten machen, ein psychodynamisches Verständnis der Beschwerden erlangen und dem Patienten ein entsprechendes Behandlungsangebot oder eine Empfehlung unterbreiten. Der Patient fühlt sich mit seinem Anliegen verstanden und unterstützt und kann die Hilfe annehmen. Auf dieser Grundlage entwickelt sich ein therapeutisches Arbeitsbündnis. Gelingt keine befriedigende Auseinandersetzung, kann das extremerweise dazu führen, daß die Interaktionspartner den Kontakt abbrechen. Die Gestalt der Patient-Therapeut-Beziehung im Erstgespräch kann wichtige diagnostische und prognostische Informationen über den Patienten liefern.

In der Literatur sind Ausführungen zur therapeutischen Arbeitsbeziehung unter verschiedenen Begriffen zu finden: z. B. „Arzt-Patienten-Beziehung", „Patient-Therapeut-Beziehung", „therapeutisches Arbeitsbündnis", „Behandlungsbündnis". Es sind zahlreiche Definitionen entstanden, welche die unterschiedlichen Auffassungen der Autoren über dieses besondere Beziehungsarrangement zum Ausdruck bringen. Als Ausgangspunkt und als Voraussetzung für die Entwicklung einer therapeutischen Arbeitsbeziehung definiert GEYER (1990, S. 20) die *initiale Arbeitsbeziehung* als „kleinsten gemeinsamen Nenner der therapeutischen Kooperation, ausgedrückt im beidseitigen konstanten Bekenntnis zu einer gemeinsamen therapeutischen Aufgabe und einem dazugehörigen interaktionellen Beitrag".

Die Bedingungen und Voraussetzungen, die von beiden Interaktionspartnern mitgebracht werden, haben in der Patient-Therapeut-Begegnung wechselwirkend Einfluß aufeinander. Aus *beziehungsdynamischer Sichtweise* formuliert RUDOLF (1991) folgende interaktionelle Aspekte, die in der Patient-Therapeut-Beziehung zum Tragen kommen:

- das eigene Beziehungsangebot, das auf den anderen gerichtet ist (Beziehungserwartung)
- die Wahrnehmung und gefühlshafte Bewertung des Beziehungsangebotes von der Gegenseite
- die kompromißhafte „Passung" beider Beziehungsangebote (als prozeßhaft sich entwickelndes Geschehen).

Unter Berücksichtigung dieser einzelnen Beziehungsaspekte läßt sich ein vielschichtiges, komplexes Bild von der Dynamik der Arbeitsbeziehung erzielen.

PORSCH et al. (1988) differenzieren fünf Formen der therapeutischen Arbeitsbeziehung:

- gute Beziehung (Betonung der positiven Beziehung)
- gute Zusammenarbeit (Betonung der positiven Zusammenarbeit)
- ambivalent-undeutlich
- Aufgeben des Patienten-Bemühen des Therapeuten
- Patient verleugnet schwierige Beziehung.

Die strukturellen Eigenschaften des Patienten haben eine große Bedeutung für das Zustandekommen eines bestimmten Musters der therapeutischen Arbeitsbeziehung (PORSCH et al. 1988). Als Zeichen einer guten therapeutischen Zusammenarbeit und als günstiges prognostisches Kriterium erkannten GRANDE et al. (1987) den Umstand, daß belastende Erfahrungen des Patienten im Gespräch erörtert werden konnten. Die Erwähnung von Themen aus der Großelterngeneration wird ebenfalls als positiver Faktor bewertet. Erschwerend hingegen auf die therapeutische Zusammenarbeit und prognostisch ungünstig wirken Mißtrauen, Ängstlichkeit und Rückzugstendenzen auf Seiten der Patienten bei gleichzeitig vorhandener starker Hilfsbedürftigkeit sowie eine enttäuscht-vorwurfsvolle Haltung (RUDOLF 1987).

2.3.4 DATENGRUNDLAGE: PROTOKOLLE ANAMNESTISCHER INTERVIEWS

• ERSTELLUNG DER PROTOKOLLE

Während des Gesprächs macht sich der Therapeut Notizen, wobei er ihm wichtig erscheinende Informationen des Patienten, eigene Beobachtungen, Fragen und erste Hypothesen aufnimmt. Diese verarbeitet er im Anschluß an das Anamnesegespräch bei der Anfertigung eines Gesprächsprotokolls. Dabei richtet er sich nach einem Interview-Leitfaden (s. folg. Abschnitt).

Eine Überprüfung der subjektiven Eindrücke und Hypothesen wird durch eine regelmäßige Besprechung mit den Kollegen gewährleistet. Die Supervision bietet die Gelegenheit der Korrektur und „Objektivierung" und trägt somit zur Qualitätssicherung bei. Durch die unterschiedlichen Sichtweisen und Standpunkte mehrerer Therapeuten entsteht ein facettenreiches Bild des Patienten. Für den Therapeuten erfolgt dadurch eine nochmalige Verständniserweiterung.

Eine (Teil-)Standardisierung der Gesprächsprotokolle wird durch die Vorgabe eines Gliederungsleitfadens erreicht. Es existieren zwei Ausführungen dieses Leitfadens: eine kürzere Version („Kurzambulanz") und eine ausführlichere, um einige Punkte erweiterte Version („Erstinterview"). Bei der ersten Durchsicht aller 800 Protokolle des Jahrgangs 1992 wird jedoch festgestellt, daß bezüglich der grundsätzlichen Thematik und des Aufbaus bei beiden Versionen keine wesentlichen Unterschiede festzustellen sind. Vielmehr differieren letztendlich alle Protokolle geringfügig untereinander hinsichtlich des Umfangs und der Fokussierung auf einzelne Themenschwerpunkte. Somit erweist es sich für die weitere Untersuchung nicht als sinnvoll, „Kurzambulanz-" und „Erstinterviewprotokolle" separat auszuwerten.

Bei der Erstellung eines Erstgesprächsprotokolls sind entsprechend des Leitfadens folgende Punkte von Bedeutung:

- Überweisung
- äußere Erscheinung und Auftreten des Patienten
- Beschwerden
  (Auslösesituation bzw. Entwicklung der Symptomatik, Warum kommt der Patient gerade jetzt?, emotionale Einstellung zu den Beschwerden)
- wichtige Lebensdaten
  (Elternhaus, Schule, berufliche Entwicklung, Sexualität und Beziehung, aktuelle Lebensdaten)
- Vorstellung des Patienten von sich selbst
- Vorstellung des Patienten von anderen wichtigen Bezugspersonen
- Wie entwickelt sich die Arzt-Patient-Beziehung?
- wichtige Augenblicke im Interview
- Beurteilung
  (Wie äußert sich die Störung im Leben des Patienten?, Bedeutung der Störung psychodynamisch ausgedrückt, Eignung für Kurztherapie/Analyse, andere Behandlungsmöglichkeiten, Therapieplan)
- Vorläufige Diagnose
- Prognose.

KOMPLEXITÄT DER DATEN

Um die Vielschichtigkeit und Komplexität der Daten verständlich zu machen, wird an dieser Stelle der Untersuchung ein Schema entwickelt, das wichtige Schritte und Aspekte bei der Entstehung der Daten veranschaulichen soll:

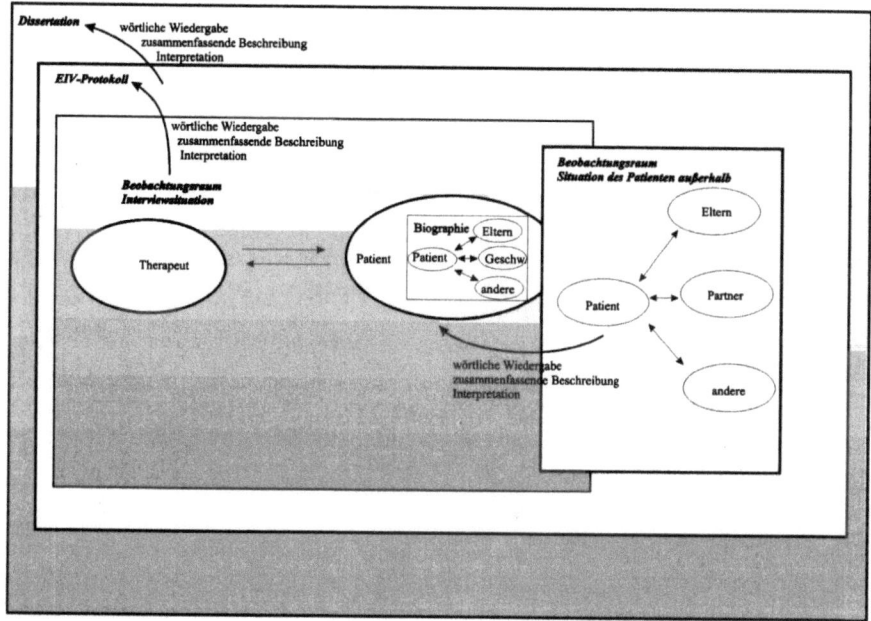

Abb. 1: Beobachtungs- und Beschreibungsebenen bei der Entstehung der Interviewprotokolle

In den Protokollen berichten die Therapeuten außer von eigenen Beobachtungen und Eindrücken überwiegend von Erlebnissen und Beobachtungen, die der Patient im Gespräch mitgeteilt hat. Die vom Patienten im Gespräch geschilderten Ereignisse sind diesem häufig von Dritten (z. B. Großeltern, Eltern) überliefert worden.

Aussagen im Protokoll sind somit entweder:

- direkt immer nur *vom Therapeuten* geäußert (Urheber aller Aussagen im Interviewprotokoll),
- indirekt (durch den Therapeuten wiedergegeben) *vom Patienten* geäußert
- oder selten, ebenfalls indirekt, *von dritten Personen* geäußert.

• DER INTERAKTIONELLE ASPEKT

In einer Untersuchung über den Aufbau und die Funktion von Fallgeschichten erkannte RUDOLF (1993) in der Gestalt diagnostischer Protokolle die Widerspiegelung der im Gespräch stattgefundenen Interaktion zwischen Patient und Therapeut. Der Vorgang der Widerspiegelung wird als komplexes Geschehen beschrieben. Die Komplexität ist bedingt durch die unterschiedlichen Rollen, die von den Interaktionspartnern im Gespräch eingenommen werden, sowie durch den vielstufigen Prozeß der Aufarbeitung des Interaktionsgeschehens im Bericht.

RUDOLF (1993, S. 22f) beschreibt folgende Rollenübernahmen:

ROLLE DES PATIENTEN ALS:

- Klagender
- Berichterstatter
- introspektiver Beobachter
- Interpret
- Regisseur

ROLLE DES THERAPEUTEN ALS:

- Chronist
- objektiver Beobachter
- teilnehmender Beobachter
- introspektiver Beobachter
- Interpret
- Prognostiker
- Therapeut

Die unterschiedlichen Datentypen, die aus jeder dieser Perspektiven entstehen, ordnet RUDOLF (1993, S. 23) diesen drei Ebenen zu:

1. Ebene des Patienten
2. beobachtende, wiedergebende, beschreibende Ebene des Therapeuten und
3. interpretative, beurteilende Ebene des Therapeuten

Bei der Darstellung und Interpretation der Daten im Bericht ergeben sich zahlreiche Verschachtelungen und komplexe Verknüpfungen.

3 METHODISCHE GRUNDLAGEN

3.1 WAHL DER METHODE

Es ist zu erwarten, daß die Beschäftigung mit dem gewählten Untersuchungsgegenstand in erster Linie eine Auseinandersetzung mit sozialen Phänomen beinhalten wird. In der Vorbereitung auftauchende Begriffe wie: *'erwachsen gewordene Kinder'*, *'familiäre Beziehungen'*, *'Alkoholikerfamilien'*, *'Sucht'*, *'Krankheitsentstehung'*, *'Krankheitsentwicklung'*, *'Arzt-Patienten-Beziehung'* deuten auf komplexe Strukturen und Prozesse hin. Bei dem vorliegenden Datenmaterial erweist sich ein qualitatives Vorgehen als geeignetste Methode. Die psychoanalytische Ausrichtung des Forschungsfeldes ist ein weiterer Grund für die Verwendung einer qualitativen Auswertungstechnik. In der Untersuchung psychoanalytischer Erstinterviews stellt WILKE (1992, S. 339) die These auf, „daß sich aufgrund der Ähnlichkeit ihrer Prämisse und Ansprüche an einen wissenschaftlichen Erkenntnisprozeß die Methoden der qualitativen Sozialforschung und der Psychoanalyse ideal ergänzen".

3.2 AUSGANGSPUNKT UND ZIEL DER QUALIITATIVEN UND QUANTITATIVEN SOZIALFORSCHUNG

Bei dem heute noch häufiger zur Anwendung kommenden *quantitativen* Forschungsansatz ist die *Formulierung der Hypothese Ausgangspunkt* der Untersuchung. Die Hypothese wird aus bereits vorhandenen theoretischen Konstrukten der Fachliteratur oder aus erforschten empirischen Zusammenhängen abgeleitet (Modellbildung). In der folgenden empirischen Untersuchung wird die aufgestellte *Hypothese überprüft* und entweder verifiziert oder widerlegt. Die *praxisferne* Formulierung der Hypothese bringt den häufig kritisierten Nachteil mit sich, daß sich die Hypothese von den real gegebenen Bezügen (Forschungsgegenstand) entfernt und eine Lücke zwischen Theorie und Realität entsteht. Somit wird die Relevanz der Forschungsergebnisse für den Praxisalltag fraglich.

> STUHR und DENEKE (1992, S. 1) formulieren diesbezüglich: „Angesichts der dabei produzierten Ergebnisse melden sich Zweifel an, ob diese Forschungsstrategie dem komplexen Gegenstand angemessen ist. Warum? Der quantifizierende Reduktionismus führt zu einer Abstraktion, die über die Isolation von Einzelvariablen zu globalen und trivialen, also praktisch-klinisch häufig genug nicht verwertbaren Ergebnissen führt. Die zu untersuchenden psychischen Prozesse sind weder monokausal, noch an der Oberfläche vollständig zu erkennen".

In der *qualitativen* Forschung werden durch die Analyse und Interpretation der Daten in engem bezug zur sozialen Realität Hypothesen und Theorien entwickelt. Somit besteht die Möglichkeit, praxisbezogene und realistische Ergebnisse zu erhalten. FLICK (1991) wirft bezüglich dieser Vorgehensweise allerdings die Frage auf, „ob der Verzicht auf *explizite* Hypothesen nicht vielmehr die Gefahr des Operierens mit impliziten Hypothesen zur Folge hat, die an verschiedenen Stellen [...] mehr oder weniger unreflektiert und unkontrolliert 'durchschlagen'" (a. a. O., S. 151).

LAMNEK (1988, Bd. I) veranschaulicht die grundsätzlich verschiedenen Vorgehensweisen bei der Theoriebildung in der quantitativen und qualitativen Sozialforschung:

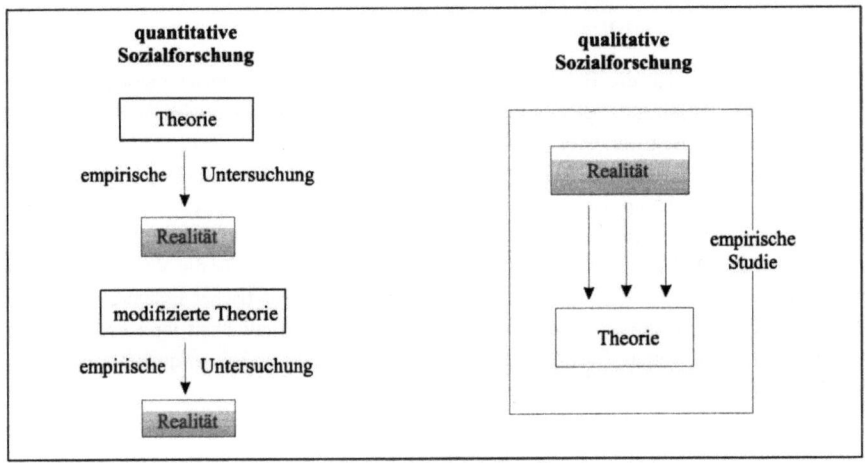

Abb. 2: Die Theoriebildung in quantitativer und qualitativer Sozialforschung (aus Lamnek 1988, Bd. I ,S. 124)

3.3 QUALITATIVE SOZIALFORSCHUNG

Da in der medizinischen Forschung die Anwendung eines qualitativen Forschungsdesigns bisher eher unüblich ist, soll der Methodenvorstellung ein größerer Raum gegeben werden. Nach BORTZ & DÖRING (1995) werden als methodische Alternativen zur quantitativen Sozialforschung seit dem 19. Jahrhundert die Phänomenologie[7] und Hermeneutik[8] propagiert. Heute gibt es speziell für das sozialwissenschaftliche Arbeiten diverse methodische Weiterentwicklungen.

Wie bereits erwähnt, wird in der qualitativen Forschung an die Daten weitestgehend ohne theoretische Vorannahmen herangegangen. Dieses Vorgehen unterstützt die Generierung und Entdeckung neuartiger Hypothesen und Erkenntnisse. Vorhandenes Wissen, das sonst als gegeben vorausgesetzt wird, kann leichter in Frage gestellt werden. Eine Erweiterung des bisherigen Blickwinkels wird möglich.

Entscheidendes Kriterium beim qualitativen Vorgehen ist die Annäherung an die soziale Realität mit Hilfe offener Verfahren, also *ohne standardisierte Erhebungsinstrumente*. Danach impliziert qualitative Forschung nicht den kategorischen Verzicht auf Quantifizierung oder den

---

[7] Die *Phänomenologie* als psychologische Methode „macht das Phänomen mit aller methodischen Strenge zu ihrem aus-schließlichen Ausgangspunkt" (DORSCH 1987, S.485). Phänomenologie ist beschreibend. „Etwas erscheint als etwas für jemanden" (=Theoriegenerierungsprozeß) (STRAUSS 1994, S.11).

[8] *Hermeneutik*: „(gr. Auslegekunst) ist die Lehre der Deutung und Interpretation von Texten bzw. in erweiterter Form auch anderer Objekte." (DORSCH 1987, S.275). GADAMER (1972) betont die Notwendigkeit, bei der Interpretation eines Textes die *aktuellen Begebenheiten* einzubeziehen.

Einsatz geeigneter statistischer Auswertungsverfahren (HOPF 1984). Die Qualitative Sozialforschung bedient sich analytischer Verfahren, um die Daten (z. B. Interviews) auszuwerten und zu interpretieren.

„Bei der qualitativen Datenanalyse arbeitet man [...] mit Vorgehensweisen, die sich nicht sonderlich von den pragmatischen Analyseverfahren des Alltagsmenschen unterscheiden, wenn er über seine Probleme nachdenkt." In der Wissenschaft werden diese „alltagsweltlichen" Analyseverfahren jedoch „bewußter" und „wissenschaftlich rigoroser" angewendet (STRAUSS 1994, S. 26).

Es gibt eine Reihe von qualitativen Ansätzen, Techniken und Verfahren, die für die Forschungsarbeit zur Verfügung stehen. Eine einheitliche Klassifikation für die Einteilung existiert nicht, wodurch eine Zuordnung der Methoden erschwert wird. Nach FLICK (1995) werden vier Arten qualitativer Methoden differenziert:

- Befragungsverfahren (z. B. Interviews)
- Beobachtungsverfahren (z. B. Feldforschung)
- Analyseverfahren erhobener Daten (z. B. Inhaltsanalyse)
- Komplexe Methoden (z. B. Biographieforschung).

STRAUSS & CORBIN (1996) nennen als Beispiele für verschiedene Typen qualitativer Forschung die Grounded Theory, die Ethnographie, den phänomenologischen Ansatz, die Biographieforschung und die Konversationsanalyse. Hinsichtlich der Zielsetzung variieren diese Forschungstypen kaum. Qualitative Ansätze können nach ihrem eher *beschreibenden* oder *interpretativen* Charakter differenziert werden. Einige Autoren propagieren ein wiedergebendes, lediglich *beschreibendes* Herangehen an die Daten. Auf der anderen Seite werden Ansätze entwickelt, die ganz klar eine Analyse und *Interpretation* der Daten beinhalten und als Ergebnis eine Theorieentwicklung verfolgen. BERGMANN (1985) stellt diese beiden Ansätze als „rekonstruktive" und „interpretative" Verfahren gegenüber.

GLASER & STRAUSS (1984) betonen, daß die qualitative Sozialforschung nicht als eine Vorstufe der quantitativen Forschung anzusehen ist. Dennoch können Ergebnisse der qualitativen Sozialforschung ein wichtiger Ausgangspunkt für theorieüberprüfende Verfahren sein. Wichtige Aufgabenbereiche von qualitativen Analysen formuliert MAYRING (1988):

- Hypothesenfindung und Theoriebildung
- Pilotstudien (offene Erkundung des Gegenstandsbereichs für die weitere Auswertung)
- Vertiefungen und Weiterentwicklung bisheriger qualitativer Studien
- Einzelfallstudien
- Prozeßanalysen
- Klassifizierungen
- Theorie- und Hypothesenprüfung.

Nach LAMNEK (1988, Bd. I, S. 21-29) gelten für die qualitative Forschung folgende zentralen Prinzipien:

- **Offenheit** des Forschers gegenüber den Untersuchungspersonen, den Untersuchungssituationen und Untersuchungsmethoden
- Forschung als **Kommunikation**, womit die Notwendigkeit verknüpft ist, alltägliche Regeln der Kommunikation in der Forschung zu beachten

- **Prozeßhaftigkeit** von Forschung und Gegenstand, die den Ablauf von Forschung veränderbar gestaltet
- die **Reflexivität** von Gegenstand und Analyse, in der Sinnzuweisung zu Handlungen, also auch im Analyseprozeß
- die Notwendigkeit zur **Explikation** der einzelnen Untersuchungsschritte ist notwendig, „um den kommunikativen Nachvollzug zu ermöglichen" (schrittweise Offenlegung)
- die **Flexibilität**: „empirische Forschung muß flexibel im gesamten Forschungsprozeß auf die Situation und die Relation zwischen Forscher und Beforschten reagieren, sich an veränderte Bedingungen und Konstellationen anpassen" (Kontext).

• GÜTEKRITERIEN

Bei der Festlegung von Gütekriterien für die qualitative Forschung werden prinzipiell zwei grundsätzlich verschiedene Meinungen vertreten: Zum einen wird die Formulierung von Gütekriterien gefordert, die den üblichen Wissenschaftskriterien (Validität, Reliabilität und Objektivität) äquivalent sind. HERMANNS (1992, S. 118) gibt diesbezüglich zu bedenken, daß „eine rigide 'Verregelung' des Datenerhebungs- und -auswertungsprozesses dem kreativen Prozeß oftmals entgegenlaufen" würde. Daher vertreten andere Forscher den Standpunkt, daß jedes Forschungsprinzip seine eigenen Bewertungsmaßstäbe mit sich bringt. Dementsprechend gibt es Versuche, Gütemerkmale zu entwerfen, die spezifisch auf die qualitative Methodik abgestimmt sind (BREUER 1996).

Wichtige Kriterien aus dem von BREUER (1996, S. 39-40) aufgestellten Gütekriterien-Katalog für die qualitative Sozialforschung lauten:

- reflektiertes Umgehen mit der **Subjekt-Seite** des Erkenntnisprozesses und Explizitmachen (Eigenstrukturen bezüglich des Themas, Voreinstellungen, Vorerfahrungen, personale Verflochtenheiten)
- reflektiertes Umgehen mit der **Interessenlage**, Werthaltungen, Einstellungen, Erwartungen der **Beforschten**
- reflektiertes Umgehen mit problem-/themenbezogenen **Konzepten** [...], Begrifflichkeiten der **Untersuchungspartner** in Relation zu jenen der Forscher
- reflektiertes Umgehen mit der **Interaktion**, Kommunikation, Beziehungsdynamik, Rollenverteilung im Kontakt mit den Untersuchungspartnern (Datenerhebung, Auswertung)
- reflektierte und begründete Zusammenstellung der **einbezogenen themenrelevanten Perspektiven** (Selektion der Fälle und Felder für die Stichprobe im Zusammenhang mit der Erkenntnis-/Theorieentwicklung)
- reflektierter Umgang mit dem **Explizit- und Transparentmachen** des Vorgehens (Dokumentation und Begründung der Forschungsintentionen, Forschungsplanung und Untersuchungsschritte, Datenerhebungslogik der gewonnenen Materialien, der konzeptuellen Umstände, der Aufzeichnungsprozeduren, der Interpretationen und Schlußfolgerungen, i. S. einer **größtmöglichen Nachvollziehbarkeit** für Außenstehende)
- Reflexion des Interpretations-, Begriffs-, Konzept- und **Theoriebildungsweges** im Zusammenhang mit den praktizierten Schritten des induktiven, abduktiven und deduktiven Schlußfolgerns, Aufklärung von Gemeinsamkeiten, Kontrasten, Diskrepanzen auf der Grundlage hermeneutischer Verfahren, Reflexion des datenbezogenen *Groundings* der Konzepte)
- Reflexion (der Grenzen) des **Geltungsanspruchs** und -bereichs der Untersuchungsergebnisse (Variationsbreite, Perspektivenspektrum, „Sättigung").

Kurz seien die Gütekriterien erwähnt, die aus den üblichen Wissenschaftskriterien abgeleitet werden:

• *Validität:* Neben der konsensuellen Validierung von Interpretationen führt LAMNEK (1988, Bd. I, S. 147-148) folgende Methoden der Gültigkeitsprüfung an: die Konstruktvalidierung (Hypothesenüberprüfung mit Hilfe einer neuen Untersuchung), die Kriteriumsvalidierung (Heranziehung von Außenkriterien), die Handlungsvalidierung und die kommunikative Validierung (z. B. Überprüfung der Authentizität in einem wiederholten Gespräch). FLICK (1992) weist auf die Bedeutung verschiedener Typen der Triangulation hin. Als Gültigkeitsnachweis kann in einer späten Phase der Forschungsarbeit zusätzlich die Fachliteratur herangezogen werden. Die *Übereinstimmung* mit bereits entwickelten Theorien in weiten Bereichen kann als Bestätigung eigener theoretischer Überlegungen dienen.

• *Reliabilität:* Die Reliabilität ist in der qualitativen Sozialforschung als Gütekriterium umstritten. LAMNEK (1988, Bd. I, S. 165) schlägt alternativ die Verwendung von „Stimmigkeit statt Reliabilität", „Offenheit statt Variablenkontrolle" und „Diskurs statt Intersubjektivität" vor.

• *Objektivität:* Um einer willkürlichen Interpretation von Befunden entgegenzuwirken, fordert HERMANNS (1992) die Bezugnahme auf ein drittes Element. In diesem Sinne ist die *interpersonale Konsensbildung* von Bedeutung. Nach BORTZ & DÖRING (1995) meint Objektivität in der qualitativen Forschung einen interpersonalen Konsens, wonach unterschiedliche Forscher bei derselben Untersuchung mit denselben Methoden zu vergleichbaren Resultaten kommen müssen (Objektivität des Verstehens). Um die Möglichkeit eines Nachvollzugs zu gewährleisten, besteht die Notwendigkeit zu einer transparenten Beschreibung sowie einer gewissen Standardisierung. Eine Konsensbildung kann durchaus auch erst im Laufe der Forschungsarbeit (Besprechungen, Diskussionen) erfolgen. BORTZ & DÖRING (1995, S. 302) betonen, daß „durch Objektivität keineswegs verhindert wird, daß die subjektive Weltsicht der Befragten erfaßt wird".

3.4 DIE METHODE DER GROUNDED THEORY

„Wenn eine Theorie nicht in Daten gründet, wird sie spekulativ und folglich ineffektiv." (STRAUSS 1994, S. 25)

Die Methode der Grounded Theory zählt zu den wichtigsten Verfahren der interpretativen sozialwissenschaftlichen Forschung. Sie liefert das passende methodische Rüstzeug überall dort, „wo die Annahme zugrunde liegt, daß menschliche Wirklichkeit interpretierte Wirklichkeit ist und daß diese Wirklichkeit in Interaktionsprozessen konstruiert wird" (STRAUSS 1994, S. 16). Der Ansatz der Grounded Theory ist ein Theorien generierendes und überprüfendes Verfahren. Ziel ist die Erlangung eines tieferen Verständnisses sozialer Phänomene.

Die Auswertungstechnik wurde von den Medizinsoziologen Barney *Glaser* und Anselm *Strauss* in den frühen 60-er Jahren entwickelt. In dem Buch „The Discovery of Grounded Theory" (GLASER & STRAUSS 1967) wird der Ansatz erstmalig vorgestellt. Die Weiterentwicklung wird vor allem von Strauss vorangetrieben. Mittlerweile findet die Methode der Grounded Theory Verwendung in vielen Bereichen, wie z. B. in der Soziologie, Medizin, Psychologie, Pädagogik und Ethnologie. Wichtige Einflußquellen und Bezüge bei der Entwicklung der Methode resultieren aus den traditionellen Hintergründen und Wurzeln der beiden Wissenschaftler Glaser und Strauss. Es sind dies die Denkrichtung des Amerikanischen Pragmatismus, die Theorie des Symbolischen Interaktionismus der sogenannten Chicagoer Soziologischen Schule (Strauss) sowie die Traditionen der angewandten soziologischen Wissenschaft an der Columbia University (Glaser).

Mit der Entwicklung dieser Auswertungstechnik wird ein Beitrag geleistet, um die von Glaser und Strauss bemängelte Kluft zwischen Theorie und empirischer Forschung zu schließen. Die Forscher kritisieren eine Theoriebildung nach einem logisch-deduktiven Herangehen. Ihre Kritik richtet sich „gegen den Versuch, die Diskrepanz zwischen Theorie und Realität durch eine Verbesserung der Prüfmethoden schließen zu wollen. Sie bemängeln, „daß das Überprüfen von Hypothesen überbetont, der Prozeß des Entdeckens von Konzepten und Hypothesen, die für einen Forschungsbereich relevant sein können, jedoch vernachlässigt wird" (LAMNEK 1988, Bd. I, S. 107). Die Grounded Theory dient also in erster Linie der Entdeckung und Entwicklung von induktiv abgeleiteten Theorien über soziale Phänomene. Die Theoriebildung erfolgt gegenstandsbegründet, d. h. sie wird aus dem konkreten Datenmaterial heraus und in engem Bezug dazu entwickelt („grounded theories").

HILDENBRAND (1994, S. 11) bezeichnet folgende Merkmale als Spezifika der Grounded Theory:

- den Fall als eigenständige Untersuchungseinheit
- die soziologische Interpretation als Kunstlehre
- eine Kontinuität von alltagswissenschaftlichem und wissenschaftlichem Denken
- die Offenheit soziologischer Begriffsbildung.

Unter dem *Fall als eigenständiger Untersuchungseinheit* wird eine autonome Handlungseinheit (z. B. soziale Gruppen, eine Familie, eine Person) verstanden, die eine Geschichte hat und zum Gegenstand sozialwissenschaftlicher Forschung wird. Das bei der Analyse des „Falls" entstandene Material dient „nicht etwa zur Illustration theoretischer Überlegungen" (HILDENBRAND 1994, S. 12). *Ein Fall* wird immer zuerst in *seiner Eigenlogik* rekonstruiert. Theoretische Überlegungen dazu bleiben auf diesen Fall bezogen. Darüber hinaus erfolgt die Rekonstruktion des Falls aber auch in theoriebildender Absicht. Bezüglich der theoriebildenden Herangehensweise verweist HILDENBRAND (1994) auf die Nähe zu einem künstlerischen und alltagsweltlichen Vorgehen und Denken. Mit der *Offenheit in der sozialwissenschaftlichen Begriffsbildung* wird dem Umstand Rechnung getragen, daß sich wissenschaftliche Erkenntnisse fortentwickeln (Prozeßhaftigkeit von Sozialität). So müssen „die im Forschungsstil der Grounded Theory entwickelten Begriffe, Konzepte und Kategorien ihre Tauglichkeit zum wissenschaftlichen Erschließen alltäglicher Wirklichkeit in jeder Untersuchung neu erweisen. Forschung im Stil der Grounded Theory bringt keine unumstößlichen Theorien hervor" (HILDENBRAND 1994, S. 12).

3.4.1 DIE TRIADE DER ANALYTISCHEN OPERATIONEN

Das Vorgehen nach der Grounded Theory beruht auf dem Prinzip des kontinuierlichen Vergleichens (STRAUSS 1994). Dabei spielen folgende analytische Operationen eine wichtige Rolle, die man sich eng verknüpft in einer Triade vorstellen kann: Daten erheben, Kodieren und Memos erstellen. Diese Verfahren werden sowohl nacheinander in unterschiedlicher Reihenfolge als auch parallel angewandt.

• *DATENERHEBUNG*

Zunächst ist es notwendig, sich über das benötigte Material und die Gewinnung der Daten Gedanken zu machen. Als Daten können völlig unterschiedliche Materialien Verwendung finden. Häufig genutzte Materialien sind Interviews, Transkripte von Gesprächen sowie Texte in Form von Beobachtungsberichten, Tagebüchern, Briefen und Sitzungsprotokollen. Diese Daten müssen teilweise für die spezielle Untersuchung generiert werden. Es können aber durchaus auch vorhandene Daten eingesetzt werden. Häufig kristallisieren sich *im Verlauf der Forschungsarbeit* bestimmte Themenschwerpunkte mit veränderten, erweiterten oder neuen Fragestellungen heraus. Dann kann es notwendig werden, weitere Daten für die Analyse heranzuziehen. Die Analyse und Erhebung der Daten erfolgt also gleichzeitig.

• *MEMOS*

Memos werden seit Beginn der Analysearbeit kontinuierlich geschrieben. Die Anfertigung der Memos erfüllt mehrere wichtige Funktionen. In erster Linie dient sie dazu, den Forschungsprozeß in Gang zu bringen, ihn zu begleiten und transparent zu machen. Memos können verschiedene Themen beinhalten. Sie werden in unterschiedlicher Art verfaßt, beispielsweise in Form laufender Aufzeichnungen von Ideen, Einsichten, Hypothesen, Organisationsfragen. Sie können auch Zusammenfassungen, Ergänzungen oder Systematisierungen früherer Aufzeichnungen darstellen, so daß Memos mit einer größeren konzeptuellen Dichte entstehen. Nach ihren verschiedenen Funktionen und Inhalten werden die Memos in Typen eingeteilt, z. B.: erstes Orientierungsmemo, Memo über eine neue Kategorie, Theorie-Memo, zusammenfassendes Memo, integratives Memo (STRAUSS 1994).

• *KODIEREN*

Das Kodieren ist eine wichtige analytische Operation bei der Entwicklung von Theorien, die kontinuierlich bis zum Ende des Projekts angewandt wird. Das Kodieren ist der zentrale Prozeß, durch den aus den Daten Theorien entwickelt werden. Beim Kodieren werden die Daten aufgebrochen, konzeptualisiert und auf neue Art zusammengesetzt. Dabei entstehen Kategorien auf unterschiedlichem Abstraktionsniveau.

Eine *Kategorie* ist eine Klassifikation von abstrakten Konzepten (konzeptuellen Kodes). Die gebildeten Kategorien, die zu Beginn von vorläufiger Natur sind, erweisen in dem weiteren Analyseprozeß des erneuten Vergleichens, Überarbeitens und Aussortierens ihre Tauglichkeit und Relevanz (Verifizierung). In früheren Phasen gefundene Kategorien können durchaus später verworfen werden, sollten sie sich als unbrauchbar erweisen. Zu schwache Kategorien können entsprechenden anderen Kategorien zugeordnet werden. Für eine Beschreibung der Kategorie ist es zunächst wichtig, die *Eigenschaften* (Charakteristika, Attribute) der Kategorie herauszuarbeiten. Anschließend werden beim Dimensionalisieren die Dimensionen und Subdimensionen der Eigenschaften bestimmt.

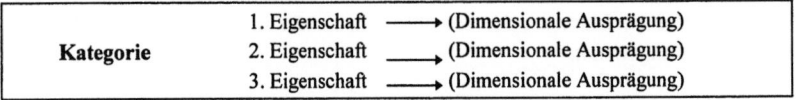

Abb. 3: Kategorien und ihre Eigenschaften (nach Strauss & Corbin 1996, S. 53)

Ein *Kategoriensystem* entsteht durch ein Sortieren, Vergleichen und Zusammenfassen der Kategorien. Dazu müssen die Kategorien auf eine bestimmte vergleichbare Ebene gebracht werden. Das ermöglicht weiterhin die Bildung und Einordnung von Subkategorien. Dabei entstehen Kategorien auf unterschiedlichen Ebenen, die sich dann in einem komplexen System ordnen lassen.

Beim Kodieren erfolgen verschiedene Arbeitsschritte nacheinander. Zunächst werden beim detailliert vorgehenden *Offenen Kodieren* erste Kategorien gebildet. In mehrfachen Durchgängen und durch Heranziehen der nächsten Fälle werden diese Kategorien immer wieder überprüft, bis schließlich ein *Kategoriensystem* entsteht. In einem weiteren Schritt werden beim *Selektiven Kodieren* die Kategorien näher untersucht. Es werden Verbindungen und Verknüpfungen zwischen den Kategorien aufgezeigt. Ziel der weiteren Analyse ist das Herausarbeiten einer oder mehrerer zentraler Kategorien (*Schlüsselkategorie/n*).

• *Offenes Kodieren*

Das offene Kodieren steht zu Beginn der Analyse und beinhaltet das uneingeschränkte Kodieren des Materials. Dabei ist es nicht notwendig, daß Datenmaterial in Form von Tonbandaufzeichnungen oder Videobändern zur Verfügung steht. Ebenso können z. B. Interviewprotokolle detailliert kodiert werden (STRAUSS 1994). STRAUSS (1994) ermuntert zu einem zügigen Benennen der *vorläufigen* Kategorien. Nach BREUER (1996) ist eine ständige kritische Überprüfung der gefundenen Kategorien beim Kodieren der nächsten Daten notwendig. Die Kategorien werden durch das Auswerten neuer Daten bestätigt, verworfen, umstrukturiert oder erweitert.

• *Axiales Kodieren*

Beim axialen Kodieren werden bestimmte Kategorien nach dem Kodierparadigma ausführlicher untersucht. Das axiale Kodieren arbeitet auf das eigentliche spätere Ziel der Analyse hin, nämlich das Herausarbeiten einer oder mehrerer zentraler Kategorien (Schlüsselkategorie/n). Das axiale Kodieren ist ein spezifisches, äußerst zielgerichtetes Kodierverfahren. Bei der genaueren Untersuchung einzelner Kategorien werden durch intensives *Dimensionalisieren* die Eigenschaften der Kategorien bestimmt. Es werden Zusammenhänge zu anderen Kategorien und Subkategorien erforscht. Das geschieht unter Anwendung des Kodierparadigmas (STRAUSS 1994).

Das *Kodierparadigma* wurde mit der Absicht entwickelt, das Benennen und Einordnen der Kategorien zu erleichtern und darüber hinaus die Ausarbeitung wichtiger Aspekte für die Theoriebildung zu ermöglichen. Das Kodierparadigma ist für die gesamte Kodierprozedur von zentraler Bedeutung und stellt ein wichtiges, die theoretische Sensitivität gewährleistendes Hilfsmittel dar. Folgende Analyseschritte hat STRAUSS (1994, S. 57) im Kodierparadigma festgehalten:

1. das Kodieren nach den (kausalen) Bedingungen
   (Bedingungen sind im Text evtl. angezeigt durch Schlüsselworte und Ausdrücke wie: „weil", „da", „wegen", „aufgrund von")

2. das Kodieren nach den Interaktionen
   (=intervenierende Bedingungen; beschreibt die Wechselbeziehungen zwischen den Handelnden)

3. das Kodieren nach den Strategien und den damit verbundenen konkreten Taktiken
   (=Handlungs-/Interventionsstrategien)

4. das Kodieren nach den Konsequenzen von Handlungen
   (markierende Ausdrücke hierfür sind: „als Folge von", „deshalb", „mit dem Ergebnis", „mit der Konsequenz", „folglich").

Unter Anwendung des Kodierparadigmas werden Verknüpfungen zwischen den Kategorien und Subkategorien aufgezeigt, so daß das Netz der Verbindungen zwischen den Kategorien immer deutlicher wird. Zunehmend erfolgt nun das Aufstellen von Hypothesen betreffend der Kategorien und ihrer Beziehungen untereinander.

• *Selektives Kodieren*

Sobald sich zentrale Kategorien beginnen abzuzeichnen, wird vom axialen zum selektiven Kodieren übergegangen. Das selektive Kodieren beinhaltet das konsequente Kodieren nach der/den *Schlüsselkategorie/n* und deren Subkategorien. Es geht darum, alle gefundenen Kategorien zu integrieren, indem man sie unter ein Kernthema oder unter einer Kernkategorie ordnet. Dazu werden die übrigen Kategorien systematisch in bezug zur Schlüsselkategorie gesetzt. Dabei wird wiederum nach dem Kodierparadigma vorgegangen. Das selektive Kodieren ähnelt also vom Vorgehen her dem axialen Kodieren, jedoch auf einer höheren, abstrakteren Ebene der Analyse. Mit dem selektiven Kodieren findet eine zunehmende Begrenzung des Analysevorganges auf jene Kodes statt, die einen engen Bezug zur Schlüsselkategorie aufweisen. Theoretische Interpretationen fokussieren zunehmend stärker in Richtung Schlüsselkategorie und deren Beziehungen. Es erfolgt eine fortschreitende Verknüpfung der Kategorien und Subkategorien mit der Schlüsselkategorie sowie eine zunehmende Integration der aufgestellten Hypothesen zu einer Theorie.

• *Schlüsselkategorie*

Die Schlüsselkategorie wird durch ein ständiges Zueinander in Beziehung setzen der einzelnen Kategorien herausgearbeitet. Sie ist die Kategorie, die das Hauptthema des Falles berührt und dabei am ehesten alle übrigen Kategorien miteinander verknüpft. Die Schlüsselkategorie ist für die Verdichtung, Integration und Sättigung der Theorie von entscheidender Bedeutung. Die Theoriebildung erfolgt um die Schlüsselkategorie herum. STRAUSS (1994, S. 67) legte einige Kriterien fest, die von einer Schlüsselkategorie erfüllt werden müssen:

- die zentrale Bedeutung, d. h. sie muß „einen Bezug haben zu möglichst vielen anderen Kategorien und deren Eigenschaften und zu mehr Kategorien, als es andere Anwärter auf die Position der Schlüsselkategorie haben"
- ein häufiges Auftreten im Datenmaterial
- eine Schlüsselkategorie „besitzt klare Implikationen im Hinblick auf formale Theorien"
- sie trägt entscheidend bei zur Weiterentwicklung einer Theorie durch die analytische Ausarbeitung ihrer Details
- sie muß das Aufnehmen einer maximalen Varianz (Variation) in die Analyse ermöglichen.

3.4.2 THEORIEBILDUNG

Wie bereits erwähnt, wird der Hauptwert auf die Entwicklung von Theorien über soziale Phänomene gelegt. Dabei geht es um „die empiriegesteuerte *Bildung* von möglichst vielen *Hypothesen,* (und eben) nicht um die Überprüfung einiger weniger logisch-deduktiv abgeleiteter" Hypothesen (LAMNEK 1988, Bd. I, S. 116). Dabei ist es weniger problematisch, „wenn Daten oder Nachweise einmal nicht ganz exakt sind. Es kommt nicht auf eine möglichst genaue Überprüfung bestehender Theorien, sondern auf die *Genese neuer Theorien* an" (LAMNEK 1988, Bd. I, S.110). Die Theoriebildung erfolgt induktiv abgeleitet und gegenstandsbegründet. Der Prozeß der Theoriebildung beinhaltet in erster Linie das *Rekonstruieren* (Entdecken, Beschreiben, Rekonstruieren) und *Kontrastieren* von Fällen (HILDENBRAND 1994). Beim Kontrastieren werden die Fälle verglichen, und zwar kann dieser Vergleich (comparative analysis) zwischen sehr ähnlichen oder auch maximal kontrastierenden Fällen erfolgen (GLASER & STRAUSS 1967).

Die entwickelten Hypothesen und Theorien haben zunächst immer Entwurfscharakter. Die Ausarbeitung und Bestätigung (*Verifikation*) muß anhand weiterer Daten mit erneutem Kodieren und Vergleichen stattfinden. Ziel der Analyse ist die Formulierung einer *konzeptuell dichten* Theorie. Im Laufe der Forschungsarbeit werden die Schlußfolgerungen aus den Daten expliziter und systematischer. In der Regel werden zunächst deskriptive Aussagen und Hypothesen auf einem niedrigen Abstraktionsniveau formuliert. Diese werden zunehmend zu umfassenderen und systematischeren Schlußfolgerungen und Theorien verdichtet. Eine *Sättigung der Theorie* ist erreicht, wenn eine weitere Analyse keine wesentlich neuen Aspekte oder zusätzlichen Ergebnisse hervorbringt.

STRAUSS (1994) geht davon aus, daß soziale Phänomene *komplexe Phänomene* sind. Aus diesem Grund ermuntert er dazu, die Komplexität der Strukturen und Theorien nicht zu sehr zu vereinfachen. Vor allem in der Endphase der Arbeit spielt die Tätigkeit der *Integration,* d. h. einer ständig komplexer werdenden Organisation einzelner Theoriebestandteile eine wichtige Rolle. Hierbei erweisen sich die *Theorie-Memos* als hilfreich. Die Ausarbeitung *graphischer Darstellungen* und Schaubilder stellt ebenfalls ein wichtiges Hilfsmittel bei der Integration der

Theorie dar. So können integrative Diagramme, Tabellen und Kurven in die Theorie-Memos eingearbeitet werden. Sie erleichtern die Veranschaulichung konzeptueller Verknüpfungen und funktionaler Zusammenhänge.

Eine „grounded theory" sollte eine Vorhersage enthalten, in welcher Art und Weise das erforschte soziale Phänomen möglicherweise beeinflußbar ist. Dadurch erhält die eng am Material entwickelte und in den Daten begründete Theorie eine Allgemeingültigkeit und damit ihre praktische Relevanz.

3.4.3 VORANNAHMEN, KONTEXTWISSEN, FACHLITERATUR

Zumindest für den Beginn der Untersuchung wird ein möglichst offenes, unvoreingenommenes Herangehen an das Material ohne theoretische Vorannahmen und Konzepte propagiert (STRAUSS 1994). Diese Forderung ist jedoch nicht vollständig realisierbar, da jeder Forscher Hintergrundwissen und Erfahrungen mitbringt. Daher ist es notwendig, daß persönliche Wurzeln, Fachkenntnisse, Forschungserfahrungen sowie das Erkenntnisinteresse reflektiert und transparent gemacht werden. Der Forscher selbst ist das wichtigste Instrument der Untersuchung. Die einzelnen Analyseschritte müssen während des gesamten Forschungs-prozesses nachvollziehbar dargestellt werden. Dadurch wird es möglich, daß die Forschungs-ergebnisse unter Berücksichtigung der Kontextvariablen (Forscher, Forschungsfeld) gelesen und interpretiert werden können.

In der Arbeit mit der Grounded Theory muß der Forscher eine theoretische Sensitivität entwickeln. Unter *theoretischer Sensitivität* versteht GLASER (1978) die persönliche Fähigkeit des Forschers, ein sensibles Gespür für die Daten und ihre Bedeutung entwickeln zu können. Er muß in der Lage sein, Wesentliches zu erfassen, Zusammenhänge zu erkennen und Verbin-dungen zu ziehen, um die Kernaussage über das zu beforschende Phänomen herausarbeiten zu können.

Abschließend sei auf die Besonderheiten im Umgang mit der *Fachliteratur* eingegangen. Im Gegensatz zur quantitativen Forschung, bei der ein umfangreiches und intensives Studium der bisher veröffentlichten Fachliteratur und Theorien zur Thematik vor der Untersuchung stattfindet, wird in der qualitativen Forschung die Fachliteratur häufig erst herangezogen, nachdem bereits eigene Hypothesen und theoretische Überlegungen formuliert wurden. Bei einem Vergleich der eigenen entwickelten Theorien mit den in der Literatur vorhandenen theoretischen Konzepte erfolgt das Herausarbeiten von Differenzen (Widerlegung) und Ähnlichkeiten (Bestätigung, Validierung). Die Literatur kann an dieser Stelle auch als Anregung für den Fortgang der eigenen Untersuchung dienen. Sie kann Anlaß für eine erneute Datenerhebung sein oder weitere analytische Schritte einleiten (STRAUSS & CORBIN 1996).

4 AUSWERTUNG DER DATEN

4.1 QUALITÄTSSICHERUNG

Zur Qualitätssicherung bei den folgenden Arbeitsschritten dient ein wöchentlich stattfindendes *qualitatives Forschungskolloquium* an der Psychosomatischen Klinik. Die Teilnehmer dieses Kolloquiums arbeiten wissenschaftlich mit qualitativen Methoden. In dieser Arbeitsgruppe werden analytische Vorgehensweisen verschiedener Forschungsprojekte sowie Zwischenergebnissse der Studien vorgestellt. Dabei entwickeln sich hilfreiche Diskussionen über die Art der Datenerhebung, über mögliche Fragestellungen und einzelne Auswertungs-schritte (z. B. Kodieren, Kategorienbildung). Ein Vorteil dabei ist die emotional größere Distanz der anderen Forscher zum „fremden" Material. Dadurch kann ein anderer Blickwinkel eingenommen werden. Die Auseinandersetzung in der Arbeitsgruppe bringt die Möglichkeit und Notwendigkeit mit sich, Hypothesen zu überprüfen, gegebenenfalls zu revidieren und völlig neue Aspekte einzubeziehen. Die Kategorien werden in Ratergruppen überprüft und können intersubjektiv nachvollziehbar gemacht werden.

Eine Validierung der qualitativen Analyseergebnisse konnte außerdem durch eine sich *anschließende quantitative Auswertung* erfolgen[9]. Für die quantitative Auswertung werden Daten der *Basisdokumentation 1992* der Psychosomatischen Klinik Heidelberg verwendet. Das EKA-Sample (=*Gruppe Alk; n=31*) wird mit der Gruppe aller übrigen, in die Basisdokumentation aufgenommenen Ambulanzpatienten des Jahres 1992 (=*Gruppe Ambulanz; n=743*) verglichen.

4.2 DAS SAMPLE

EINSCHLUSSKRITERIEN

Die Auswahl der Fälle für das Sample erfolgt nach folgenden Kriterien:
- Die Mutter und/oder der Vater des Patienten sind alkoholabhängig. Die Kennzeichnung des Elternteils als Alkoholiker bzw. alkoholabhängig erfolgt durch den Patienten und/oder durch den Therapeuten.
- Der Patient hatte im Lebensabschnitt zwischen Geburt und frühem Jugendalter (etwa bis zum 15. Lebensjahr) direkten Kontakt mit dem Alkoholikerelternteil.
- Die Dauer des Kontakts bleibt unberücksichtigt[10].

---

[9] Wie bereits erwähnt, läßt die qualitative Forschung einen kombinierten Einsatz mit geeigneten statistischen Auswertungs-verfahren durchaus zu (HOPF 1984). Zunehmend wird sogar die gegenstandsangemessene Kombination von qualitativer und quantitativer Forschungsmethodik für notwendig erachtet (JAKOBSEN & WILKE 1997).

[10] COLEMAN & FRICK (1994) haben in ihrer Vergleichsstudie von 69 EKA und 30 Nicht-EKA herausgefunden, daß die Länge der Zeit, in der das Kind mit dem Alkoholikerelternteil zusammengelebt hat, keinen Einfluß auf die Ergebnisse einer höheren Belastung von EKA im Vergleich zu Non-EKA hat.

Alle 780 Erstgesprächsprotokolle der *Ambulanzpatienten* des *Jahres 1992* werden auf die o. g. Kriterien überprüft. Dabei wird ein auffälliges Alkohol-Trinkverhalten (d. h. Konsum von Alkohol oder ein verändertes Verhalten im Zusammenhang mit Alkoholkonsum) bei den Eltern oder Stiefeltern in 52 der insgesamt 780 Protokolle festgestellt. 21 der 52 Protokolle können entsprechend der Einschlußkriterien nicht für die Auswertung verwendet werden, da das auffällige Trinkverhalten nicht explizit als „süchtiges" oder der Elternteil nicht als „alkoholabhängig" bezeichnet wird. Insgesamt gehen somit *31 Interviewprotokolle* in die nachfolgende Auswertung ein.

EINORDNUNG DES SAMPLES

In der vorliegenden Studie erfolgt die Untersuchung eines *klinischen Samples*. Es werden ausschließlich EKA einbezogen, die sich als Patienten an die Psychosomatische Klinik gewendet haben. Somit kann ein bestimmter Teil von EKA nicht erfaßt werden, wie z. B. gesunde EKA, EKA, die sich mit ihren Schwierigkeiten an andere Institutionen (Beratungsstellen, Selbsthilfegruppen, Kirche) wenden, aber auch EKA in anderen klinischen Zusammenhängen (Innere Medizin, Chirurgie, Psychiatrie) oder EKA, die desintegriert außerhalb gesellschaftlicher Bezüge leben.

BESCHREIBUNG DES SAMPLES[11]

• *Geschlecht*

Dem Sample (n=31) gehören insgesamt *26 Frauen* an. 16 dieser 26 Patientinnen berichten von einem alkoholabhängigen Vater, 7 von einer alkoholabhängigen Mutter und 3 von der Alkoholsucht beider Elternteile. Von den *5 Männern* des Samples sind entsprechend den Berichten 4 Patienten mit einem Alkoholikervater und ein Patient mit einer Alkoholikermutter aufgewachsen.

Im Vergleich zur Ambulanzstichprobe (n=743) ist der Frauenanteil in der Gruppe der EKA signifikant (χ^2=9.082, p= 0.028) höher:

	GRUPPE ALK (N=31)	GRUPPE AMBULANZ (N=743[a])
WEIBLICH	84 %	58%
MÄNNLICH	16 %	42 %

[a] *Die geringere Stichprobengröße in der Gruppe Ambulanz (n=743) kommt dadurch zustande, da die 26 Patienten mit transsexueller Orientierung nicht berücksichtigt werden; missings=3*

---

[11] An dieser Stelle werden einige Daten aus der oben erwähnten Basisdokumentation genutzt. Weitere Ergebnisse der quantitativen Auswertung sowie nähere Erläuterungen bezüglich der Art der Daten sind unter Kapitel 6.7 zu finden.

• Alter

Zum Untersuchungszeitpunkt liegt das Alter der 31 EKA-Patienten des Samples zwischen 19 und 45 Jahren und das durchschnittliche Alter bei 29,9 Jahren. Die Patienten des Samples sind im Trend jünger als die Gruppe der übrigen Ambulanzpatienten.

Genaue Angaben über die Alters- und Geschlechtsverteilung bei den Patienten des Samples, das Geschlecht des trinkenden Elternteils sowie eine Aufstellung der Hauptdiagnosen finden sich im Anhang. Die Auswertung weiterer soziodemographischer Daten (Ausbildung, Beschäftigungsstand und eigene Kinder) erfolgt unter Kapitel 6.2.

4.3 ART UND AUFBAU DER TEXTE

Beim Analysieren der Daten wird bald die unterschiedliche Aussagequalität der berichteten Phänomene in den einzelnen Textpassagen deutlich. Bedingt durch die Art der Daten[12], die nicht in Form von Primärdaten (z. B. Interviewtranskripten) vorliegen, war dies zu erwarten. Die in den Texten gefundenen Beschreibungen über den Patienten, seine Interaktionen und Beziehungen sind Ergebnis einer retrospektiven Betrachtung und Interpretation. Es wurde bereits festgestellt, daß der gesamte Interviewbericht eine Interpretation des Therapeuten darstellt. Auch bei der wörtlichen Wiedergabe von „originalen" Patientenaussagen findet bereits eine Interpretation durch den Therapeuten statt. Allein durch die Auswahl hebt der Therapeut ein bestimmtes Detail hervor und verleiht ihm dadurch Gewicht.

Die Aussagen in den Berichten stehen nicht isoliert nebeneinander, sondern sind aufeinander bezogen und bauen aufeinander auf. Sie werden zunehmend abstrakter, theoretisch angereicherter und ergeben in ihrer Gesamtheit schließlich ein komplexes Gebilde. Bei der näheren Untersuchung der Qualität einzelner Textpassagen zeigt sich so ein recht unterschiedliches interpretatives Niveau, von sehr niedrig (wörtliche Wiedergabe von Gesprächszitaten) bis sehr hoch (stark theoretische angereicherte Hypothesen, Beurteilungen).

Die Aussagen können folgendermaßen zusammengefaßt werden:

• wörtliche Wiedergabe der Patientenaussage:
-„Sie habe immer nur „scheußliche Erfahrungen" gehabt." [F 5][13]
-„ ... „Ich will die Krankheit ja nicht ausnützen, im Gegenteil", ..." [F 7]

• sinngemäße Wiedergabe von Patientenaussagen in der indirekten Rede:
(Der überwiegende Teil der Protokolltexte besteht aus dieser Art von Aussagen.)
-„Sie könne dies alleine nicht mehr bewältigen, wolle deshalb eine ambulante Therapie machen. Sie habe sich selbst bereits gekümmert ..." [F 5]
-„Er wolle nicht von Psychopharmaka abhängig werden, etwas müsse passieren, er könne sich jedoch nicht vorstellen, wie ein anderer seine Probleme lösen könne, ..." [F 11]

---

[12] Auf die Datenentstehung sowie auf Besonderheiten des Datenmaterials wurde bereits ausführlich in Kapitel 2.3.4 eingegangen.

[13] Bei den folgenden Textzitaten aus den Interviewprotokollen wird in eckigen Klammern dahinter jeweils die Fallnummer angegeben.

- Zusammenfassung und Verdichtung von Patientenaussagen:
  - „zeigen sich an allen Ecken ausgeprägte Rivalitätskonflikte" [F 11]
  - „Insgesamt Schwierigkeiten, den progressiven Schritt: Auszug von Zuhause und Studium in ... mit Aufnahme einer...Beziehung ohne Schuldgefühle durchzuhalten" [F 1]

- Wiedergabe und Beschreibung von „äußeren" Beobachtungen des Therapeuten, z. B. Aussehen, Auftreten des Patienten, Gesprächsatmosphäre:
  - „Schmächtiger, internistisch krank wirkender ... Mann, unauffällig mit ... gekleidet, auffällig die unübersehbaren „Segelohren". Zu dem „unauffälligen" Verhalten des Patienten etwas unpassend erschien mir das zeitweilige Zurückwerfen des Kopfes" [F 12]

- Wiedergabe, Beschreibung von eigenen inneren Beobachtungen des Therapeuten, dessen Gefühle, Stimmungen, Impulse und Gedanken:
  - „Er macht mich dadurch aggressiv ... " [F 5]
  - „mein teilweise sehr großes Interesse, am liebsten dem Patienten sein Geheimnis entlocken zu wollen, ..., zum anderen auch immer wieder auftauchender Ärger, ... den Patienten nicht zu einer besseren Kooperation bewegen zu können" [F 12]

- Beurteilung, (prognostische) Einschätzung, Indikation:
  - „Trotz des Drängens der Patientin wird mir ein Fokus bezüglich einer ... stationären Psychotherapie nicht erkennbar, zumal ... . Ich denke am ehesten an eine analytisch orientierte Psychotherapie, wobei mir die Motivation der Patientin derzeit noch etwas instabil erscheint" [F 2]

- Interpretation, Deutung, Hypothese:
  - „Seine verschiedenen Beschwerden erschienen mir vor allem als Ausdruck seiner abgewehrten Aggressionen" [F 11]
  - „Er kann anscheinend in seiner momentanen Lage sich nicht anders vom Vater trennen, als daß er dessen Symptom übernimmt und selber pflegebedürftig wird" [F 7]
  - „meinerseits auch der Verdacht, daß es ... um die Idee einer Berufsunfähigkeit geht" [F 11]

- Fachdiagnose, Differentialdiagnose:
  - „funktionelle Abdominalbeschwerden bei zwanghafter Persönlichkeitsstruktur mit hysterischen Zügen; DD: neurologische Erkrankung z. B. Polyneuropathie" [F 11]

Für die weitere Auswertung werden diese verschiedenen *Aussagequalitäten* in zwei übergeordneten Kategorien zusammengefaßt:
- Wiedergabe- und Beschreibungsebene
- Interpretations- und Beurteilungsebene

Aussagen mit geringem interpretativen Gehalt werden der Wiedergabe- und Beschreibungsebene zugeordnet:

> **Wiedergabe- und Beschreibungsebene**
>
> Wiedergabe und Verdichtung von Beobachtungen in folgenden Aussagen:
> * wörtliche Wiedergabe der Patientenaussage
> * sinngemäße Wiedergabe von Patientenaussagen in indirekter Rede
> * Zusammenfassung und Verdichtung von Patientenaussagen
> * Wiedergabe und Beschreibung von „äußeren" Beobachtungen des Therapeuten
> * Wiedergabe, Beschreibung von eigenen inneren Beobachtungen des Therapeuten

Aussagen mit stark beurteilendem und interpretativem Charakter, bei denen die subjektive Sichtweise des Therapeuten im Vordergrund steht, werden der Interpretations- und Beurteilungsebene zugeordnet:

> **Interpretations- und Beurteilungsebene**
>
> Interpretation und Beurteilung von Beobachtetem, Wahrgenommenem und Erfahrenem; Hypothesenbildung unter Anwendung von Fachwissen, Fachbegriffen:
> * Beurteilung, (prognostische) Einschätzung, Indikation
> * Interpretation, Deutung, Hypothese
> * Fachdiagnose, Differentialdiagnose

RUDOLF (1993, S. 25f) unterscheidet in seinen Ausführungen zur Bedeutung der Interpretation in der Fallgeschichte vier verschiedene Komplexitätsstufen von Interpretationen, die einander bedingen:

I) Benennung von Beobachtbarem (Verhalten und Erleben)

II) Interpretation von (regelhaften) Bereitschaften (Strukturen)

III) Interpretation einzelner dynamischer Zusammenhänge

IV) Interpretation komplexer dynamischer Zusammenhänge (Hypothesen über Struktur, Konflikt, Symptomatik und Entwicklung)

Aussagen der „*Wiedergabe- und Beschreibungsebene*" können in etwa den Stufen I und II, Aussagen auf „*Interpretations- und Beurteilungsebene*" den Stufen III und IV dieser von RUDOLF vorgeschlagenen Systematik zugeordnet werden.

4.4 KATEGORIEN UND KATEGORIENSYSTEM

Beim offenen Kodieren[14] werden *aus dem Text* Kategorien entwickelt. Die Kategorien sind also nicht vorgegeben und werden nicht aus Hypothesen abgeleitet. Jedoch macht Wilke (1992, S. 179) darauf aufmerksam, daß „Kategorisierungsprozesse nie atheoretisch (sind) und immer in Abhängigkeit etwa mit der jeweiligen Kultur oder einem speziellen Verwendungszusammenhang zu analysieren" sind. Im vorliegenden Fall ist dies der psychosomatisch-psychotherapeutische, analytisch geprägte Hintergrund der Heidelberger Klinik. Entsprechende Begrifflichkeiten und Inhalte sind im Text zu erwarten.

Kodiereinheit sind Textpassagen, die aus einzelnen Wörtern oder aus Wortgruppen sinnzusammenhängender Wörter bestehen. Für die auftauchenden Inhalte in den Textpassagen werden *Basiskategorien* gebildet. Inhaltlich gleiche Themen werden einer *Basiskategorie* zugeordnet. Beim Kodieren jedes nächsten Interviewprotokolls oder beim wiederholten Bearbeiten früher kodierter Berichte werden weitere Kategorien hinzugefügt, bis keine neuen Kategorien mehr gefunden werden und damit eine „Sättigung" der Kategorien erreicht ist. Die gebildeten Basiskategorien werden in weiteren Abstraktionsschritten, nach wiederholtem Vergleichen, Sortieren und Zusammenfassen, unter *Oberkategorien* subsumiert. Durch die Bestimmung von Eigenschaften dieser Kategorien werden diese näher beschrieben. Der Prozeß des Vergleichens und Sortierens führt schließlich zur Bildung eines *Kategoriensystems*.

Um die Qualität der Analyseschritte beim Kodieren abzusichern, wird in einem fortlaufenden Forschungskolloquium kontinuierlich die Gültigkeit der Kategorien geprüft. In den Sitzungen werden zum einen von nicht an dem Projekt beteiligten Personen aus Originaltextpassagen selbständig eigene Kodes und Kategorien gebildet. Diese werden untereinander i. S. einer „Kontextbildung" (siehe Kapitel 3.3 Gütekriterien) verglichen und diskutiert. Weitere Kategorien werden von „Dritten" auf die Stimmigkeit ihrer Benennung (ob sie die vorgegebenen Inhalte tatsächlich abbilden) und die Nachvollziehbarkeit der Zuordnungen geprüft. Strauss (1994, S. 101) hält die Bedenken einiger Forscher, daß sie in ihren Kodierergebnissen nur die eigene Sichtweisen wiederfinden würden, für unbegründet; „denn die Kodes sind nur vorläufig festgelegt, ihre Brauchbarkeit wird sich durch spätere Kodieroperationen erweisen oder auch nicht".

Ergebnis des offenen Kodierens ist folgende Systematik von Kategorien:

KATEGORIENSYSTEM

Mit Ausnahme der formalen Angaben zur Akte stehen alle Textaussagen immer in Verbindung mit einer Person oder Personengruppe (*„über wen wird berichtet"*). Aus diesem Grund werden Personen, über die in den Protokollen Aussagen zu finden sind, unter der ersten Kategorie kodiert.

1. PERSONEN

- Patient
- Therapeut
- Mutter
- Vater

---

[14] In den folgenden Abschnitten tauchen einige methodische Fachbegriffe auf, die in Kapitel 3 ausführlich erklärt werden. Daher wird auf eine Erläuterung an dieser Stelle verzichtet.

- Geschwister, Halbgeschwister
- Großeltern
- weitere Angehörige (z. B.: Tante, Onkel, Stiefeltern)
- Beziehungspartner
- eigene Kinder
- Freunde, Peers
- Arbeits- und Ausbildungskollegen
- Vorgesetzte, Lehrer, Erzieher
- Ärzte, Therapeuten, Sozialarbeiter, Berater
- literarische Personen

Der Kategorie „PERSONEN" werden alle weiteren, den folgenden Kategorien zugehörigen Textaussagen zugeordnet.

2. SOZIODEMOGRAPHISCHE DATEN

Daten zu dieser Kategorie werden im Bericht nicht systematisch und vollständig aufgeführt, sind aber überwiegend für jeden Patienten vorhanden.

- Name
- Geschlecht
- Adresse
- Krankenkassenzugehörigkeit
- Alter bzw. Geburtsdatum, Geburtsort
- Familienstand
- Kinder (Anzahl, Alter, Geschlecht)
- Beruf, Ausbildung, Qualifikation, Schulbildung
- derzeitige Erwerbstätigkeit, Beschäftigungsbezeichnung
- Beschäftigungsstand, -verhältnis (Arbeitslosigkeit, Krankschreibung)
- Institution, Arbeitsstelle
- wirtschaftliche Situation

3. ÄUSSERE ERSCHEINUNG UND AUFTRETEN

- Kleidung, Accessoires
- Haare, Bart
- Körperstatur, Körpermaße
- Auftreten, Erscheinung, Wirkung
- Stimme, Sprechen/Sprache (Geschwindigkeit, Ausdruck, Qualität, Dialekt)

4. BESCHWERDEN, SYMPTOMATIK

Hier werden Aussagen über die Beschwerden und Symptome des Patienten, selten Aussagen über andere Personen, kodiert. Häufig finden sich aus dem Patientenbericht wörtlich übernommene Begriffe und Beschreibungen. Auffällig ist die große Variationsbreite der Beschwerden.

4.1 ART DER BESCHWERDEN

a) körperliche, körperbezogene und psychovegetative Beschwerden und Funktionseinschränkungen

- Atemnot, Asthma
- Herzengegefühl
- Anspannung
- Schmerzsymptomatik
- Schwindel, Gleichgewichtsstörungen, Orientierungsschwierigkeiten
- Schlafstörungen

- Schwäche, rasche Ermüdbarkeit
- Übelkeit, Erbrechen, Verdauungsbeschwerden
- sexuelle Funktionsstörungen

b) psychische Beschwerden und Funktionseinschränkungen (das Erleben, die Gefühle, das Empfinden betreffend)

- Selbstwertprobleme, Versagensängste und -gefühle
- Hilflosigkeit, Verzweiflung
- innere Leeregefühle
- Einsamkeits-, Verlassenheitsgefühle
- Probleme im Umgang mit Aggression, Wut
- innere Unruhe, Nervosität
- depressive Beschwerden, Traurigkeit, Niedergeschlagenheit
- psychische Labilität, Stimmungsschwankungen
- verminderter Antrieb, Motivation
- Konzentrations- und Gedächtnisstörungen
- Gefühl der Überlastung, Überforderung
- Unzufriedenheit, Unfähigkeit zu Freude, Lust
- Angstsymptomatik: allgemeine Ängste und Befürchtungen (Bedrohtheitsgefühl, Existenzangst, Zukunftsangst, Alleinseinsängste), Angstzustände, Panikattacken, Phobien, hypochondrische Angst, Psychoseangst, Kontrollverlustangst
- Denkstörungen, Zwangsgedanken, Grübelzwang
- Depersonalisationssymptomatik

c) Beschwerden auf Verhaltensebene

- gestörtes Eßverhalten
- Substanzmißbrauch und süchtiges Verhalten (Alkohol, Drogen, Nikotin, Medikamente)
- andere destruktive, selbstschädigende Verhaltensweisen

d) Kontakt- und Beziehungsschwierigkeiten

- konflikthafte Elternbeziehung (z. B. Ablösungs-, Abgrenzungsproblematik)
- Partnerschaftskonflikte (z. B. Abhängigkeitsproblematik)
- konflikthafte Arbeitsbeziehungen (z. B. Kokurrenzsituationen)
- konflikthafte Beziehung zu anderen Personen

4.2 ENTWICKLUNG UND VERÄNDERUNG DER BESCHWERDEN

a) Auslösesituationen und Einflußfaktoren

- auf Beziehungsebene

- konflikthafte Elternbeziehung
- konflikthafte Geschwisterbeziehung
- Partnerkonflikte, Beziehungsprobleme
- Verlust, Tod, Krankheit einer nahen Bezugsperson
- konflikthafte Beziehung zu Arbeitskollegen/Chef

- die eigene Person betreffend

- eigene Krankheit
- gescheiterte Karrierewünsche, berufliche Unzufriedenheit
- örtliche Veränderung, Ausreise

b) *Verlauf der Beschwerden*

- Verschlechterung (Krise)
- Kontinuität, Chronifizierung
- Besserung

4.3 ERLEBEN UND EINSTELLUNG ZU DEN BESCHWERDEN, ERKLÄRUNG

- psychische Belastung (Hilflosigkeit, Überforderung, Verzweiflung, Angst, Scham)
- wenig, keine psychische Belastung (Rationalisierung, Verleugnung, Verdrängung, Affektisolierung)
- Unrecht, Benachteiligung (Beschwerde, Anklage)
- Chance (Hoffnung, Zuversicht)

4.4 AUSWIRKUNG DER BESCHWERDEN AUF

- auf die Beziehungen (Familie, Partnerschaft, Elternhaus, andere soziale Kontakte)
- auf das Verhalten (süchtige Verhaltensweisen, Rückzug, häufige Arztkontakte)
- Lebensqualität (Beeinträchtigung)
- Arbeit, Beruf, Ausbildung

4.5 ERKLÄRUNG DER BESCHWERDEN (SUBJEKTIVE KRANKHEITSTHEORIE)

- „Erbe" (z. B. Suchtstruktur, Persönlichkeitsmerkmale)
- Ausdruck aktueller Beziehungskonflikte
- Ausdruck aktueller äußerer und innerer Belastungen (z. B. Arbeitsplatzverlust, Krankheit, Abtreibung)
- Ausdruck früherer Belastungen durch andere Personen und äußere Umstände

4.6 BEHANDLUNG DER BESCHWERDEN

- medikamentöse und andere konservative Behandlungen
- operative Eingriffe
- psychosomatische und psychotherapeutische Behandlungen
- alternative Behandlungen (zur „Schulmedizin")
- geplante Behandlungen außerhalb der Ambulanz

5. WEITERE AUSSAGEN ZUR BEFINDLICHKEIT

Kodiert werden Befindlichkeitsangaben ohne Beschwerde- oder Symptomcharakter.

- Zufriedenheit, Ausgeglichenheit, Entspannung, Wohlgefühle

6. PERSÖNLICHKEITSBESCHREIBUNGEN, CHARAKTERMERKMALE

Unter diese Kategorie fallen Aussagen, die Persönlichkeitsmerkmale bezeichnen wie

- Fähigkeiten, Stärken, Schwächen, Defizite
- Selbstwert (Stabilität, Labilität, Mangel, Größenphantasien)
- Leistungsverhalten, Selbstansprüche, -anforderungen
- Konfliktverhalten, Frustrationstoleranz
- affektiver Ausdruck, Impulsivität
- Motivation, Aktivität, Interesse, Kreativität
- Umgang mit Bedürfnissen
- Einstellungen, Ansichten, Haltungen, Konzepte
- Wünsche, Träume, Phantasien
- Befürchtungen, Ängste
- Ideale, Ziele

7. Tätigkeiten, Handlungen, Aktivitäten

Aktivitäten und Handlungen der Personen in verschiedenen Lebensbereichen werden dieser Kategorie zugeordnet. Eine Unterteilung dieser Kategorie erfolgt je nachdem, ob weitere Personen genannt werden, die an dieser Aktivität beteiligt sind oder nicht. Wenn weitere Personen beteiligt sind, bleibt die Motivation, die Intention oder Bedeutung der Aktivität bezüglich des Interaktionspartners unbestimmt.

7.1 Kein benannter Interaktionspartner

- Bereich Arbeit, Beruf
- Bereich Familie, Wohnen
- Bereich Finanzen, Besitz
- Bereich Freizeit, Hobby, Sport
- Bereich Gesellschaft
- Bereich Gesundheit

7.2 Benannter Interaktionspartner

- Bereiche wie unter 7.1

8. Aussagen zur Beziehungsgestaltung

8.1 Interaktionelle Tendenzen und Bereitschaften

a) allgemein

z. B.: •„tendenziell jede Frage zu schnell zu beantworten"
- •„alles ausgleichen, jegliche zwischenmenschliche Spannung beseitigen"
- •„Im Prinzip sei er...auch schnell einmal aufbrausend"

b) auf eine konkrete Person/Personengruppe bezogen

z. B.: •„anklammern an den Freund"
- •„[der Vater] habe sich immer um seine beiden Töchter gekümmert und bemüht"

8.2 Allgemeine Beziehungscharakterisierung

(ohne Stellungnahme zu Positionen und Rollenverteilung in der Beziehung)

z. B.: •„zunehmend konflikthafte Beziehung"
- •„enge Beziehung"

8.3 Beschreibung von Positionen und Rollenverteilung in der Beziehung

z. B.:•„der Freund sich selbst ohnmächtig fühle, ihr nicht recht helfen könne"
- •„habe immer bitten müssen, sei in Abhängigkeit gehalten worden"

9. Interaktionspartner

- Patient
- Therapeut
- Eltern, Mutter, Vater
- Geschwister, Halbgeschwister
- Großeltern
- weitere Angehörige (z. B.: Tante, Onkel, Stiefeltern)
- Beziehungspartner
- Familie, Kinder

- Freunde, Peers
- Arbeits- und Ausbildungskollegen
- Vorgesetzte, Lehrer, Erzieher
- Ärzte, Therapeuten, Sozialarbeiter, Berater
- Amtspersonen

10. PSYCHODYNAMISCHE ZUSAMMENHÄNGE UND HYPOTHESEN

- psychodynamische Bedeutung der Erkrankung (Ausdruck psychischer Konflikte)
- Zusammenhänge heutiger partnerschaftlicher Beziehungen (Partnerwahl) mit Beziehungserfahrungen aus Kindheit (Wiederholung)
- Interpretation und Beurteilung von Lebensarrangements (Leben bei den Eltern, Versorgung der Eltern) vor dem speziellen lebensgeschichtlichen Hintergrund (Alkoholiker-eltern)

11. DIAGNOSTISCHE BEURTEILUNG

- z. B.: ICD-10 Diagnose, diagnostische Aussagen zu Struktur, Konflikt- und Beziehungsdynamik

12. PROGNOSTISCHE BEURTEILUNG

- Einschätzung der Entwicklung der Beschwerden (und der Persönlichkeit des Patienten) bei entsprechenden Behandlungen bzw. ohne Behandlung

13. AUSSAGEN ÜBER DIE WEITERBEHANDLUNG

- Indikationsstellungen für eine Behandlung (Therapie)
- Empfehlungen und Vermittlungen von Behandlungen

14. ZEITKATEGORIE

- *aktuell*
  - *gegenwärtige* Situation des Patienten und seines Umfeldes (speziell die Interviewsituation)
  - Situationen in der *jüngsten Vergangenheit* mit enger Verbindung zur gegenwärtigen Situation

- *zurückliegend*
  - biographische Angaben zu den Eltern, Großeltern, über die eigene Kindheit und frühe Jugend des Patienten (bis 15. Lebensjahr)
  - junges Erwachsenenalter (ca. 15. bis 25. Lebensjahr)
  - nach dem 25. Lebensjahr

- *zukünftig*
  - z. B. prognostische Einschätzung, Therapieplanung, Ziele, Absichten, Pläne, Vorhaben

- *zeitlicher Verlauf*
  - z. B. Verlauf der Beschwerden, Veränderungen, Entwicklung des Kontakts zwischen Patient und Therapeut im Laufe mehrerer Gespräche

Die Aussagen der Kategorien 1-9 finden sich vorrangig auf der Wiedergabe- und Beschreibungsebene, die Aussagen der Kategorien 10-13 auf der Interpretations- und Beurteilungsebene (vgl. Kapitel 4.3).

4.5 DIE KATEGORIE BEZIEHUNGSGESTALTUNG

STRAUSS (1994, S. 101) fordert die intensivere und konzentriertere Beschäftigung mit der sich als zentral bedeutsam erweisenden Kategorie. Der Forscher arbeitet zu diesem Zweck „zuerst die Eigenschaften der Kategorie heraus, indem er diese explizit oder implizit dimensionalisiert". Weiter wird nach dem Kodierparadigma vorgegangen. Dadurch wird „allmählich ein dichtes Beziehungsnetz um die „Achse der im Fokus stehenden Kategorie aufgebaut".

In den Interviewprotokollen wird der Darstellung der Beziehungen des Patienten zu wichtigen Bezugspersonen früher und heute sowie der aktuellen Beziehung zum Therapeuten ein großer Raum gegeben. *Die Kategorie Beziehungsgestaltung erweist sich zunehmend als zentrale Kategorie* mit zahlreichen Verbindungen zu anderen Kategorien. Es erfolgt eine ausführliche Erforschung dieser Kategorie. Dazu werden zunächst die Beziehungen und Verknüpfungen mit anderen Kategorie untersucht und anschließend Eigenschaften und Dimensionen der Kategorie bestimmt. Durch das selektive Kodieren werden schließlich Zusammenhänge von Beziehungsstrukturen verdeutlicht und schematisch dargestellt.

4.5.1 VERKNÜPFUNG MIT ANDEREN KATEGORIEN

Ausgehend von der Kategorie Beziehungsgestaltung lassen sich zu den übrigen Kategorien des Kategoriensystems vielfältige Bezüge und Verbindungen herstellen. So sind z. B. Beziehungskonflikte häufig Auslösesituationen für die Symptomatik. Der Zusammenhang zwischen Symptom und Konflikt ist vielen Patienten zunächst nicht zugänglich. Aktuelle Beziehungsschwierigkeiten können zu einer verminderten Leistungsfähigkeit in der Ausbildung und im Beruf führen. Aber auch die Krankheit selbst hat Auswirkungen auf die beruflichen und privaten Beziehungen. Verantwortlichkeiten können sich verschieben. Besonders deutlich wird dies bei Patienten mit ausgeprägtem Krankheitsgewinn.

In der folgenden Abbildung werden wichtige Verknüpfungen und Zusammenhänge veranschaulicht.

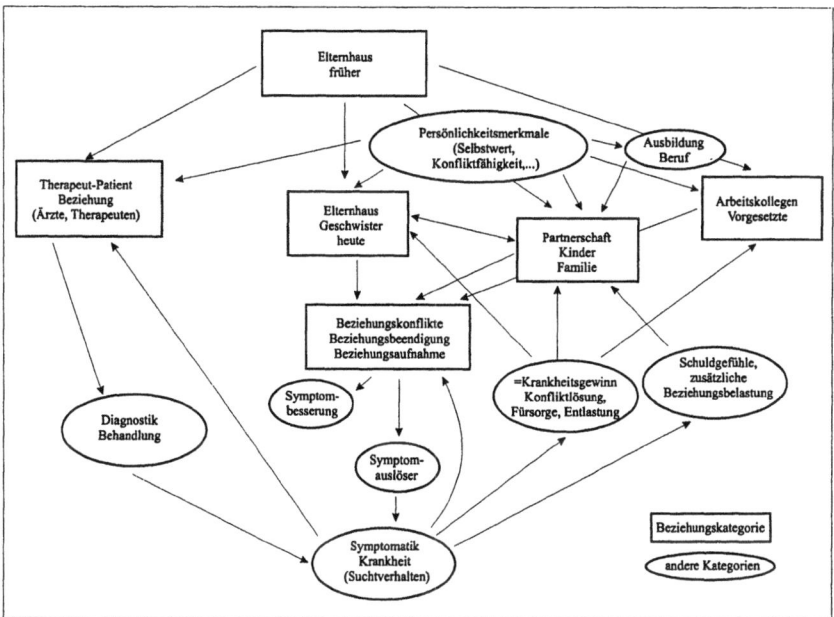

Abb. 4: Verknüpfung der Kategorie Beziehungsgestaltung mit anderen Kategorien

4.5.2 EIGENSCHAFTEN UND DIMENSIONEN (AXIALES KODIEREN)

Beim *axialen Kodieren* werden Eigenschaften und Dimensionen der Kategorie Beziehungsgestaltung bestimmt. Die erste Eigenschaft, die untersucht wird, ist die *'Einflußnahme auf die Beziehungsgestaltung'*. Bestimmt wird das Maß an Aktivität und Intentionalität, das in der Interaktion von einer Person übernommen wird.

Als zweite Eigenschaft wird der Umgang mit eigenen und fremden Bedürfnissen und Bedürftigkeit in der Beziehung (*'Bedürfnisausrichtung in der Beziehung'*) intensiver untersucht. Hierbei wird die vordergründige Ausrichtung auf eigene oder fremde Bedürfnisse und Interessen bestimmt. Diese Ausrichtung ist mitbestimmende Motivation für das Verhalten und Erleben in der Beziehung.

Auf zwei eindimensionalen Achsen, die diese beiden Eigenschaften abbilden sollen, werden die Dimensionen *aktiv/passiv* (*'Einflußnahme auf die Beziehungsgestaltung'*) bzw. *selbst/andere* (*'Bedürfnisausrichtung in der Beziehung'*) abgetragen. Bei der weiteren Auswertung der Beziehungsaussagen werden diese den beiden Polen der zwei Eigenschaften zugeordnet.

ACHSE I: MODUS DER EINFLUSSNAHME AUF DIE BEZIEHUNGSGESTALTUNG

| AKTIV | ─────────────────────────── | PASSIV |

AKTIV

Die **Qualität der Einflußnahme** auf die Beziehungsgestaltung ist aktiv-eingreifend, d. h. die Person ergreift selbst die Initiative. Sie geht beispielsweise offensiv auf andere Personen zu oder von diesen weg bzw. weist diese zurück. Die Regulation der Beziehung erfolgt aktiv-kontrollierend.

PASSIV (RE-AKTIV)

Die **Qualität der Einflußnahme** auf die Beziehungsgestaltung ist passiv, indirekt bzw. manipulativ. Die Personen haben eine abwartende und defensive Haltung. Sie *re*agieren auf Beziehungsangebote von anderen. Die Regulation der Beziehung erfolgt hier durch passive Kontrolle.

Beispiel: AKTIV	Beispiel: PASSIV
„sie fordert nun sofortige Hilfe", „sie wolle eine ambulante Therapie machen. Sie habe sich selbst bereits gekümmert und Therapeuten angerufen" [F 5]	„er wartet quasi passiv darauf, daß es ihm wieder besser geht und alles wieder so wird wie vorher" [F 7]

ACHSE II BEDÜRFNISAUSRICHTUNG IN DER BEZIEHUNG

| ANDERE | ─────────────────────────── | SELBST |

ANDERE

Der Fokus der Aufmerksamkeit richtet sich auf eine fremde Person. Vordergründig erfolgt die Orientierung und **Ausrichtung an den Bedürfnissen anderer**.

SELBST

Im Mittelpunkt der Aufmerksamkeit steht die eigene Person mit ihrer Bedürftigkeit und ihren Interessen. Es erfolgt eine Orientierung und **Ausrichtung an den eigenen Bedürfnissen**.

Beispiel: ANDERE	Beispiel: SELBST
„habe sie immer wieder versucht, den Vater zu einer Entziehung zu überreden, habe ver-schiedene Kliniken aufgesucht, auch letztes Jahr während des Urlaubs wiederum Ver-suche, ihn zu einer Therapie zu überreden" [F 31]	„er habe keine Lust mehr, sich um die Eltern zu kümmern", „er gehe auch selten und ungern hin [zu den Eltern], obwohl ihn die Mutter oft darum bittet. Er möchte mit seiner Familie heute nichts mehr zu tun haben" [F 11]

56

Um die Beziehungsaussagen entsprechend ihrer Ausprägungen bezüglich der beiden Eigenschaften in einer Art Diagramm festlegen zu können, werden die beiden Eigenschaftsachsen I und II in einem rechtwinkligen Koordinatensystem folgendermaßen angeordnet.

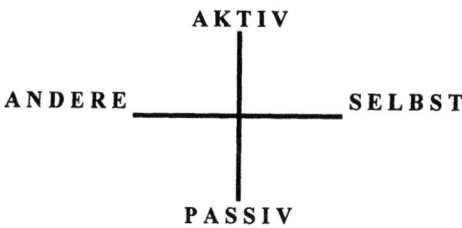

4.5.3 DIE AKTUELLE BEZIEHUNGSGESTALTUNG

Bei der Auswertung der Kategorie Beziehungsgestaltung erfolgt zunächst die Untersuchung der *aktuellen Beziehung* zu wichtigen Beziehungspersonen (Eltern, Geschwister, Partner, Kinder), da diese Beziehungsbeschreibungen in den Berichten im Vordergrund stehen. Beurteilungen, Interpretationen und Hypothesen des Therapeuten (vgl. Kapitel 4.3) sowie Aussagen zur Patient-Therapeut-Beziehung (vgl. Kapitel 6.6) werden an dieser Stelle nicht ausgewertet.

Die folgende Tabelle „*Aktuelle Beziehungsgestaltung*" erfaßt die Eigenschaften der Kategorie Beziehungsgestaltung entsprechend des zuvor erläuterten Koordinatensystems. Die Beziehungsaussagen aus allen 31 Protokollen werden in einer solchen Tabelle angeordnet. Schließlich werden Aussagen mit gleicher und ähnlicher Bedeutung zu Gruppen unter einem vereinfachten Begriff (Subkategorien) zusammengefaßt. Die folgende Tabelle enthält diese zusammengefaßten Beziehungsitems. Ankerbeispiele sind im Anschluß zu finden.

AKTUELLE BEZIEHUNGSGESTALTUNG

	BEDÜRFNISAUSRICHTUNG IN DER BEZIEHUNG OBJEKTBEZUG	BEDÜRFNISAUSRICHTUNG IN DER BEZIEHUNG SELBSTBEZUG
EINFLUSSNAHME-MODUS **AKTIV** **GESTALTEND**	**I AKTIV-ANDERE** **BESTÄTIGUNG** Anerkennung, Achtung, Bewunderung **UNTERSTÜTZUNG** Versorgung, Schutz, Verteidigung, Beistand (Einsatz, Bemühung, Aufopferung)	**II AKTIV-SELBST** **AKTIVIERUNG ANDERER** für eigene Bedürfnisse (Versorgung, Unterstützung), Förderung **SELBSTÄNDIGKEIT-BEHAUPTUNG** Selbstversorgung, Unabhängigkeit **AUSEINANDERSETZUNG-ABGRENZUNG** (gegen Bedürfnisse, Ansprüche, Erwartungen anderer) **KONTROLLE-BESTIMMUNG** Zurückhaltung, Verweigerung, Mißtrauen **ABLEHNUNG-ENTWERTUNG** Zurückweisung, Angriff, Verletzung
EINFLUSSNAHME-MODUS **PASSIV** **VERHALTEND**	**III PASSIV-ANDERE** **ZURÜCKNAHME-ANPASSUNG-UNTERORDNUNG** Unterwerfung, Selbstaufgabe, Selbstverletzung, Zurückstellung eigener Bedürfnisse **SCHULDGEFÜHLE-SELBSTVORWÜRFE** Selbstentwertung, Selbstzweifel **ENTSCHULDIGUNG DER ANDEREN** **VERPFLICHTUNGSGEFÜHL** sich verantwortlich und zuständig fühlen, Sorge	**IV PASSIV-SELBST** **MEIDUNG-AUSWEICHEN-RÜCKZUG** von Kontakten, Konflikten, Auseinandersetzung (Angst vor Zurückweisung, Kränkung, Verletzung, Strafe) **INANSPRUCHNAHME** Abhängigkeit (versorgt werden, Suchtverhalten) **ERWARTUNGSHALTUNG-VERSORGUNGSANSPRUCH** Ansprüche, Erwartungen, regressive Wünsche **ENTTÄUSCHUNG-KLAGE-BESCHULDIGUNG** Vorwurf, Beschwerde, eigene Rechtfertigung

Tab.: Aktuelle Beziehungsgestaltung

I AKTIV-ANDERE

• BESTÄTIGUNG
ANERKENNUNG, ACHTUNG, BEWUNDERUNG
- „die [Mutter] ihr immer imponiert habe, ... diese habe viel für ihre fünf Kinder getan, habe ge-kämpft, habe die Umstellung geschafft, habe sich an einfache Verhältnisse anpassen können" [F 31]
- „sie bewundert die Mutter, wie sie nach der Trennung vom Vater alle Schwierigkeiten alleine gemeistert hat. Es war für die Mutter eine sehr schwere Zeit, aber sie hat es geschafft" [F 10]
- „sie respektiere ihn [den Vater]" [F 25]

• UNTERSTÜTZUNG
VERSORGUNG, SCHUTZ, VERTEIDIGUNG, BEISTAND
- „habe dem Vater geholfen, ein Haus zu erstehen, habe den Vater finanziell unterstützt, ... insbesondere jetzt ... kümmere er sich um den Haushalt, ... koche abends für alle, die da seien, [die Mutter] schaffe das oft nicht alleine" [F 12]
- „habe sich um die Schwester in ihren Krisen immer gekümmert" [F 22]
- „habe sie immer wieder versucht, den Vater zu einer Entziehung zu überreden, habe verschiedene Kliniken aufgesucht, auch letztes Jahr während eines Urlaubs wiederum Versuche, ihn zu einer Therapie zu überreden" [F 31]

II AKTIV-SELBST

• AKTIVIERUNG ANDERER
FÜR EIGENE BEDÜRFNISSE, FORDERUNG
- „im Falle einer stationären Therapie habe sie sich erkundigt, daß die Krankenkasse eine Haushaltshilfe finanziere." [F 25]
- „hat ein genau formuliertes Anliegen, ... suche eine Psychotherapie, ... erwarte von uns eine qualifizierte Empfehlung" [F 19]
- „fordert nun sofortige Hilfe" [F 5]

• SELBSTÄNDIGKEIT-BEHAUPTUNG
SELBSTVERSORGUNG, UNABHÄNGIGKEIT
- „betont, daß sie es gerne ohne psychotherapeutische Hilfe und alleine weiter versuchen möchte" [F 13]
- „nach außen jemand, der doch sehr große Stärke zeigt und vorgibt, alles alleine zu schaffen" [F 15]
- „Selbstbild der Patientin ..., daß sie schon immer als starke Frau gegolten hat, die für sich selbst sorgen kann" [F 23]

- **AUSEINANDERSETZUNG-ABGRENZUNG**

GEGEN DIE BEDÜRFNISSE, ANSPRÜCHE, ERWARTUNGEN ANDERER

- „sie sei, da sie es nicht mehr aushalte, seit zwei Monaten nicht mehr zur Mutter gefahren" [F 1]
- „sie denke jedoch nicht daran, ihre Freunde nach Vaters Wünschen auszusuchen" [F 16]
- „da habe sie [mit dem Freund] Schluß gemacht, auf so etwas habe sie sich nicht einlassen wollen" [F 2]

- **KONTROLLE-BESTIMMUNG**

ZURÜCKHALTUNG, VERWEIGERUNG, MIßTRAUEN

- „er schützt sich sehr im Gespräch, kontrolliert sehr, was er sagt, ... ist sehr skeptisch" [F 6]
- „Er könne mein [Therapeut] Anliegen verstehen, er habe jedoch in einer so kurzen Beziehung zu wenig Vertrauen, um sich zu offenbaren, insofern müsse er sich seine Worte vorher gut überlegen" [F 12]
- „sie ist im Kontakt sehr mißtrauisch und zurückhaltend, läßt sich vorsichtig und prüfend ein, um sich jedoch wieder zurückzuziehen und auf die Lauer zu legen" [F 5]

- **ABLEHNUNG-ENTWERTUNG**

ZURÜCKWEISUNG, ANGRIFF, VERLETZUNG

- „Mutter und Bruder wenden sich hilfesuchend an ihn, kriegten jedoch nicht die Papiere zusammen, seien naiv, blauäugig, klagten nur, das rege ihn auf" ... „er möchte mit seiner Familie heute nichts mehr zu tun haben und von ihnen in keiner Weise beeinflußt werden" [F 11]
- „schimpft dann über die Gruppenmitglieder: „Diese Frauen haben Probleme, die ich schon abgehakt habe" [F 14]
- „sie hasse den Vater jedoch wegen dem, was er der Mutter angetan habe" [F 25]

PASSIV-ANDERE

- **ZURÜCKNAHME-ANPASSUNG-UNTERORDNUNG**

UNTERWERFUNG, SELBSTAUFGABE, SELBSTVERLETZUNG, ZURÜCKSTELLUNG EIGENER BEDÜRFNISSE

- „auf Drängen des Vaters habe sie eigentlich gegen ihren eigenen Wunsch doch noch das Abitur gemacht" ... „auf heftigen Druck der Eltern einer Abtreibung zugestimmt habe" [F 16]
- „habe sich gegen ihren eigenen Willen von den Eltern und dem damaligen Freund in die Uni-Psychiatrie bringen lassen, ... sie könne kaum nein sagen, es falle schwer, einen eigenen Standpunkt zu entwickeln" [F 16]
- „für die Patientin selbstverständlich, daß sie die Sexualität über sich ergehen läßt, obwohl sie für sie ein Alptraum ist" ... „sie hat ihre eigenen Interessen für den Freund weitgehend aufgegeben, sich ganz an ihm orientiert" [F 21]
- „Zweifel, was richtig und falsch sei, sie wolle gern immer alles ausgleichen, jegliche zwischenmenschliche Spannungen beseitigen" ... „immer noch wolle sie es allen recht machen" [F 1]
- „mit großen Antennen auf den anderen ausgerichtet ist, um Störungen in der Beziehung rechtzeitig kommen zu sehen, ... negative Stimmungen herausspürt, um sich auf sie einzurichten" [F 1]

• SCHULDGEFÜHLE-SELBSTVORWÜRFE
SELBSTENTWERTUNG, SELBSTZWEIFEL

• „wenn sie einmal mache, was sie wolle, habe sie große Schuldgefühle, den Eltern damit etwas anzutun" [F 16]

• „schlechtes Gewissen, die alkoholkranke Mutter im Stich zu lassen" [F 1]

• „sie macht sich Vorwürfe, diese [Mutter] nicht vor dem Tod habe retten können" [F 15]

• ENTSCHULDIGUNG DER ANDEREN

• „Sie finde schnell Entschuldigungen für die anderen" [F 23]

• „er entlastet dann den Vater, der viel Grausames miterlebt habe" [F 12]

• „der Ehemann im Gespräch auf jeden Fall geschützt werden mußte" [F 23]

• VERPFLICHTUNGSGEFÜHL
SICH VERANTWORTLICH UND ZUSTÄNDIG FÜHLEN, SORGE

• „die Patientin ist diejenige, die innerhalb der Familie für alle zuständig ist und alle Sorgen auf sich häuft" [F 15]

• „fühle sich extrem für ihre beiden Kinder verantwortlich ... die Patientin denke, ihr Leben sei für ihre Kinder da" [F 25]

• „[wollte die Nachtschicht nicht aufgeben], aus dem Gefühl heraus, daß an ihr die Verantwortung hänge" [F 25]

IV PASSIV-SELBST

• MEIDUNG-AUSWEICHEN-RÜCKZUG
VON KONTAKTEN, KONFLIKTEN, AUSEINANDERSETZUNG

• „sie habe es jedoch nicht gepackt, dort [Therapeutin] anzurufen, ... vor lauter Angst vor einer negativen Auskunft" [F 25]

• „dem Ehemann aus dem Weg gehe, ... man über bestimmte Regelungen nicht spreche, ... möglicherweise wolle sie so eine Illusion festhalten" [F 2]

• „es kommt jedoch nie zu einer offenen Auseinandersetzung, ..., sie möchte Diskussionen aus dem Weg gehen, ... durch einen Klinikaufenthalt vermeiden, sich auseinanderzusetzen" [F 17]

• INANSPRUCHNAHME
ABHÄNGIGKEIT

• „sie habe ein Zimmer zuhause [bei den Eltern], ...glaube dort niemandem im Weg zu sein. Ihre Eltern würden sie auch unterstützen finanziell ... . Momentan nehme sich die Mutter oft frei für sie" [F 8]

• „sie klammere sich an den Freund, ... vom Freund fühle sie sich völlig abhängig, er bezahle ihr auch die Miete" [F 9]

• „der Freund die Patientin hierher bringt und sehr viel für sie tut, was sie jedoch nicht wahrnehmen kann" [F 5]

• **ERWARTUNGSHALTUNG-VERSORGUNGSANSPRUCH**
ANSPRÜCHE, ERWARTEN, REGRESSIVE WÜNSCHE
- •„letztlich wolle sie sich irgendwo ausruhen, sich um gar nichts mehr kümmern, man solle sie umsorgen" [F2]
- •„es sei an der Zeit, daß er auf sie zugehe ..." [F2]
- •„eine Stellungnahme unsererseits erwartet" [F 16]

• **ENTTÄUSCHUNG - KLAGE - BESCHULDIGUNG**
VORWURF, BESCHWERDE, EIGENE RECHTFERTIGUNG
- •„das sei nicht richtig untersucht und behandelt worden, die Ärzte hätten es nicht einmal geröntgt" ... „sie sei enttäuscht, wie wenig ihr bisher geholfen worden sei" [F 5]
- •„die Patientin wirft ihrem Mann vor, damals leichtsinnig gehandelt zu haben, sie hätte unter dem Existenzminimum leben müssen, und sie habe wieder arbeiten gehen müssen ... ihr Mann sei ... nicht interessiert, er habe sie in die Krankheit reinfallen lassen" [F 25]
- •„Es gebe keine Zuneigung und nichts Liebevolles mehr, wobei er eindeutig schuld sei"[F 26]

4.5.4 SCHEMATISCHE DARSTELLUNG VON BEZIEHUNGSSTRUKTUREN (SELEKTIVES KODIEREN)

Nach der Kodierung und Zuordnung der Beziehungsaussagen, wird nun eine sinnvolle Verknüpfung dieser Aussagen und Darstellung ihrer Zusammenhänge in einer möglichst anschaulichen und vergleichbaren Form angestrebt. Hierzu wird als nächster Analyseschritt das *selektive Kodieren* nach dem *Kodierparadigma* eingesetzt. Das Vorgehen entsprechend dem Kodierparadigma wurde bereits in Kapitel 3.3.1 ausführlich beschrieben. Daher seien nur in Kurzform die Vorgehensschritte wiederholt:

1.) Kodieren nach den *kausalen Bedingungen*
2.) Kodieren nach den Interaktionen und *intervenierenden Bedingungen*
3.) Kodieren nach den *Handlungsstrategien* und damit verbundenen konkreten *Taktiken*
4.) Kodieren nach *Konsequenzen* von Handlungen

• Kodierbeispiel Fall 25:

Das Vorgehen beim Kodieren nach dem *Kodierparadigma* soll anhand des Protokolls eines Erstgesprächs mit einer 37-jährigen Patientin (Fall 25), deren Vater Alkoholiker ist, exemplarisch veranschaulicht werden. In der ersten Spalte der nachfolgenden Tabelle finden sich alle Aussagen aus dem Protokoll, die die Beziehung der Patientin zu ihrem Mann und ihren Kindern beschreiben. In der zweiten Spalte erscheinen die daraus entstandenen Kodes (vgl. Kapitel 4.5.3) sowie deren Kennzeichnung als Bedingung, Strategie, Taktik oder Konsequenz.

POSITION DER PATIENTIN IN DER BEZIEHUNG ZUM EHEMANN UND DEN KINDERN	
TEXTPASSAGE	KODES
sie habe ein schlechtes Gefühl hinterher, daß sie ihren Körper kaputt mache (Eßsucht) und damit sei ja die Familie die Leidtragende ihres Leichtsinns	Schuldgefühle,Selbstvorwürfe [intervenierende Bedingung] Selbstschädigung [Taktik]
sie fühle sich extrem für die Kinder verantwortlich Die Patientin denke, ihr Leben sei für ihre Kinder da.	Verpflichtungsgefühl, Anspruch [kausale Bedingung]
berichtet mehrfach, daß sie sich schuldig fühle, den Kindern keine gute Mutter zu sein	Schuldgefühle, Selbstentwertung [intervenierende Bedingung]
Im Moment sei sie wenig belastbar, könne sich gar nicht mehr in die Kinder reinversetzen, reagiere überempfindlich und aggressiv auf sie.	Überlastung, Unvermögen, Verständnis aufzubringen [Konsequenzen]
das erste Kind habe sie so durchgezwungen (ihr Mann habe jedoch keine Kinder haben wollen, denke, Frauen sehen häßlich aus nach der Geburt)	Behauptung [Strategie, Taktik]
die Patientin wirft ihrem Mann vor, damals leichtsinnig gehandelt zu haben, sie hätten unter dem Existenzminimum leben müssen und sie habe damals wieder arbeiten gehen müssen	Vorwurf, Klage, Beschuldigung [Strategie]
sie wolle die Nachtschicht nicht aufgeben, aus dem Gefühl heraus, daß an ihr die Verantwortung hänge	Übernahme der finanziellen Versorgung [Strategie], Verpflichtungsgefühl [Bedingung]
sie habe nie gelernt, sich anderen mitzuteilen, ihr Mann sei aber auch nicht interessiert, er habe sie in die Krankheit reinfallen lassen, merke nicht, daß sie einen inneren Krieg führe	Unvermögen, sich anzuvertrauen [kausale Bedingung] Vorwurf, Beschwerde [Strategie]
trotz der Vorwürfe an den Mann ziehe sie keine Konsequenzen und trenne sich nicht	Vermeidung, Zurücknahme [Strategie]
manchmal denke sie schon, daß es ihr besser gehen würde, wenn sie einfach abhauen würde	Wunsch nach Abgrenzung [intervenierende Bedingung]
Aber eigentlich habe sie dazu keinen Grund. Ihr Mann trinke nicht, schlage die Kinder nicht, etc. Auch fühle sie sich ja mitschuldig.	Zurücknahme, Vermeidung, Rationalisierung, Selbstvorwürfe [Strategien, Taktiken]
So sei sie immer nur hilflos statt wütend.	Vermeidung von Aggressionen [Strategie]
Sie habe ihn [Mann] eigentlich nie haben wollen,	Ablehnung, Entwertung [kausale Bedingung]
das hätte sie nicht machen sollen,	Selbstvorwurf [Strategie]
ihr Mann werde ihren Erwartungen nicht gerecht, in Situationen, wo sie ihn brauche, müsse sie sich alleine durchschlagen	Enttäuschung [intervenierende Bedingung], Vorwurf [Strategie]

Faßt man die einzelnen Kodes zusammen und verbindet sie miteinander, kann folgende Kern-aussage über die Beziehungsgestaltung formuliert werden:

Vordergründig bestimmend in der Beziehung der Patientin zu ihren Kindern ist ein starkes *Verantwortungs- und Verpflichtungsgefühl* mit einem hohen *Anspruch* an sich selbst [kausale Bedingungen], verbunden mit einer ängstlichen Gewißheit, diesem Anspruch *nicht gerecht werden zu können*, worauf sie mit *ausgeprägten Schuldgefühlen* [intervenierende Bedingung] reagiert.

Die Patientin fühlt sich *überfordert*, gerät in eine *Krise* und ist durch ihre Symptomatik (Depression, Sucht) noch weniger in der Lage, ihren Ansprüchen gerecht zu werden [Konsequenzen]. Dieser Umstand führt wiederum zu einer Intensivierung der *Schuldgefühle* [intervenierende Bedingung] und zu einer verstärkten Bereitschaft zu Selbstvorwürfen und Selbstentwertungen [Strategie].

In der Beziehung zu ihrem Mann werden erhebliche Konflikte deutlich. Die *Enttäuschung* [kausale Bedingung] der Patientin und ihre Wut kommen durch die indirekte *Vorwürflichkeit* und Entwertung [Strategie] zum Ausdruck.

Aggressive Gefühle hält die Patientin zurück und richtet diese gegen sich selbst (Selbst-vorwürfe, Selbstentwertung, *Selbstschädigung*) [Strategien und Taktiken]. *Trennungsimpulse* [intervenierende Bedingung] werden ebenfalls zurückgenommen [Strategie], eine offene *Auseinandersetzung wird vermieden* [Strategie].

Die Darstellung dieser Beziehungsstrukturen kann wie folgt in einem Flußdiagramm veranschaulicht werden. Die Kennzeichnung von Bedingungen, Strategien und Taktiken sowie Konsequenzen geschieht dabei folgendermaßen:

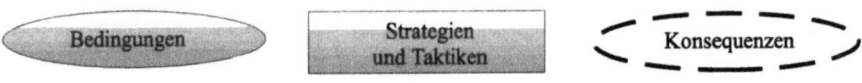

Abb. 5: Flußdiagramme Beziehungsgestaltung: Legende

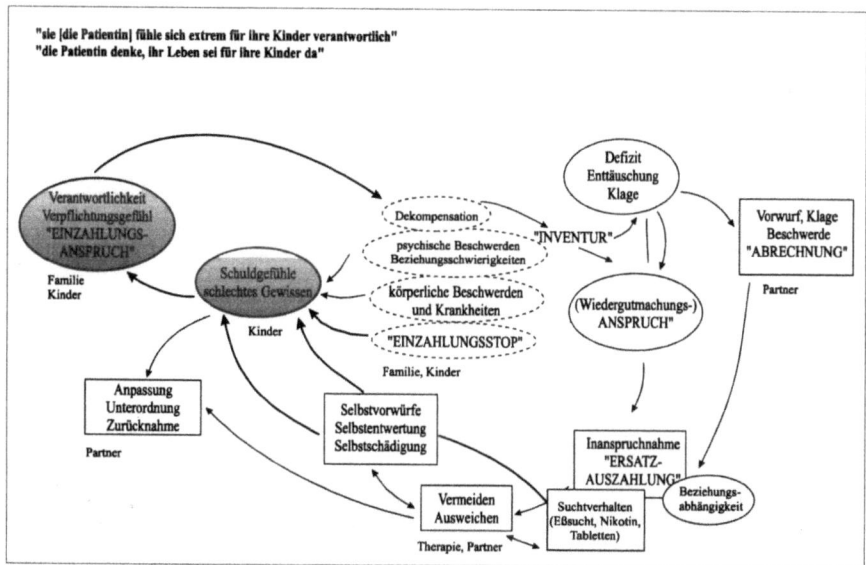

Abb. 6: Flußdiagramm Beziehungsgestaltung Fallbeispiel 25

Die Ergebnisse der Einzelfallauswertung aller übrigen 30 Interviewprotokolle werden ebenfalls in Form von Flußdiagrammen dargestellt. Die Flußbilder veranschaulichen die aktuelle Beziehungsgestaltung. Durch die schematische Darstellung erfolgt eine Vereinfachung und Zusammenfassung der Aussagen sowie eine Konzentration auf wesentliche Inhalte. Dies erleichtert bei der weiteren Auswertung einen Vergleich der Fälle untereinander.

Aus Platzgründen muß auf die Abbildung der gesamten 31 Flußdiagramme verzichtet werden. Eine Auswahl von 6 Fallbeispielen wird in den Anhang aufgenommen.

5 ERGEBNIS DER EINZELFALLAUSWERTUNG

An dieser Stelle der Einzelfallauswertung stellt sich die Frage nach dem Vorhandensein von einem oder mehreren Beziehungsmustern in dem Sample. Auf der Suche nach regelhaft auftretenden Strukturen über die Einzelfälle hinweg werden die soeben vorgestellten Beziehungsfiguren der 31 Fälle miteinander verglichen.

Hierbei wird die Methode der *Fallkontrastierung* nach Gerhardt (1986) angewandt, bei der Einzelfallrekonstruktionen nach dem Prinzip maximaler und minimaler Kontrastierung miteinander verglichen werden. Dieses Arbeitsverfahren entspricht im wesentlichen dem Vorgehen beim *theoretical sampling*. Als Ergebnis erhält man (a. a. O., S. 69) ein „Bild der relativen Ähnlichkeiten und Verschiedenheiten des Fallmaterials".

Durch das kontrastierende Fallvergleichen kristallisieren sich schließlich *vier Muster* der Beziehungsgestaltung heraus:

Beziehungsmuster A: **'Abhängigkeit-Inanspruchnahme'** (passiv-selbst)
Beziehungsmuster B: **'Verpflichtung-Bemühung'** (aktiv-andere)
Beziehungsmuster C: **'Anpassung-Zurücknahme'** (passiv-andere/selbst)
Beziehungsmuster D: **'Distanzierung-Zurückweisung'** (aktiv-selbst)

Bei diesen vier Beziehungsmustern läßt sich ein grundsätzlich *aktiver* von einem *passiven* Modus der Beziehungsgestaltung unterscheiden (vgl. Kapitel 4.5.2). Die Abbildung gibt einen Überblick über die Zuordnung der vier Beziehungsmuster zu diesen beiden Modi.

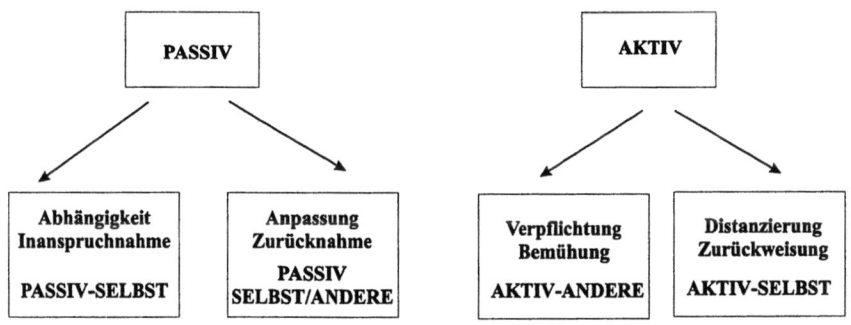

Abb. 7: Überblick Beziehungsmuster

Für jedes Beziehungsmuster werden nach folgenden zentralen Merkmalen *Zuordnungskriterien* bestimmt:

- Umgang mit Bedürfnissen, Bedürftigkeit
- Übernahme von Verantwortung, Zuständigkeit
- Erwartungen, Ansprüche

Es folgt nun die Erläuterung der vier Beziehungsmuster, die Aufstellung der Zuordnungskriterien sowie eine Illustration der Muster anhand von Einzelfalldarstellungen.

5.1 Beziehungsmuster A: 'Abhängigkeit-Inanspruchnahme' (Passiv/Selbst)

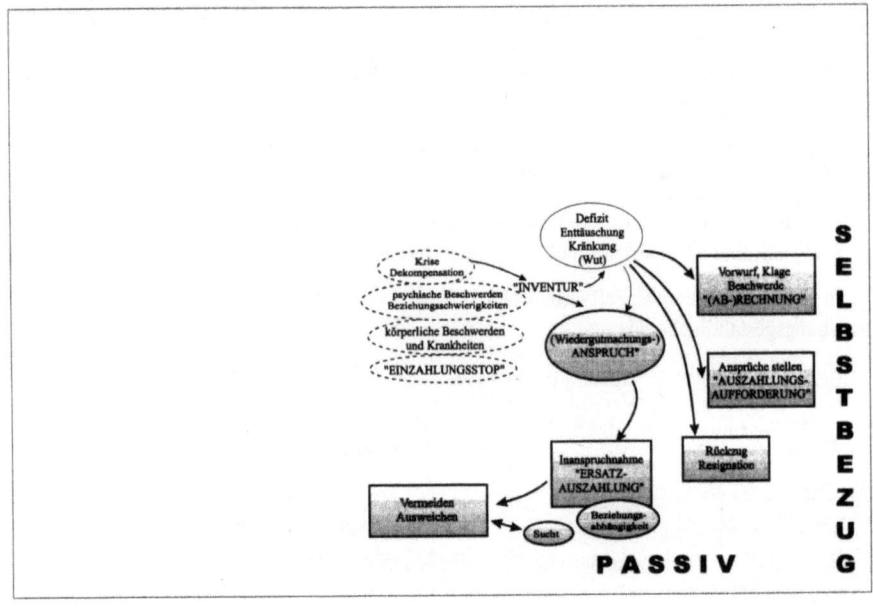

Abb. 8: Beziehungsmuster A: 'Abhängigkeit-Inanspruchnahme' (passiv/selbst)

Charakteristisch ist der passive Modus der Beziehungsaufnahme und -gestaltung. Die Patienten übernehmen weder für sich noch für andere Verantwortung, d. h. sie befinden sich in einer sehr unselbständigen, kindlich-regressiven und abhängigen Position. Selber erleben sie sich als ' hilflos, schwach und bedürftig, die anderen als stärker und in der Lage zu geben. Abhängig davon, inwieweit sich die Patienten bezüglich ihrer eigenen Bedürftigkeit berechtigt fühlen, werden die oft enormen Ansprüche an eine Versorgung und Schonung durch die Objekte offen, fordernd und direkt gestellt oder mehr indirekt vermittelt. Eine Einfühlung in die Objekte gelingt nur sehr begrenzt. Dem Gegenüber können eine eigene Bedürftigkeit und Schwäche kaum zugestanden werden. Die Patienten sind mit ihrer **Wahrnehmung** stark auf **versagende Beziehungsangebote** der anderen ausgerichtet. Auf eine erlebte Versagung durch die Objekte reagieren sie mit starker **Enttäuschung** und dem Gefühl, benachteiligt und zu kurz gekommen zu sein. Die Enttäuschung bringen sie entweder direkt, sich offen beschwerend, andere anklagend zum Ausdruck oder indirekt, passiv-vorwurfsvoll.

Infolge der abgegebenen Eigenverantwortung und Initiative sind die Patienten in starkem Maße „von anderen oder anderem" abhängig, d. h. es zeigt sich eine **ausgeprägte (orale) Bedürftigkeit** und Suchtstruktur. Die **Abhängigkeit** manifestiert sich in **süchtigen Verhaltensweisen** oder in Form einer real-praktischen oder emotionalen **Beziehungsabhängigkeit**. Bei emotional

tensweisen oder in Form einer real-praktischen oder emotionalen **Beziehungsabhängigkeit**. Bei emotional stark abhängigen Patienten führt dies zu einer sehr engen und Konflikt vermeidenden Bindung an die Objekte und zu möglicherweise existentiell erlebten Verlustängsten. Suchttendenzen zeigen sich häufiger auch in gestörtem Eßverhalten (Bulimie). Dieses wird teilweise von der Patientin selbst oder durch den Therapeuten explizit als „Sucht" bezeichnet.

Das oft betont **funktional auf Versorgung** ausgerichtete Beziehungsarrangement zeichnet sich durch eine stark asymmetrische, ungleiche und starre Verteilung der Rollen aus. In den Beziehungen sorgen sich andere, häufig die Eltern, um die Bedürfnisse der Patienten und übernehmen die Verantwortung für diese. Die Patienten nehmen die Angebote mit einer anspruchlichen, konsumierenden Haltung entgegen. Daraus resultiert ein beträchtlicher Krankheitsgewinn. Die Patienten sind dennoch stark enttäuscht und unzufrieden.

Häufig findet sich bei diesen Patienten eine **Aggressionshemmung**. Es wird vermieden, Ärger, Wut und Haß offen in der Beziehung zum Ausdruck zu bringen, Gefühle, die v.a. auch aufgrund der enormen Abhängigkeit und Angewiesenheit auf die Objekte vorhanden seien müssen. Oft ist bei diesen Patienten bereits die Wahrnehmung dieser potentiell die Beziehung gefährdenden Gefühle in starkem Maße eingeschränkt. Die aggressiven Impulse werden selbstdestruktiv (Sucht, Selbstentwertung) verarbeitet oder sehr häufig durch ein passiv-aggressives Verhalten beim Gegenüber untergebracht.

ZUORDNUNGSKRITERIEN

- passiver Modus der Einflußnahme in der Beziehung
- keine Eigenverantwortung, andere sind zuständig
- keine Übernahme von Verantwortung für andere
- Initiative, Verantwortung und Schuld werden an andere abgegeben
- hoher Anspruch an andere (offene Forderungen, passive Erwartungshaltung)
- starke Bedürftigkeit, Abhängigkeit, Unselbständigkeit, Hilflosigkeit und Angewiesensein auf andere
- Aufgabe/Verleugnung des Bedürfnisses nach Selbständigkeit, Selbstbestimmung und Unabhängigkeit
- Versorgungsleistungen anderer werden in Anspruch genommen, Schuld- oder Verpflichtungsgefühle spielen dabei keine/eine untergeordnete Rolle
- Beziehungsabhängigkeit und/oder Suchtmittelabhängigkeit
- Bedürfnisse anderer werden kaum wahrgenommen bzw. es wird mit Unverständnis reagiert

• *Fallbeispiel, F 7, Herr W. (graphische Darstellung s. Anhang)*

Der 23-jährige Patient kommt vermittelt über seinen Stiefvater. Dieser hatte sich in der Ambulanz kundig gemacht, ob der Stiefsohn vorbeikommen könne, und ihn vorangemeldet. Bereits in dieser Eingangssequenz wird deutlich, was sich in späteren Episoden wiederholt. *Andere übernehmen für den Patienten die Initiative*, wollen ihn unterstützen, ihn zu etwas bringen. Das Anliegen des Patienten bleibt dahinter unklar. So „weiß er gar nicht, ob er [mit dem Therapeuten] mitkommen soll", als dieser ihn im Wartezimmer abholt.

Beschwerden: Der Patient leidet seit einem unverschuldeten Verkehrsunfall unter einer Schmerzsymptomatik und Schwindelzuständen. Er sei damals mit „ein paar Kumpels ins Dorf einen trinken gegangen und habe sich ziemlich vollaufen lassen". Als er an der Theke fast eingeschlafenen sei, hätten ihn zwei seiner Freunde ins Auto geladen und nach Hause fahren wollen. Darauf folgte der vom Freund verursachte Unfall. „Seinem Kumpel hätte er keine Vorwürfe machen können, es sei nun mal halt passiert, hätte viel schlimmer ausgehen können". In der gesamten Szene zeigt sich das extrem *passive, vermeidende Verhalten* des Patienten, der jegliche Verantwortung anderen überläßt.

Auch in seiner *jetzigen Lebenssituation* spiegelt sich dies wider: Der Patient lebt bei seinen Eltern, d. h. bei seiner Mutter und dem Stiefvater, den der Patient mit 5 Jahren „bekommen habe" und der, wie zuvor sein *Vater, ein gewalttätiger Alkoholiker* ist. Seit dem Unfall „hängt er nur noch zu Hause rum" und ist krank geschrieben. Er „wolle die Krankheit ja nicht ausnützen, im Gegenteil, jedoch möchte er mit den Schmerzen nicht arbeiten, das mache ihm keinen Spaß". Der Therapeut spricht den Patienten auf eventuell bestehende Rententendenzen an. An dieser Stelle reflektiert er wiederholt seine aggressive Gegenübertragung auf das passive Beziehungsangebot des Patienten.

Die *regressive Entwicklung* des Patienten begann lange vor dem Unfall. Dieser fungiert also weniger als ein Auslöser denn als eine zusätzliche Rechtfertigung. So stagnierte die berufliche Entwicklung bereits in der Schule, aus der der Patient wegen eines Konflikts mit dem Lehrer noch vor dem Hauptschulabschluß abgegangen ist. Er ist danach als Gelegenheitsarbeiter tätig. Die Anstrengung einer Ausbildung wolle er nicht auf sich nehmen, „da er einerseits zu faul sei und andererseits nicht mit einem kleinen Gehalt auskommen möchte". Auch hier sind es wieder die anderen, die den Versuch unternehmen, ihn für eine Ausbildung zu motivieren, „ihn häufig darauf ansprechen, doch noch mal etwas zu lernen".

Ähnlich liegen die Verhältnisse bezüglich der beginnenden *Alkoholproblematik* des Patienten. Nach der Entzugsbehandlung des Stiefvaters paßt dieser nun auf den Patienten auf, ist „arg hinterher", daß der Patient nicht trinkt. Der beginnende Alkoholismus stellt für den Patienten kein Problem dar: „er könne einfach nicht nein sagen" und „alkoholgefährdet sei er doch nur, wenn er schon morgens anfangen würde!". Bisher machen sich andere Gedanken, so der Stiefvater, der ihn in die Ambulanz schickt, als auch der Therapeut, der den Patienten mit seinem Suchtproblem und seiner *geringen Krankheitseinsicht* konfrontiert.

Äußerst knapp und ohne nähere Erläuterung stellt der Therapeut zum Schluß die Indikation zu einer verhaltenstherapeutischen Behandlung und gibt dem Patienten einen Hinweis auf das Blaue Kreuz und die Anonymen Alkoholiker.

Bezieht man die Interpretationen und Beurteilungen des Therapeuten ein, handelt es sich, zusammengefaßt um eine passiv-aggressive Beziehungsdynamik. In den Beziehungen des Patienten übernehmen *andere für ihn die Initiative und Verantwortung.* Die beginnende Alkoholproblematik und die regressive Entwicklung des Patienten beurteilt der Therapeut als Identifikationsversuch mit dem Vater über das Symptom (gleiche Entwicklung: Alkoholabhängigkeit, keine Ausbildung, Arbeitsunfähigkeit, auf andere angewiesen sein). Weiterhin kommt in der Symptomatik der unbewußte *Appell des Patienten an Wiedergutmachung* zum Ausdruck. Aggressive Impulse gegen den Vater werden konsequent vermieden. Diese sind in der engen, abhängigen Beziehung zum Vater gebunden, der nun für den pflegebedürftigen Sohn aufkommen muß. Der Patient *nimmt die Versorgung in Anspruch*, hat somit einen hohen Krankheitsgewinn, einen geringen Leidensdruck und demzufolge zu diesem Zeitpunkt auch keine erkennbare Motivation zu einer Veränderung (Therapie).

5.2 BEZIEHUNGSMUSTER B: 'VERPFLICHTUNG-BEMÜHUNG' (AKTIV/ANDERE)

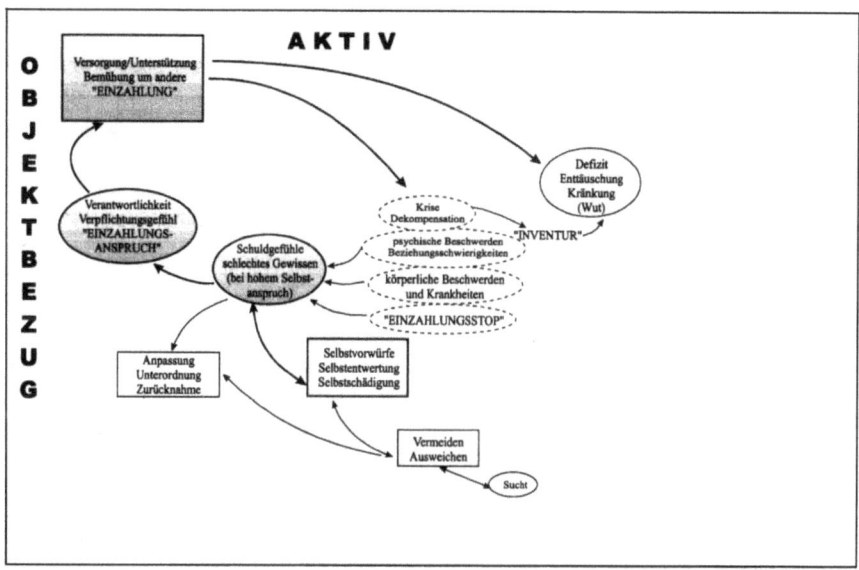

Abb. 9: Beziehungsmuster B: 'Verpflichtung-Bemühung' (aktiv/andere)

Patienten mit diesem Beziehungsmuster nehmen in ihren Beziehungen aktiv-gestaltend Einfluß. Sie übernehmen oft in übergroßem Maße Verantwortung für andere Personen und fühlen sich verpflichtet, sich nach deren Belangen und Interessen zu richten. Das führt dazu, daß sie enorme Energien und Anstrengungen aufbringen und mit großem Einsatz zur Versorgung und Unterstützung von Angehörigen und Freunden beitragen. Dabei überschätzen sie ihre eigenen Kräfte, was langfristig zu einer Überforderung und krisenhaften Dekompensation führen kann. In diesem Stadium wenden sich die Patienten oft mit einer depressiven oder psychosomatischen Symptomatik an ihren Arzt.

Im noch kompensierten Stadium sind diese Patienten stark und leistungsfähig. Sie *nehmen sich mit eigenen Wünschen zurück* und demonstrieren nach außen oft eine enorme Bedürfnislosigkeit und Stärke. Die stellvertretend übernommene Sorge um die Bedürfnisse der anderen kann als altruistische Bewältigungsstrategie bezeichnet werden. Die andere Personen werden als schwach, hilfsbedürftig und unselbständig wahrgenommen. Die Patienten entwickeln die Vorstellung, daß ausschließlich sie in der Lage sind, die Verantwortung zu übernehmen. Hier wird eine enorme Selbstüberschätzung deutlich. Aus der Übernahme dieser zwar belastenden, aber zugleich auch starken und mächtigen Position resultierte ein Gewinn, der nur für wenige Patienten erkennbar ist.

Die Regulation der Beziehung erfolgt in besonderem Maße über das (schlechte) Gewissen und die permanenten Schuldgefühle dieser Patienten. Die enormen Selbstansprüche bringen eine ständige Unzufriedenheit, innere Unruhe und Angst nicht zu genügen mit sich. Entwickeln die Patienten daraufhin körperliche oder psychische Symptome, die mit einer Einschränkung ihrer Leistungsfähigkeit verbunden sind, reagieren sie erneut mit Schuldgefühlen, Selbstvorwürfen und Selbstzweifeln. Eine gleiche Reaktion zeigt sich, wenn diese Patienten mit ihrer eigenen Bedürftigkeit in Kontakt kommen.

Die Bereitschaft, Schuld zu übernehmen, und die Tendenz, aggressive Impulse autodestruktiv zu verarbeiten, ist stark ausgeprägt. Die aufopfernde Bemühung um andere kann einen masochistischen, fast märtyrerhaften Charakter annehmen.

Wenn der Einsatz für andere schließlich zu Überforderung und Überlastung führt, ziehen einige der Patienten Bilanz. Sie stellen dann mit großer *Enttäuschung* die Einseitigkeit ihrer Bemühungen fest. Das Resümee ist schmerzlich, was die Patienten jedoch nach außen oft nicht zeigen. Können sie darüber sprechen, treten sonst nie geäußerte Erwartungen und Ansprüche an andere zutage. Durch die eigene Erkrankung können eine Hilfsbedürftigkeit und Verletzlichkeit deutlich werden, die bisher nur bei anderen erlebt und „behandelt" wurden. Meist kommen sie jedoch getarnt durch Klagen und Vorwürfe zum Ausdruck, die die enttäuschten Patienten an ihre Ärzte richten. Das Hervorbringen dieser Klagen und Vorwürfe kann an sich schon Befriedigungscharakter haben und damit ursächlich für den oft vorhandenen Krankheitsgewinn verantwortlich sein.

Die Zurückhaltung nach außen und der aufopferungsvolle Verzicht steht bei einigen Patienten in krassem Gegensatz zu den im verborgenen mit erheblichen Schuld- und Schamgefühlen gelebten süchtigen Verhaltensweisen. An dieser Stelle macht sich eine Dekompensation der altruistischen Bewältigung bemerkbar. Es werden dann auch bei diesen Patienten bedürftige und abhängige Seiten sichtbar.

Hinsichtlich des Umgangs mit Konflikten und Enttäuschungen kristallisieren sich zwei Untermuster heraus: Bei einem Teil der Patienten erscheint alles festgefahren und aussichtslos. Diese Patienten sind im Schnitt älter und haben teilweise mehrere vergebliche Therapieversuche hinter sich. Sie halten an einer Vorwurfshaltung fest und beklagen das erfahrene Unrecht. Dieses Verhalten kann zu einer engen (Haß-)Bindung an die „Angeklagten" (Eltern) führen. Der Anspruch auf „Wiedergutmachung" wird stellvertretend (für die Eltern) auch an anderer Stelle (Ärzte, Therapeuten) erhoben. Der andere Teil der Patienten ist trotz der inneren Schwierigkeiten und Schuldgefühle aktiver um eine Veränderung der eigenen Situation bemüht. Diese meist noch jüngeren Patienten unternehmen z. B. Schritte, sich gegenüber den Eltern abzugrenzen und einen eigenen Weg zu gehen. An dieser Stelle entwickeln sie oft ihre Symptomatik.

ZUORDNUNGSKRITERIEN

- aktiver Modus der Einflußnahme in der Sorge und Bemühung um andere
- Übernahme von Verantwortlichkeit und Zuständigkeit für andere
- Abwehr der eigenen Bedürftigkeit (schuldgefühlshafte Reaktionen bezüglich der eigenen Bedürftigkeit)

- Aufgabe/Verleugnung des Bedürfnisses nach Versorgung und Unterstützung durch andere, Abhängigkeit
- stark auf Bedürfnisse der anderen ausgerichtet; diese werden befriedigt
- sehr hoher Anspruch an sich selbst (Schuldgefühle bei Abgrenzung, Selbstvorwürfe bei Ungenügen)
- hoher Anspruch an andere (ist verdeckt, Vorwürflichkeit)

Fallbeispiel, F 28, Frau F. (graphische Darstellung s. Anhang)

Die 34-jährige, große, massiv adipöse Frau F. wirkt zunächst introspektionsfähig und um ihre Konflikte wissend. Im Verlauf des Gesprächs wird der Therapeutin jedoch bewußt, daß die Patientin diese Fähigkeit in der Vergangenheit *nicht* für eine *Veränderung* ihrer Situation nutzen konnte. Auf eine nicht unfreundliche Weise erlebt sie die Patientin fordernd. Die Beendigung des Gesprächs ist erst nach einer energischen Intervention der Therapeutin möglich. Die Schwierigkeiten der Patientin bei der *Wahrnehmung und Einhaltung von Grenzen* werden deutlich.

Im Vordergrund der *Beschwerden* von Frau F. stehen körperliche Symptome wie Schwindel, Atemnot, Herzrasen und Bluthochdruck. Diese sind zum Teil auf die massive Adipositas der Patientin zurückzuführen, die sie in den letzten Jahren entwickelt hat. Daneben leidet die Patientin immer wieder unter depressiven Verstimmungen mit Ängsten, es nicht mehr zu schaffen, ihre Situation nicht mehr bewältigen zu können. Sowohl gegen die somatischen als auch gegen die psychischen Beschwerden nimmt die Patientin eine Reihe von Medikamenten ein, u. a. seit 4 Jahren Benzodiazepine.

Über die *Beziehungserfahrungen* der Patientin in ihrer Kindheit wird in dem Bericht nur knapp und wenig anschaulich berichtet. Die Therapeutin charakterisiert die Familiengeschichte zusammenfassend als einzige Katastrophe. Die Art der Patientin, über ihre Erfahrungen zu sprechen, indem sie z. B. den *brutalen Alkoholikervater* als sonst herzensguten Mann beschreibt, bezeichnet die Therapeutin als fatal. Die Patientin habe sich damals immer vor die Mutter gestellt und diese vor dem eifersüchtigen, gewalttätigen Ehemann geschützt. Die Patientin „sei in diesem Zusammenhang auch selber von ihrem Vater gewürgt worden". Von der Mutter konnte Frau F. keinen Schutz erwarten, da diese wegen eigener Überforderung und Hilflosigkeit nicht zur Verfügung stand. So sei die Patientin „immer für die Sorgen der Mutter dagewesen".

In der *Beziehung zu den Eltern heute* ergibt sich ein ähnliches Bild. Die Patientin kümmert sich weiterhin um die kranke, „völlig fertige" Mutter. Zusätzlich hat sie nun noch die Pflege des krebskranken Vaters übernommen. Auf die Frage der Therapeutin nach den Geschwistern antwortet die Patientin, daß „es klar sei, daß nur sie sich um die Eltern kümmern könne, da die beiden anderen dazu gar nicht in der Lage seien". Die jüngere Schwester habe gerade eine Scheidung hinter sich, Bluthochdruck und eine Anorexie. Die ältere Schwester sei zum dritten Mal mit einem Alkoholiker verheiratet.

Frau F. klagt über die Belastungen, die mit der *Übernahme ihrer „Helferrolle"* verbunden sind. Daneben stellt sie fest: „sie könne auch nie nein sagen, fühle sich vielleicht in verantwortlichen und hilfreichen Situationen ganz wohl". Dies spiegelt sich in ihrem beruflichen Werdegang wider. Frau F. absolvierte eine Ausbildung zur Heilerziehungspflegerin und hatte danach eine Anstellung in einem Altenheim. In ihrem derzeitigen Betätigungsfeld in einer geriatrischen Klinik sei sie „quasi als Therapeutin eingestellt".

So wie die ältere Schwester ist auch die Patientin ihre erste Ehe mit einem massiv *alkoholabhängigen, gewalttätigen Mann* eingegangen, obwohl sie „doch immer vorgehabt habe, nie einen Alkoholiker zu heiraten". Aus dieser Ehe konnte sie sich überraschenderweise jedoch lösen.

Zusammenfassend beurteilt die Therapeutin: Die Patientin hat bereits in ihrer Kindheit (i. S. einer Parentifizierung) den verantwortungsvollen Part in der Familie übernommen, da beide Eltern dazu nicht in der Lage waren. So hat sie frühzeitig gelernt, für die Bedürfnisse anderer zu sorgen und ihre eigene Bedürftigkeit zurückzustellen bzw. altruistisch an andere abzutreten. Bis zur Trennung von ihrem Alkoholikerehemann war dieses Beziehungsarrangement weitgehend stabil. Nach Einschätzung der Therapeutin hatte diese Ehe für die Patientin eine aggressionsbindende Funktion. Durch die Scheidung ist sie jedoch aus ihrer co-abhängigen Rolle ausgestiegen. Seither werden ihre eigenen Defizite und „oralsüchtigen" Seiten (massive Adipositas, Benzodiazepin- und Nikotinabusus) immer offensichtlicher. Mit Blick auf die extreme gesundheitliche Gefährdung beurteilt die Therapeutin das *Suchtverhalten* als ausgesprochen selbstdestruktiv, beinahe parasuizidal.

In Anbetracht des schlechten körperlichen Gesundheitszustandes hält die Therapeutin vorrangig eine stationäre verhaltenstherapeutische Behandlung für indiziert.

5.3 BEZIEHUNGSMUSTER C: 'ANPASSUNG-ZURÜCKNAHME' (PASSIV/ANDERE/SELBST)

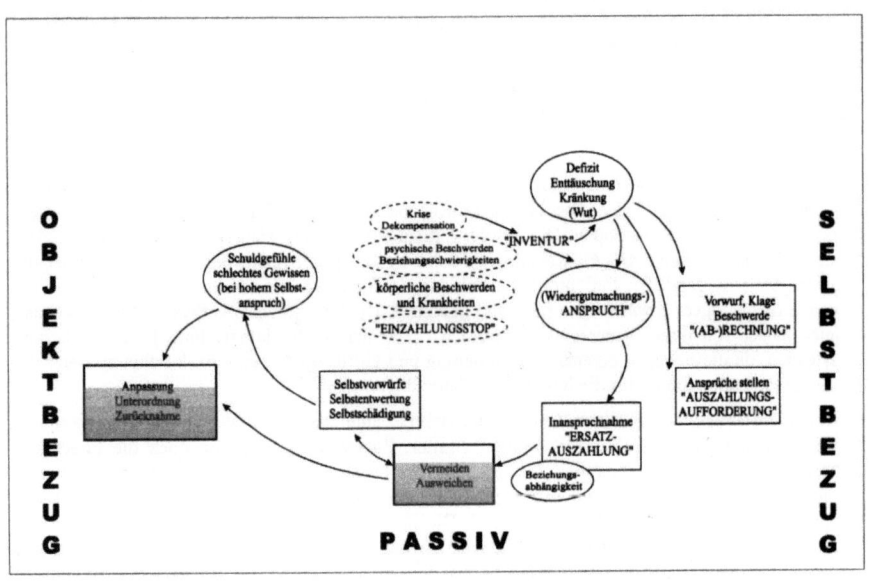

Abb. 10: Beziehungsmuster C: 'Anpassung-Zurücknahme' (passiv/andere/selbst)

Dieses Beziehungsmuster ist wie das Muster A 'Abhängigkeit-Inanspruchnahme' durch einen **passiven Modus** der **Einflußnahme** in der Beziehung gekennzeichnet. Im Vordergrund steht die **Zurücknahme** und **zurückhaltende Äußerung** von **Bedürfnissen, Gefühlen** und **Impulsen**. Die Patienten vermeiden offene Konflikte und Auseinandersetzungen aus einer übergroßen Angst heraus, die Beziehung dadurch zu gefährden. Sich selbst erleben sie häufig als ohnmächtig, hilflos und ausgeliefert. Sie **ordnen** sich den **Wünschen und Vorstellungen des Gegenübers unter.** Dadurch büßen sie ihre Fähigkeit zur Selbstbestimmung und Abgrenzung gegen andere ein bzw. können diese gar nicht erst ausbilden. Dies wiederum führt zu einem

geringen Selbstbewußtsein und geringer Selbstachtung. Das Gegenüber wird idealisierend als stark und mächtig wahrgenommen oder auch als versagend, bösartig und aggressiv erlebt. Wegen der eigenen Unterordnung unter andere empfinden die Patienten häufig Haß und Wut gegen diese Personen. Diese aggressiven Impulse werden aber nicht offen geäußert, sondern gegen die eigene Person gerichtet, passiv-aggressiv ausagiert oder projektiv im Gegenüber untergebracht. Die Übernahme von Verantwortung lehnen sie ab. Die Patienten erleben sich „unschuldig" und in einer Opferposition, wobei sie Beschuldigungen und Vorwürfe gegen andere richten.

Insgesamt scheinen diese Patienten autonomer zu sein als die Patienten mit dem bereits dargestellten Abhängigkeits-Inanspruchnahme-Beziehungsmuster. Wegen der ausgeprägten Schuldgefühle und der Verlassenheitsängste sowie wegen Ängsten vor Liebesentzug werden autonome Wünsche und Strebungen jedoch häufig zurückgenommen.

ZUORDNUNGSKRITERIEN

* passiver Modus der Einflußnahme in der Beziehung, Vermeidung eigener Initiative
* keine Eigenverantwortlichkeit
* eigene Bedürftigkeit und Abhängigkeit wird erlebt (Selbstvorwürfe, Schuldgefühle)
* Aufgabe/Verleugnung/Zurücknahme des Bedürfnisses nach Eigenständigkeit, Selbstbe-stimmung, Behauptung und Unabhängigkeit
* Anpassung und Unterordnung unter anderem verbunden mit einem schwachen Selbst-wertgefühl, Selbstzweifeln und Ängsten
* sensible Ausrichtung auf andere und deren Bedürfnisse (im Gegensatz zu Gruppe B je-doch passiv, reaktiv)
* Vermeidung von Spannungen, Konflikten, Aggressionen (autoaggressive Tendenzen)

* ***Fallbeispiel, F 14, Frau M.*** *(graphische Darstellung s. Anhang)*

Zuerst fällt dem Therapeuten die leise, affektlose Stimme der 30-jährigen Patientin auf, mit der sie eine Reihe von Geschehnissen berichtet, in denen der Therapeut Empörung oder Auflehnung erwarten würde, die aber nicht zum Ausdruck kommen. Die Patientin beschreibt ihr Erleben in diesen Situationen durch ein Bild, in welchem sie sich als „Kaninchen vor einer Schlange" sieht.

In der reflektierten Art, mit der die Patientin über sich berichtet, wird ihre Therapieerfahrung deutlich. Sie klagt über depressive und ängstliche *Beschwerden* sowie über körperliche Krank-heiten, die sie mit ihrer momentanen psychischen Belastungssituation in Zusammenhang bringt.

Ausführlich wird die *konflikthafte Beziehung* der Patientin zu ihrem verheirateten, 20 Jahre älteren Chef geschildert. Frau M. sieht sich in einer *abhängigen, unterlegenen* Position, in der sie aus einer ständigen Angst heraus, nicht mehr gemocht zu werden, alles mit sich machen läßt und massive Grenzüberschreitungen erlaubt. So läßt sie sich beispielsweise durch ihren Chef „von seinen Liebesbeziehungen bis hin zu den sexuellen Praktiken, die er bevorzugt" berichten, obwohl sie sich selbst dabei sehr gequält fühlt. Bei einer Abgrenzung befürchte sie seine Rache.

Auch in früheren Beziehungen neigte Frau M. dazu, sich *zurückzunehmen* und *anzupassen*. So habe sie beispielsweise Drogen genommen, „weil der Mann, den sie liebte, das auch tat". In einer späteren Beziehung entschied sie sich, „wie ihr Mann eine Zahntechnikerausbildung zu machen".

Darüber hinaus kommt noch eine andere Seite der Patientin zum Vorschein, die ihr selber nicht zugänglich ist. In ihrer Ehebeziehung legte sie sich mehrere Liebhaber zu, verletzte damit ihren Mann, „der ihr deshalb aber nie Vorwürfe gemacht habe".

In der *Beziehung zu den Eltern* darf erst mal *kein* Konflikt sichtbar werden. Frau M. betont das heute gute Verhältnis zu den Eltern, wobei dem Therapeuten auffällt, daß die Patientin nichts Positives von Zuhause zu berichten weiß. Es bleibt unklar, warum sie „heute wieder gerne nach Hause zu den Eltern geht". Vielmehr tauchen „erbärmliche" Bilder von dem *Alkoholikervater* in seinen deliranten Zuständen auf, die die Patientin affektlos beschreibt. Sie schämte sich für den Vater und „habe ihn immer verstecken wollen, damit niemand auf die Idee käme, sie selbst für asozial zu halten". Die Mutter konnte sich früher wegen ihrer Krankheit nur wenig um die Familie kümmern, so daß die Patientin „über viele Jahre den Haushalt geführt habe". Eine Strategie, mit dieser belastenden Situation umzugehen, war, sich „unempfindlich" zu machen, gar keine Gefühle mehr an sich heran zu lassen. So weiß Frau M. auch heute oft nicht, was sie fühlt.

In einem zweiten Gespräch geht es hauptsächlich um das Problem der Patientin, *keine Grenzen* setzen zu können. Die Mutter belaste sie ständig mit ihren Schwierigkeiten. Sie „sei der Mülleimer für andere", welche sich darüber noch lustig machten. Trotzdem sie innerlich empört ist, kann sie sich nicht abgrenzen, „läßt achselzuckend alles mit sich geschehen, hat inzwischen gar nicht mehr das Gefühl, etwas ändern zu können". Ihre Art, Konflikte zu vermeiden, wird in dem Wunsch „am liebsten fortzugehen, einfach zu verschwinden oder sich aufzulösen" deutlich. Auch in der Realität löst sie Auseinandersetzungen häufig durch ihr Weggehen aus der Situation. Auf Versuche, doch ihre Grenzen zu wahren oder sich gegen andere zu behaupten reagiert die Patientin mit massiven Schuldgefühlen und Ängsten, von anderen daraufhin im Stich gelassen zu werden.

In der Beurteilung durch den Therapeuten werden die ausgeprägten Beziehungskonflikte der Patientin hervorgehoben. Er beschreibt die Entwicklung einer resignativen Einstellung, verbunden mit einer extremen *Konflikt- und Aggressionsvermeidung*. In ihren masochistischen Tendenzen sei die Patientin möglicherweise mit der leidenden und leidvollen Seite der Mutter identifiziert. Den gegen die Mutter empfundenen Haß wendet sie gegen die eigene Person. Die enormen Haßgefühle gegenüber dem Alkoholikervater agiert sie dagegen zumindest teilweise in ihren partnerschaftlichen Beziehungen aus. Äußerungen von Aggressionen werden von der Patientin stark schuldhaft erlebt.

Nach Einschätzung des Therapeuten konnte die Patientin in vorangegangenen psychotherapeutischen Behandlungen wichtige Erkenntnisse in die Zusammenhänge ihrer Probleme gewinnen. Sie ist jedoch bisher nicht in der Lage, diese Einsichten für ihr Leben nutzbar zu machen und eine Veränderung herbeizuführen.

5.4 BEZIEHUNGSMUSTER D: 'DISTANZIERUNG-ZURÜCKWEISUNG' (AKTIV/SELBST)

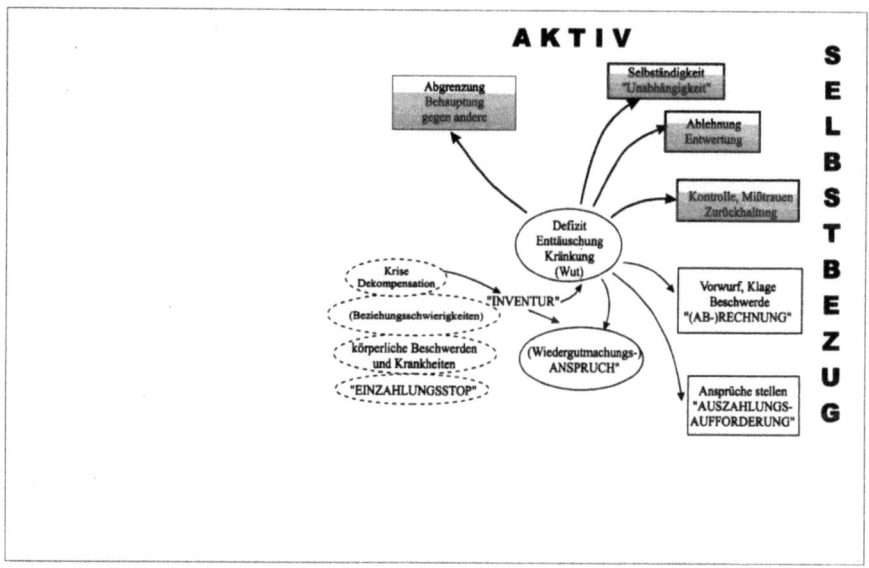

Abb. 11: Beziehungsmuster D: 'Distanzierung-Zurückweisung' (aktiv/selbst)

Dieses Beziehungsmuster läßt sich nur in zwei der untersuchten Fälle finden. Auffällig ist bei diesem Muster insbesondere ein distanziertes, das Gegenüber meidende und zurückweisende Verhalten. Dies spiegelt sich sowohl in der Beziehung zum Therapeuten als auch in den übrigen beschriebenen Beziehungen wider. Die Patienten sind bestrebt, emotional „niemanden an sich ran zu lassen". Sie zeigen sich unabhängig, selbständig und auf niemanden angewiesen. Eine bedürftige oder sehnsüchtige Seite kommt kaum zum Ausdruck. Beim Gegenüber können Beziehungswünsche und Bedürfnisse eher wahrgenommen werden. Diese werden dann aber meist als „Schwäche" entwertet und bekämpft. Die Patienten grenzen sich gegen die Wünsche anderer in starkem Maße ab. In deutlichem Gegensatz zu allen anderen Patienten fühlen sie sich keineswegs für das Gegenüber zuständig oder verpflichtet. Dadurch gelingt diesen Patienten eine konsequente Abgrenzung und Distanzierung zur Ursprungsfamilie, was allen übrigen Patienten nicht möglich war. Allerdings zahlen sie dafür den Preis der Beziehungslosigkeit.

Für auftretende Schwierigkeiten im Kontakt mit anderen Personen werden diese für die Probleme verantwortlich gemacht und beschuldigt. Eigene konflikthafte, eventuell für das Gegenüber belastende Seiten, können die Patienten nicht wahrnehmen. Die Fähigkeit, sich in den Beziehungspartner einzufühlen, ist gering. Bei der emotionalen Distanzierung steht die Vermeidung von zärtlichen und liebevollen Gefühlen im Vordergrund. Eine emotionale Distanz wird auch über die Entwertung der Objekte und Beziehungen aufgebaut. Durch diese teilweise sehr verletzenden Entwertungen drücken die Patienten ihre Aggressionen auf indirekte Weise aus. Genau wie die Patienten mit den bereits beschriebenen Beziehungsmustern gehen auch diese Patienten offenen Auseinandersetzungen aus dem Weg, jedoch sind ihnen aggressive Impulse zugänglicher als den übrigen Patienten. Die Patienten scheinen aggressive Gefühle weniger bedrohlich zu erleben als liebevolle und zärtliche. Dies spiegelt sich in der ablehnenden Haltung gegenüber dem Therapeuten und seinen Beziehungs- und Hilfsangeboten wider. Da die Patienten außerdem einen hohen Krankheitsgewinn haben und kaum ein Leidensdruck spürbar wird, ist verständlich, daß die Patienten kein Anliegen an den Therapeuten bzw. eine therapeutische Behandlung haben.

ZUORDNUNGSKRITERIEN

- aktiver Modus der Einflußnahme in der Beziehung, Initiative in der Abgrenzung, Distanzierung, Zurückweisung und Entwertung anderer
- keine Eigenverantwortung
- Ablehnung einer Verantwortlichkeit und Zuständigkeit für andere, für die Beziehung
- Abwehr der eigenen Bedürftigkeit
- Aufgabe/Verleugnung des Bedürfnisses nach Beziehung, Bindung, Nähe, Abhängigkeit, Versorgung und Unterstützung
- Entwertung und Verachtung von Bedürftigkeit und „Schwäche" bei anderen
- hoher Anspruch an sich selbst (Stärke, Leistung),
- hoher Anspruch an andere (gekränkter Rückzug)

• Fallbeispiel, F 11, Herr D. (graphische Darstellung s. Anhang)

Der schmächtige, um einiges jünger wirkende 38-jährige Patient erscheint zum zweiten Mal in der Ambulanz. An die Vorgänge des 10 Jahre zurückliegenden Erstkontakts kann sich Herr D. nicht mehr erinnern. Ihm wurde damals das Angebot einer stationären Behandlung in der hiesigen Klinik gemacht. Der Patient meldete sich daraufhin nicht wieder.

Beschwerden: Seit etwa 12 Jahren belasten den Patienten eine „übergroße Grundnervosität", innere Unruhezustände und Spannungen. „In Gesellschaft gehe es ihm schnell auf die Nerven". Er sei ungeduldig und vor allem mit seiner beruflichen Situation unzufrieden. „Relativ zu seinen Ansprüchen habe er wenig erreicht, ... vielleicht müsse man raffinierter und gewitzter sein". Daneben leidet der Patient unter einer mittlerweile chronifizierten funktionellen Abdominalsymptomatik.

Im Gegensatz zu allen übrigen Protokollen steht in diesem Bericht - und für den Patienten sehr belastend - die Unzufriedenheit mit der beruflichen Situation an erster Stelle. Die Thematisierung der partnerschaftlichen Beziehung verschwindet dahinter nahezu.

Herr D. ist Polizeihauptwachmeister im Wirtschaftskontrolldienst. Im Bericht wird ausführlich über die von ihm *unbefriedigend erlebte berufliche Entwicklung*, seine gescheiterten Karriereabsichten und die entsprechend schlechten Verdienstmöglichkeiten gesprochen, „über die er sich ohne Ende aufrege". Er illustriert Positionen, an welchen er sich heute befinden könnte, hätten andere ihm keine Steine in den Weg gelegt. Ein gewaltiger Vorwurf kommt zum Ausdruck. Sein „Scheitern" führt er ausschließlich auf die mangelnde Förderung und die „unverschämte Ablehnung" durch die Vorgesetzten zurück. Herr D. beschwert sich über einzelne Kollegen und Vorgesetzte in einer sehr entwertenden Weise. *Eigene Nachlässigkeiten und Versäumnisse sind ihm nicht zugänglich.*

In der *Beziehung zu seinen Eltern* und seinem Bruder betont er die *Distanz*: „Er möchte mit seiner Familie heute nichts mehr zu tun haben und von ihnen in keiner Weise beeinflußt werden." Die

Familienmitglieder werden stark *entwertet* und als unselbständig und bedürftig charakterisiert. Seine Mutter und sein Bruder wendeten „sich immer hilfesuchend wegen seiner Fähigkeiten insbesondere im Steuerbereich an ihn". Diese „kriegten jedoch nie die Papiere zusammen, seien naiv, blauäugig, klagten nur, das rege ihn auf". Als Konsequenz daraus meidet er die Eltern und den Bruder weitgehend. „Er habe keine Lust mehr, sich um die Eltern zu kümmern, sie seien ihm früher auch keine Hilfe gewesen."

Die *Situation „früher"* in seiner Kindheit ist gekennzeichnet durch karge, beengte und konflikt-reiche Verhältnisse. Bedingt ist dies v.a. durch die *Alkoholsucht des Fernfahrervaters*, der gewalt-tätig ist und die Kinder sowie seine Frau schlug. Damals ergriff der Patient zusammen mit seinem Bruder die Partei der Mutter. Die Mutter wird vom Patienten als schwach, „unselbständig, bieder und naiv" beschrieben. Wegen der mangelnden Unterstützung durch die Eltern mußte der Patient früh alles alleine entscheiden.

Blaß bleibt das Bild von der *eigenen familiäre Situation* des Patienten. Herr D. ist verheiratet und hat zwei Kinder, 6 und 8 Jahre alt. Die Wünsche seiner Ehefrau nach mehr Gemeinsamkeit beein-drucken ihn wenig. „Er gehe nur in seinen Fußballverein", so daß die Frau dann alleine ausgehen müsse.

Im Moment hat der Patient durch die infolge seiner Krankschreibung bedingte Entlastung von einem „ihm zu arbeitsintensiv erscheinenden Fall" einen *deutlichen Krankheitsgewinn*. „Ein Lei-densdruck besteht offenbar kaum". Der Patient „wirkt trotz seiner chronifizierten Symptomatik wenig gequält". Der Therapeutin bleibt der Grund seines Kommens undurchsichtig, auch äußert sie den Verdacht, daß es um eine Berufsunfähigkeit gehen könnte. In einem zweiten Gespräch geht es verstärkt um die Klärung der Therapiemotivation, wobei immer deutlicher wird, daß der „Patient selbst keine Frage an [die Therapeutin] hat". Er hat einen anderen Weg gefunden, mit seiner Unzufriedenheit umzugehen und hat sich mittlerweile eine Nebentätigkeit besorgt, wodurch er seine „finanziellen Defizite" ausbessern kann. Die Therapeutin beschreibt an dieser Stelle unan-genehme Gegenübertragungsgefühle. Sie fühlt sich benutzt, ausgenutzt und manipuliert.

Zusammenfassung: Herr D. lebt außerhalb seiner Familie sehr isoliert von sozialen Kontakten. Auch der innerliche Bezug zu seiner Familie ist sehr distanziert und fällt an Wichtigkeit weit hinter seinen beruflichen Interessen zurück. Auf Kränkungen reagiert er mit starken Vorwürfen und Entwertungen sowie mit Ablehnung und Zurückweisung anderer. Schuld sucht Herr D. ausschließlich bei anderen. Eigene schwierige Seiten sind ihm nicht zugänglich. Er geht direkten Auseinandersetzungen, so beispielsweise mit seinem Vater oder den Arbeitskollegen, aus dem Weg. Offene Äußerungen von Aggression vermeidet er weitgehend. In der Herkunftsfamilie ist er zum Richter und Kontrolleur geworden, während der Bruder die Helferrolle eingenommen hat".

Wegen der geringen Therapiemotivation des Patienten ist nach Einschätzung der Therapeutin zur Zeit trotz der psychogenen Symptomatik *keine sinnvolle Psychotherapieindikation* zu stellen.

6 ERGEBNISSE DES GRUPPENVERGLEICHS

6.1 GRUPPENBENENNUNG

Die 31 Einzelfälle werden entsprechend den Zuordnungskriterien der vier Beziehungsmuster zusammengefaßt. Somit ergeben sich vier Gruppen, die folgendermaßen benannt werden:

Gruppe A=Beziehungsmuster **passiv-selbst: 'Abhängigkeit-Inanspruchnahme'** (n=11)
Gruppe B=Beziehungsmuster **aktiv-andere: 'Verpflichtung-Bemühung'** (n=12)
Gruppe C=Beziehungsmuster **passiv-andere/selbst: 'Anpassung-Zurücknahme'** (n=6)
Gruppe D=Beziehungsmuster **aktiv-selbst: 'Distanzierung-Zurückweisung'** (n=2)

Bei den weiteren Untersuchungen erfolgt ein Vergleich dieser vier Gruppen untereinander hinsichtlich ausgewählter Gesichtspunkte:

• soziale Daten
• Alkohol und Sucht
• Beziehung zum Elternhaus
• therapeutische Arbeitsbeziehung
• Umgang mit Aggressionen und Konflikten

6.2 SOZIALE DATEN

Es werden erfaßt: Geschlecht, Alter, Ausbildung, Beschäftigungsstatus und Anzahl der Kinder der Patienten.

GRUPPE A: 'ABHÄNGIGKEIT-INANSPRUCHNAHME' (PASSIV-SELBST; N=11)

FALL	GE-SCHLECHT	ALTER	AUSBILDUNG	BESCHÄFTIGUNGSSTATUS/ KRANKSCHREIBUNG	KINDER
5	w	30	ohne Ausbildung	Arbeit	-
7	m	25	ohne Ausbildung	Langzeiterkrankung	-
8	w	25	Ausbildung	Krankschreibung	-
9	w	23	ohne Ausbildung	Langzeiterkrankung	-
10	w	23	ohne Ausbildung	Langzeiterkrankung (Rentenantrag)	-
12	m	31	Ausbildung	Langzeiterkrankung (Rententendenzen)	-
20	w	28	Ausbildung	Langzeitarbeitslosigkeit	-
22	w	45	a	Langzeiterkrankung	-
27	w	26	Ausbildung	Langzeitarbeitslosigkeit	-
29	m	30	ohne Ausbildung	Langzeiterkrankung	-
30	w	29	Ausbildung, abgebrochenes Studium	Arbeit	-

a = *keine (ausreichenden) Angaben*

In dieser Gruppe befinden sich 3 von insgesamt 5 männlichen Patienten des Samples. Alle

Patienten dieser Gruppe sind älter als 20 Jahre und, bis auf eine Patientin, jünger als 35 Jahre. Das Durchschnittsalter liegt bei 29 Jahren. Die Hälfte der Patienten ist zum Untersuchungszeitpunkt *ohne Ausbildung*. Nur 2 von 11 Patienten gehen einer Beschäftigung nach. Die übrigen Patienten sind meist seit langer Zeit *krankgeschrieben* oder *arbeitslos*. Keiner der Patienten hat Kinder.

GRUPPE B: 'VERPFLICHTUNG-BEMÜHUNG' (AKTIV-ANDERE; N=12)

FALL	GE-SCHLECHT	ALTER	AUSBILDUNG	BESCHÄFTIGUNGSSTATUS/ KRANKSCHREIBUNG	KINDER
1	w	21	im Studium	(Ausbildung)	-
2	w	45	Ausbildung	Arbeit	1
3	w	42	a	Arbeit	2
6	m	37	Ausbildung	Arbeit	-
15	w	28	Ausbildung	Arbeit	-
16	w	24	Ausbildung	Arbeit	-
19	w	24	im Studium	(Ausbildung)	-
23	w	44	ohne Ausbildung	Langzeiterkrankung (Rentenantrag)	2
24	w	27	Ausbildung	Krankschreibung	-
25	w	37	Ausbildung	Arbeit	2
28	w	34	Ausbildung	Arbeit	2
31	w	31	Ausbildung	Arbeit	-

a = *keine (ausreichenden) Angaben*

Diese Gruppe ist mit 12 Patienten die *größte Gruppe*. Es befindet sich lediglich ein männlicher Patient darunter. Der Anteil an Patienten *über 35 Jahre* ist relativ groß (5/12). Das Durchschnittsalter liegt bei 33 Jahren. Bis auf eine Patientin haben alle eine *abgeschlossene Ausbildung* oder befinden sich in Ausbildung. Nur 2 Patienten sind wegen ihrer Erkrankung nicht arbeitsfähig. Alle übrigen Patienten gehen bei eingeschränktem Gesundheitszustand weiterhin ihrer *Beschäftigung* nach. 5 Patienten haben *Kinder*.

GRUPPE C: 'ANPASSUNG-ZURÜCKNAHME' (PASSIV-ANDERE/SELBST; N=6)

FALL	GE-SCHLECHT	ALTER	AUSBILDUNG	BESCHÄFTIGUNGSSTATUS/ KRANKSCHREIBUNG	KINDER
4	w	21	in Ausbildung	Arbeit	-
13	w	19	z. Zt. Abitur	(Ausbildung)	-
14	w	30	Ausbildung	Arbeit	-
17	w	37	ohne Ausbildung	Arbeit	2
18	w	23	Ausbildung	Arbeit	-
21	w	21	in Ausbildung	(Ausbildung)	-

Die 6 Patienten dieser Gruppe sind alle weiblich und überwiegend Anfang 20. Das Durchschnittsalter liegt bei 25 Jahren. Alle Patientinnen gehen einer **Beschäftigung** nach oder sind in Ausbildung. Nur eine Patientin ist bei langjähriger Arbeit ohne Ausbildung. Diese Frau hat 2 Kinder.

GRUPPE D: 'DISTANZIERUNG-ZURÜCKWEISUNG' (AKTIV-SELBST; N=2)

FALL	GE-SCHLECHT	ALTER	AUSBILDUNG	BESCHÄFTIGUNGSSTATUS/ KRANKSCHREIBUNG	KINDER
11	m	38	Ausbildung	Arbeit	2
26	w	32	a	Arbeit	-

a = keine (ausreichenden) Angaben

Für Gruppe D (n=2) läßt sich eine aussagekräftige Einschätzung bezüglich eines quantitativen Vergleichs nur schwer treffen. Dies gilt auch in Hinblick auf die weiteren Auswertungen für diese Gruppe. Die beiden Patienten (eine Frau und ein Mann) sind neben ihrer unterschiedlichen Geschlechtszugehörigkeit auch hinsichtlich anderer Aspekte verschieden. Dazu kommt erschwerend, daß die Patientin, die sich wegen einer Eßstörung in der Ambulanz vorgestellt hat, der Therapeutin nur in sehr begrenztem Maße Informationen anvertraut. Sie zeigt ein typisch anorektisch-verweigerndes Verhalten. Beide Patienten sind über 30 Jahre alt. Es ergibt sich ein Durchschnittsalter von 35 Jahren. Beide Patienten gehen einer **Beschäftigung** nach. Der Patient hat mit seiner Frau 2 Kinder.

ZUSAMMENFASSUNG SOZIALE DATEN

	GRUPPE A (n=11) (PASSIV-SELBST)	GRUPPE B (n=12) (AKTIV-ANDERE)	GRUPPE C (n=6) (PASSIV-ANDERE /SELBST)	GRUPPE D (n=2) (AKTIV-SELBST)
GESCHLECHT. VERHÄLTNIS	73% Frauen 27% Männer	92% Frauen 8% Männer	100% Frauen 0% Männer	50% Frauen 50% Männer
Ø-ALTER[a]	29 Jahre	33 Jahre	25 Jahre	35 Jahre
BESCHÄF-TIGUNGS-VERHÄLTNIS	72% Langzeiterkrankung/ Langzeitarbeitslos.	83% Arbeit bzw. Ausbildung	100% Arbeit bzw. Ausbildung	beide Arbeit
AUSBILDUNG	50 % Ausbildung	92 % (in) Ausbildung	100% (in) Ausbildung	100 % (n=2) Ausbildung
EIGENE KINDER	keine Kinder	42% Kinder	17% Kinder	50% (n=1) Kinder

a durchschnittliches Alter

Wie die Zusammenfassung zeigt, ist der Männeranteil in den Gruppen A und D deutlich am größten. Insgesamt muß jedoch bei den Ergebnissen der Gruppe D die geringe Stichprobengröße berücksichtigt werden.

Das durchschnittliche Alter ist in Gruppe D und B am größten. Gruppe C ist mit einem Durchschnittsalter von 25 Jahren die „jüngste" Gruppe.

Bezüglich der beruflichen Integration zeigt sich die Gruppe C und D am besten integriert. Besonders deutlich wird hierbei der Unterschied zu Gruppe A, in der 50% der Patienten langzeitkrank bzw. langzeitarbeitslos sind. In Gruppe A haben lediglich die Hälfte der Patienten eine Ausbildung absolviert.

Ebenfalls hat kein Patient aus Gruppe A eigene Kinder. Dagegen haben 42% der Patienten aus Gruppe B und 50% der Patienten aus Gruppe D eigene Kinder. Hierbei muß wiederum die geringe Stichprobengröße in Gruppe D als auch das geringe Durchschnittsalter der Patientinnen in Gruppe C berücksichtigt werden.

6.3 ALKOHOL UND SUCHT

6.3.1 ALKOHOLTHEMATIK IN DEN FALLBERICHTEN (KATEGORIENSYSTEM)

Die Auswertung der Alkoholthematik erfolgt erst an dieser Stelle, da die Kategorie „Beziehung" als zentrale Schlüsselkategorie vorrangig untersucht wurde. Bei der Auseinandersetzung mit dem Thema des Alkohols in den Protokollen fällt auf, daß diese Thematik in den einzelnen Berichten sehr unterschiedlich zum Ausdruck kommt. In einigen Protokollen finden sich zahlreiche Textstellen, in denen die Alkoholerkrankung, das Suchtverhalten und dessen Auswirkungen thematisiert wird. Sowohl in den biographischen Daten als auch bei der Schilderung der aktuellen Lebenssituation scheint sich alles um „den Alkohol" zu drehen. Ausführlich werden dann z. B. die verantwortungsvolle, intensive Bemühung um den alkoholkranken Elternteil beschrieben und süchtige Verhaltensweisen des Patienten oder des Partners dargestellt. In anderen Berichten hingegen wird der Alkohol kaum erwähnt, scheint unwichtig und für die Geschichte unbedeutend zu sein. Um einen deutlicheren Eindruck von der Bedeutung der Alkoholthematik zu gewinnen, soll der „Alkohol aus den Daten herausgefiltert" werden. Dazu werden alle *Alkohol-* oder *Sucht*-assoziierten Textabschnitte markiert. Häufig zu findende Begriffe sind z. B. Alkohol-, Sucht-, Alkoholabhängigkeit, Alkoholiker, Suff, betrunken.

Ergebnis: In 12 der 31 Erstinterviewprotokollen wird die Alkoholerkrankung der Eltern lediglich punktuell erwähnt. Es werden kaum Verbindungen zu anderen Themen und Schwierigkeiten hergestellt. Ausführlichere Informationen und Erläuterungen tauchen dagegen in 16 Berichten auf, die zumindest einen Teilaspekt um die Suchterkrankung näher beleuchten. In den übrigen 3 Protokollen zieht sich die Darstellung der Alkoholproblematik wie ein roter Faden durch den gesamten Bericht und ist inhaltlich bestimmend. Hier werden Verknüpfungen mit anderen Themen sowie Zusammenhänge dieser Themen mit der Suchterkrankung ausführlich beschrieben.

Allgemein lassen sich die Aussagen zur Alkoholthematik folgenden drei *Personen/Personen-gruppen* zuordnen:

1 - *Eltern* und nahe Bezugspersonen im Elternhaus
2 - *Patient*
3 - *Partner*

Die *inhaltliche Kategorisierung* der Aussagen ergibt folgendes Kategoriensystem:

KATEGORIENSYSTEM 'ALKOHOL UND SUCHT'

A 1 SUCHTVERHALTEN IM ELTERNHAUS

A 1.1. Alkoholkrankheit der Eltern (=Fallauswahlkriterium fürs Sample)
* Geschlecht des abhängigen Elternteils
* Beschreibung der Suchtmittel und des Suchtverhaltens (wann, wieviel, wo)
* Motive und Einstellungen bezüglich des Suchtmittelmißbrauchs
* psychische, physische und soziale Auswirkungen

A 1.2. Biographische Erfahrungen des Patienten im Alkoholikerelternhaus
* Beziehungserfahrungen in der Kindheit mit dem Alkoholikerelternteil
* Erleben und emotionale Reaktion des Patienten aufgrund dieser Erfahrung
* Verhaltensreaktion und langfristig entwickelte Strategien des Patienten

A 1.3. Konsequenzen für die Beziehung zu den Eltern (heute)

A 2 SUCHTVERHALTEN DES PATIENTEN

A 2.1. Vorkommen und Art des Suchtverhaltens
(Beschreibung der Suchtmittel)

A 2.2. Bedeutung des Suchtverhaltens
(Funktion, Einstellungen, Umgang, Auswirkungen)

A 3 SUCHTVERHALTEN DES PARTNERS

A 3.1. Vorkommen und Art des Suchtverhaltens beim Partner

A 3.2. Auswirkungen des Suchtverhaltens und Reaktionen des Patienten

---

Die Kategorien A 1.1. und A 3.2. werden aufgrund ihrer geringen Relevanz für die Fragestellung nicht in die weitere Auswertung einbezogen. Für die übrigen dargestellten Kategorien werden im folgenden deren Eigenschaften und inhaltlichen Ausprägungen näher bestimmt. Im Anschluß werden die Gruppen - soweit bei ausreichendem Material möglich - hinsichtlich dieser Kategorien verglichen. Die Auswertung von Kategorie A 1.3. erfolgt in Kapitel 6.4 bei der Untersuchung der aktuellen Beziehung zum Elternhaus.

6.3.2 BIOGRAPHISCHE ERFAHRUNGEN IM ALKOHOLIKERELTERNHAUS (KATEGORIE A 1.2.)

6.3.2.1 Beziehungserfahrung mit dem Alkoholikerelternteil

Untersucht werden die Beziehungserfahrungen des Patienten mit dem Alkoholikerelternteil. In erster Linie handelt es sich um Erfahrungen aus dem direkten Kontakt mit dem abhängigen Elternteil. Als nicht direkt erlebte Erfahrung werden Gewalthandlungen gegen andere (Mutter, Geschwister) beschrieben sowie eine Trennung oder Scheidung der Eltern. Insgesamt wird über folgende Beziehungserfahrungen berichtet:

•*ERFAHRUNG KÖRPERLICHER GEWALT*
(unkontrolliertes, unberechenbares, gewalttätiges Verhalten, Mißhandlung, Impulsdurchbrüche, sexuelle Übergriffe)

- •„der Vater habe die Patientin, als sie acht Jahre alt war, wegen eines geringfügigen Anlasses halbtot geschlagen, da sei viel Blut geflossen" [F 5]

- •„beide Eltern Alkoholiker, im täglichen Alkoholrausch blindwütiges Umherschlagen, ... [Patientin -ist] täglich entweder von beiden Eltern oder dann von der Mutter ... schwer geschlagen worden ... vom späteren Freund der Mutter sexuell belästigt worden" [F 9]

- •„die Mutter habe [den Patienten] unkontrolliert geschlagen, ... möglicherweise bezeichne man das heute als Mißhandlung" [F 12]

•*EMOTIONALE VERLETZUNG*
(Zurückweisung, Ablehnung, Verletzung, Kritik, Macht, Bestimmung, Demütigung)

- •„Mutter sei, wenn sie betrunken sei, unheimlich aggressiv mit Worten, beleidige und kränke jeden ... man habe immer bitten müssen, sei in Abhängigkeit gehalten worden" [F 1]

- •„die Mutter habe ihr seit je vorgeworfen, daß sie ein unerwünschtes Kind sei" ... „[die Mutter] hätte immer wieder etwas an ihr auszusetzen, nie sei sie richtig" [F 16]

- •„[Alkoholikermutter] habe der Tochter vermittelt, daß sie überhaupt nichts tauge, ... spricht davon, einen Parasiten zu Hause zu wohnen zu haben" [F 27]

•*VERNACHLÄSSIGUNG*
(emotionale und reale Unterversorgung, Unzuverlässigkeit, Unsicherheit, Schutzlosigkeit, Ungewißheit, Unbeständigkeit, Haltlosigkeit)

- •„typ. Szene [aus der Kindheit] sei: sie sei etwa 7-jährig als einzige [im Kindergarten] übrig geblieben, habe geweint, ... die Mutter sei Stunden verspätet in betrunkenem Zustand angekommen ... sei letztlich unzuverlässig gewesen" [F 1]

- •„der Mutter es seit Jahren schon sehr schlecht gehe, sie trinke mehrere Flaschen Wein am Tag, ... sie schaffe den Haushalt gar nicht mehr" [F 16]

- •„aufgewachsen in sehr kargen, wohl auch wegen der Alkoholsucht der Mutter in finanziell sehr beschränkten Verhältnissen, kein richtiges Familienleben" [F 12]

•*KÖRPERLICHE GEWALT GEGEN ANDERE*

- •„Eltern seien verheiratet, vermutlich nicht sehr glücklich, der Vater sei Fernfahrer, ... trinke seit je, habe häufig auf brutalste Weise die Mutter geschlagen" [F 19]

•„Der Vater sei Alkoholiker gewesen, die Ehe der Eltern ... sehr schlecht, der Vater habe die Mutter geschlagen" [F 9]

•„[der Vater] die [Mutter] dann krankenhausreif schlug" [F 7]

• *TRENNUNG UND/ODER SCHEIDUNG*

•„Die Mutter habe sich vom leiblichen Vater im 3. Lebensjahr der Patientin wegen dessen Alkoholismus getrennt, (dann im 6. Lebensjahr der Patientin neu mit dem Stiefvater verheiratet, der jedoch ebenfalls Alkoholiker sei.)" [F 24]

•„Patient hat bis zur Scheidung seiner Mutter, wo er ungefähr 3-4 Jahre alt war, mit ihr und ihrem gewalttätigen, alkoholsüchtigen Ehemann zusammengelebt. Als dieser seine Ehefrau dann krankenhausreif schlug, reichte sie die Scheidung ein" [F 7]

•„der Vater habe im 7. Ehejahr die Trennung eingeleitet, da er mit dem Alkoholismus der Mutter nicht habe umgehen können" [F 1]

• *BELASTENDE ERFAHRUNG*

(nicht näher erläutert)

•„die Mutter sei eine große Belastung, sie besaufe sich bis zur Besinnungslosigkeit seitdem er sich zurückerinnern könne" [F 12]

•„aufgewachsen sei sie unter schwierigsten Umständen, der Vater ... sei morphinsüchtig gewesen, die Mutter Alkoholikerin" [F 22]

• *POSITIVE ERFAHRUNG*

(nicht näher erläutert)

Nur in einem Fall wird die positive Beziehung der Patientin zum Alkoholikervater trotz der Belastung durch diesen hervorgehoben:

•„der Vater ..., sei Alkoholiker gewesen, dennoch habe sie eine gute Beziehung zum Vater gehabt, er sei sehr wichtig für sie"[F 31]

Es folgt ein *Vergleich der Gruppen A, B, C, D* hinsichtlich dieser biographischen Fakten. Dabei gehen jeweils nur diejenigen Fälle in die Auswertung ein, für die Aussagen zu dem untersuchten Phänomenbereich vorhanden sind. Die Prozentangaben beziehen sich somit immer auf die jeweilige Ausgangsstichprobe.

GRUPPE A: 'ABHÄNGIGKEIT-INANSPRUCHNAHME' (PASSIV-SELBST; N=11)

FALL	ALK-ELTERN	TRENNUNG DER ELTERN	BEZIEHUNGSERFAHRUNG DES PATIENTEN MIT DEM/DER
5	Vater	Trennung	Alkoholiker-Vater: brutale körperliche Gewalt, Vernachlässigung
7	Vater & Stiefva.	Trennung	Alkoholiker-Vater & -Stiefvater: brutale körperliche Gewalt (und Gewalt gegen die Mutter)
8	Vater	Trennung	Alkoholiker-Vater: a

Fortsetzung der Tabelle („Beziehungserfahrung mit dem Alkoholikerelternteil" Gruppe A)

FALL	ALK-ELTERN	TRENNUNG DER ELTERN	BEZIEHUNGSERFAHRUNG DES PATIENTEN MIT DEM/DER
9	Mutter & Vater	Trennung	Alkoholiker-Mutter & -Vater: brutale körperliche Gewalt, emotionale Verletzung (und Gewalt gegen die Schwester)
10	Vater	Trennung	Alkoholiker-Vater: emotionale Verletzung
12	Mutter	-	Alkoholiker-Mutter: brutale körperliche Gewalt, Vernachlässigung (und Gewalt gegen die Geschwister)
20	Vater	-	Alkoholiker-Vater: a
22	Mutter	a	Alkoholiker-Mutter: a
27	Mutter	Trennung	Alkoholiker-Mutter: emotionale Verletzung, Vernachlässigung
29	Vater	a	Alkoholiker-Vater: brutale körperliche Gewalt (und Gewalt gegen die Mutter)
30	Mutter	Trennung	Alkoholiker-Mutter: emotionale Verletzung Vernachlässigung

a = keine (ausreichenden) Angaben

5 Patienten (45%) haben eine *Alkoholikermutter*. Bei 9% der Patienten wird eine Alkoholabhängigkeit beider Eltern festgestellt. Bei der Beschreibung der Beziehungserfahrung mit dem Alkoholikerelternteil wird häufig von *körperlicher Gewalterfahrung* und zwar *in brutaler Weise* berichtet. In 62% der Fälle haben die Patienten Gewalt am eigenen Leibe erfahren, bei 50% wird zusätzlich die Gewalt gegen andere (Mutter, Geschwister) erwähnt. Eine *Gewalttätigkeit von Alkoholikermüttern* gegen Patienten wird bei 2 von den insgesamt 10 Alkoholikermüttern des Samples beschrieben. Diese Mütter sind beide in dieser Gruppe zu finden. Die Erfahrung von emotionaler Verletzung und Vernachlässigung scheint in Fällen mit Gewalterfahrung eine nachrangige Bedeutung zu besitzen. Sie wird eher als Beziehungserfahrung mit dem Nicht-Alkoholikerelternteil beschrieben. Soweit Aussagen vorhanden sind, hat der überwiegende Teil der Patienten (*78%*) die *Trennung und/oder Scheidung* der Eltern miterlebt.

GRUPPE B: 'VERPFLICHTUNG-BEMÜHUNG' (AKTIV-ANDERE; N=12)

FALL	ALK-ELTERN	TRENNUNG DER ELTERN	BEZIEHUNGSERFAHRUNG DES PATIENTEN MIT DEM ALKOHOLIKERELTERNTEIL
1	Mutter	Trennung	Alkoholiker-Mutter: emotionale Verletzung, Vernachlässigung
2	Vater	-	Alkoholiker-Vater: emotionale Verletzung, Vernachlässigung
3	Vater	-	Alkoholiker-Vater: Verantwortungslosigkeit, emotionale Verletzung (Gewalt gegen die Mutter)

Fortsetzung der Tabelle („Beziehungserfahrung mit dem Alkoholikerelternteil" Gruppe B)

FALL	ALK-ELTERN	TRENNUNG DER ELTERN	BEZIEHUNGSERFAHRUNG DES PATIENTEN MIT DEM/DER
6	Vater	-	Alkoholiker-Vater: emotionale Verletzung, (Gewalt gegen die Mutter)
15	Mutter & Vater	-	Alkoholiker-Mutter & -Vater: Vernachlässigung, emotionale Verletzung
16	Mutter	-	Alkoholiker-Mutter: Vernachlässigung, emotionale Verletzung
19	Vater	-	Alkoholiker-Vater: Verantwortungslosigkeit, emotionale Verletzung (Gewalt gegen die Mutter)
23	Mutter	a	Alkoholiker-Mutter: emotionale Verletzung, Vernachlässigung, Verantwortungslosigkeit
24	Vater & Stiefv.	Trennung	Alkoholiker-Vater & -Stiefvater: emotionale Verletzung,
25	Vater	a	Alkoholiker-Vater: emotionale Verletzung, Verantwortungslosigkeit
28	Vater	a	Alkoholiker-Vater: brutale körperliche Gewalt (und Gewalt gegen die Mutter),
31	Vater	Trennung	Alkoholiker-Vater: gute Beziehung

a = keine (ausreichenden) Angaben

In dieser Gruppe wird bei 4 Patienten (33%) von der Alkoholsucht der Mutter berichtet. In 8% (n=1) wird eine Alkoholabhängigkeit bei beiden Eltern angegeben. Über eine miterlebte *Gewalt gegenüber der Mutter* wird von 33% der Patienten berichtet. Diese Erfahrung führt mitunter zu einer starken Bindung an die Mutter („zu der Mutter hat er eine sehr enge Verbindung gehabt, ihr fühlte sich der Patient nah; er litt mit ihr, wenn sie vom betrunkenen Ehemann unwürdig behandelt worden war"). Die Patienten haben in ihrer Kindheit Partei für die Mutter ergriffen und sich schützend vor sie gestellt: eine Aufgabe, mit der sie sicherlich überfordert waren. Über eine eigene Gewalterfahrung durch den Alkoholikerelternteil berichtet lediglich 1 Patient. Im Vordergrund steht in dieser Gruppe die Erfahrung von emotionaler Verletzung, Vernachlässigung und Verantwortungslosigkeit. In 3 Protokollen wird von der Trennung der Eltern berichtet (=33%).

GRUPPE C: 'ANPASSUNG-ZURÜCKNAHME' (PASSIV-ANDERE/SELBST; N=6)

FALL	ALK-ELTERN	TRENNUNG DER ELTERN	BEZIEHUNGSERFAHRUNG DES PATIENTEN MIT DEM/DER
4	Mutter	-	Alkoholiker-Mutter: Vernachlässigung
13	Vater	-	Alkoholiker-Vater emotionale Verletzung, körperliche Gewalt

FALL	ALK-ELTERN	TRENNUNG DER ELTERN	BEZIEHUNGSERFAHRUNG DES PATIENTEN MIT DEM/DER
14	Vater	-	Alkoholiker-Vater: emotionale Belastung, Vernachlässigung
17	Vater	-	Alkoholiker-Vater: Vernachlässigung
18	Vater	Trennung	Alkoholiker-Vater: emotionale Verletzung, Vernachlässigung
21	Vater	a	Alkoholiker-Vater: a

a = *keine (ausreichenden) Angaben*

In dieser Gruppe wird von einer alkoholabhängigen Mutter berichtet. Eine Abhängigkeit beider Eltern wird nicht erwähnt. Als Beziehungserfahrung mit dem Alkoholikerelternteil steht die *emotionale Vernachlässigung* und *Verletzung* im Vordergrund. In den biographischen Angaben wird in keinem Fall über das Erleben unberechenbarer Brutalität durch den Alkoholikerelternteil berichtet. Einmal wird jedoch erwähnt, daß der Vater mitunter geschlagen habe. In einem anderen Fall erfolgt die sadistische Macht- und Gewaltausübung nicht durch den alkoholabhängigen Vater, sondern durch die Nicht-Alkoholiker-Mutter. Der Vater (hier ausnahmsweise in der schwachen Position) entzieht sich durch den Alkoholkonsum der Verantwortung und steht für die Patientin nicht zur Verfügung. Gewalterfahrungen gegen andere (Mutter, Geschwister) werden nicht erwähnt. Eine Patientin (=20%) berichtete von der Trennung ihrer Eltern.

GRUPPE D: 'DISTANZIERUNG-ZURÜCKWEISUNG' (AKTIV-SELBST; N=2)

FALL	ALK-ELTERN	TRENNUNG DER ELTERN	BEZIEHUNGSERFAHRUNG DES PATIENTEN MIT DEM
11	Vater	-	Alkoholiker-Vater: brutale körperliche Gewalt, Vernachlässigung (und Gewalt gegen die Mutter)
26	Vater	a	Alkoholiker-Vater: emotionale Verletzung, Vernachlässigung

a = *keine (ausreichenden) Angaben*

Beide Patienten haben einen Alkoholikervater. In einem Fall (=50%) wird von der Gewalttätigkeit des Alkoholikervaters sowohl gegen den Patienten als auch gegen die Mutter berichtet. Auch hier führt dieser Umstand zu einer engen Bindung des Patienten an die Mutter. Die zweite Patientin dieser Gruppe teilt ihre Kindheitserfahrungen nur sehr zurückhaltend und widerstrebend mit. In dem Bericht wird die Erfahrung von Vernachlässigung und emotionaler Verletzung benannt.

	GRUPPE A (n=11) (PASSIV-SELBST)	GRUPPE B (n=12) (AKTIV-ANDERE)	GRUPPE C (n=6) (PASSIV-ANDERE /SELBST)	GRUPPE D (n=2) (AKTIV-SELBST)
ABHÄNGIGE ELTERNTEILE	45% Alkoholikermütter 9% beide Eltern	33% Alkoholikermütter 8% beide Eltern	16% Alkoholiker- mütter (n=1) 0% beide Eltern	0% Alkoholiker- mütter 0% beide Eltern
EMOTIONALE VERLETZUNG[a]	75%	83%	100%	100%
EIGENE GEWALT- ERFAHRUNG[b]	62%	8%	20% (n=1)	50% (n=1)
KÖRPERGEWALT GEGEN ANDERE[c]	50%	33%	0%	50% (n=1)
TRENNUNG DER ELTERN	78%	33%	20%	0%

[a] = emotionale Verletzung/Vernachlässigung
[b] = eigene körperliche Gewalterfahrung
[c] = körperliche Gewalt gegen andere

Der Anteil an *Alkoholikermüttern* ist in Gruppe A mit 45% relativ am größten, in Gruppe B mit 33% am zweitgrößten. Über eine Alkoholabhängigkeit beider Eltern wird, jeweils bei einem Patienten, in Gruppe A und B berichtet.

Die Erfahrung von *emotionaler Verletzung und Vernachlässigung* spielt durchgängig bei allen vier Gruppen eine große Rolle. Bei Patienten mit körperlicher Gewalterfahrung werden die emotionalen Verletzungen häufig erst zweitrangig oder nicht erwähnt.

Körperliche Gewalt haben die Patienten in erster Linie durch die *Alkoholikerväter* und zwar oft auf brutale Weise erfahren. Bemerkenswert ist der Befund, daß besonders *Patienten der Gruppe A* von dieser *brutalen, unberechenbaren Gewalterfahrung betroffen* sind (62%).

Aufmerksamkeit verdient auch das Ergebnis der Häufigkeitsverteilung von Scheidungs- und *Trennungserfahrungen* im Elternhaus. In 24 der 31 Protokolle existiert eine Aussage darüber, ob die Eltern geschieden sind bzw. getrennt oder zusammen leben. In 46% dieser Fälle liegt eine Scheidung oder Trennung der Eltern vor. Weit über die Hälfte *(78%) der Gruppe-A-Patienten* haben die Scheidung und Trennung ihrer Eltern miterlebt. Dagegen wird in der Gruppe B deutlich seltener von der Trennung der Eltern berichtet, nämlich bei 33% der Patienten.

---

[15] Die Prozentangaben beziehen sich auf die Fälle, für welche Aussagen vorhanden waren.

6.3.2.2 Erleben und emotionale Reaktion des Patienten

Die *emotionalen Reaktionen* der Patienten auf die Erfahrung mit den Alkoholikereltern sind unterschiedlich. Gefühle, die im Zusammenhang mit der Alkoholerfahrung benannt werden, sind:

• *ANGST*

  • „könne sich in bezug auf den Vater nur an Todesangst erinnern" [F 5]

  • „Sie erinnere sich auch, daß ihr ganzes Bett geklappert habe, wenn sie Angst hatte, daß der spät heimkehrende Alkoholikervater alles demoliere" [F 25]

• *SCHAM*

  • „Vater ... habe ... ein immer größeres Alkoholproblem entwickelt, so daß sie sich als Kind immer mehr ihres Vaters geschämt habe, ... alles versinke hinter dieser riesigen Scham, daß der Vater ein Trinker gewesen sei." [F 2]

• *EKEL*

  • „Mutter habe Alkohol getrunken, sie dann in den Arm genommen, was sie sonst nie tat. Patientin fühlte dann aber nur Ekel" [F 27]

• *MITLEID*

  • „der (Alkoholiker-)Vater habe ihr leid getan, sei auch noch von der Familie betrogen worden, alles nur weil er alkoholsüchtig sei" [F 31]

  • „die Patientin der Mutter gegenüber Mitleid empfand" [F 30]

• *HAβ*

  • „sie habe den Vater geradezu gehaßt, daß er sich nicht gegen seine Ehefrau hat wehren können" [F 4]

• *EMOTIONALE BELASTUNG*

  • „empfand diese Zeit als sehr belastend" [F 10]

• *AMBIVALENZ*

Ambivalente Gefühle, die aus der unbeständigen und unberechenbaren Beziehungserfahrung mit dem Alkoholikerelternteil resultierten, werden nur in wenigen Texten beschrieben. Drei Beispiele sollen einen Eindruck von dem 'Hin- und Hergerissensein' der Patienten geben:

  • „der Vater sei in der Tat untragbar gewesen, sei Alkoholiker, dennoch habe sie diese Trennung als Kind sehr geschmerzt, sie habe immer eine gute Beziehung zum Vater gehabt, er sei sehr wichtig für sie" [F 31]

  • „trotz der Boshaftigkeit der [Alkoholiker]-Mutter habe sie diese doch sehr vermißt" ... „eigentlich habe sie mit der Mutter besser reden können. Dies wird aber bald wieder relativiert, da die Mutter auch oft emotional nicht zur Verfügung stand" [F 15]

  • „Ihr Vater ... sei ein Quartalssäufer, das sei die Seite an ihm, die sie verachte, er sei dann ekelig, bedrohe andere mit dem Messer, sie jedoch nicht. Ihr gegenüber sei er nett, sie respektiere ihn, hasse ihn jedoch wegen dem, was er der Mutter angetan habe" [F 25]

Die Beschreibung der Erlebensebene und deren emotionaler Bedeutung erfolgt in den Texten meist nur knapp und undifferenziert bzw. wird nicht erwähnt. In einigen Protokolltexten findet sich lediglich ein Hinweis, der die Situation mit den Alkoholikereltern für den Patienten als schwierig und emotional belastend kennzeichnet. Aufgrund des geringen Materials erfolgt an dieser Stelle kein Gruppenvergleich. Die Knappheit der Angaben zum emotionalen Erleben kann

1. als Hinweis auf Schwierigkeiten beim Ansprechen und Behandeln dieser belastenden Thematik (Scham) in der relativ unvertrauten *Situation eines Erstgesprächs* verstanden werden,

2. Ausdruck von Schwierigkeiten im *Kontakt* zwischen Patient und Therapeut sein,

3. auf einen prinzipiell *vermeidenden Umgang* des Patienten *mit dieser Thematik* zurückzuführen sein. Diese Vorsicht und das Mißtrauen der Patienten ist als verständliche Konsequenz der lebensgeschichtlichen Erfahrung ständiger Verletzungen interpretierbar. Diese Patienten haben in ihrer Kindheit kaum gelernt, ihre Gefühle zu beachten oder mitzuteilen.

4. Ausdruck bestehender Schwierigkeiten bei der Wahrnehmung, Differenzierung und Verbalisierung von Gefühlen sein. Erschwerend kann dabei das Auftreten starker *emotionaler Ambivalenzen* hinzukommen. Von den Patienten ist oft eine hohe Integrationsleistung stark gegensätzlicher Gefühle (Hoffnung, Enttäuschung, Verachtung, Ekel, Haß, Sehnsucht, Liebe) gefordert, die in erster Linie aus der Erfahrung von Unzuverlässigkeit, Unbeständigkeit und Unberechenbarkeit in der Beziehung zu dem Alkoholikerelternteil resultiert. In einigen Protokollen wird die Überforderung im Umgang mit den vielfältigen Spannungen und Konflikten benannt.

6.3.2.3 Verhaltensreaktionen und langfristig entwickelte Strategien des Patienten

Die Patienten entwickelten als Kinder verschiedene *Strategien*, um mit der schwierigen Situation im Alkoholikerelternhaus zurechtzukommen und zu überleben. Die damals entwickelten Strategien werden von den Patienten oft bis heute weitergeführt. Nur selten werden die in der Kindheit bewährten Bewältigungsmuster verändert, wie z. B. in Fall 11 beschrieben: Der Patient wendet sich heute enttäuscht und entschieden von seinem Elternhaus und anderen Beziehungen ab, nachdem er früher für seine unselbständigen Eltern gesorgt hat.

Folgende Strategien können in den Berichten identifiziert werden:

ÜBERNAHME VON ELTERLICHEN AUFGABEN UND VON VERANTWORTUNG FÜR DIE ELTERN

- „da die Mutter selbst krank war, habe die Patientin über viele Jahre den Haushalt selbst geführt" [F 14]

- „sie habe als Kind relativ früh elterliche Aufgaben übernehmen müssen" [F 15]

- „die ganze Familiengeschichte ... eine einzige Katastrophe, die Patientin selbst hat in dieser Situation einen verantwortungsvollen Part gewählt" [F 28]

• *EMOTIONALE UNTERSTÜTZUNG UND VERSTÄNDNIS FÜR DIE ELTERN*

- „habe oft mit der Mutter [wegen deren Problemen] gesprochen" [F 16]

- „sie verstünde die [Alkoholiker-]Mutter, hätte auch früher immer versucht, Verständnis aufzubringen" [F 27]

- „(Mutter habe oft selbst nicht weiter gewußt), so daß sie immer für die Sorgen der Mutter da gewesen sei" [F 28]

- *VERTEIDIGUNG, BEISTAND FÜR DIE ELTERN*
  - •„wobei er und der Bruder immer die Partei der Mutter ergriffen hätten" [F 11]
  - •„die Tochter habe versucht, den Vater zu verteidigen" [F 27]
  - •„(Der Vater sei Alkoholiker gewesen, habe alle geschlagen,) sie habe sich dabei immer vor die Mutter gestellt, diese geschützt" [F 28]

- *FRÜHE SELBSTÄNDIGKEIT UND SELBSTBEHAUPTUNG*
  - •„er habe immer alles allein entschieden" [F 11]
  - •„konnte sie eine besondere Kraft daraus ziehen, die Schule trotz allem bewältigt zu haben und sich zu behaupten" [F 17]
  - •„sie sei früh auf sich selber gestellt gewesen" [F 26]

- *ORGANISATION VON UNTERSTÜTZUNG, SCHUTZSUCHE*
  - •„hätten gegen die Männer eine Art Notgemeinschaft gebildet" [F 18]
  - •„glaubte dann aber bei der Mutter Unterstützung zu finden" [F 5]

- *AUSEINANDERSETZUNG MIT DER THEMATIK (HEUTE)*
  - •„Seit dem 15. Lj. befindet sich die Patientin in unregelmäßigen Abständen in einer Selbsthilfegruppe für Kinder von Alkoholikern" [F 21]

- *FLUCHT, DISTANZIERUNG, SOZIALER RÜCKZUG*
  - •„Patientin habe immer geschaut, daß sie an den Wochenenden, wenn der Alkoholikervater zurückgekehrt sei, möglichst viel unterwegs gewesen sei" [F 18]
  - •„sie hätte dann das Haus verlassen [wenn der Alkoholikervater nach Hause kam]"[F 26]
  - •„[aus lauter Angst vor dem Alkoholikervater] ... den ganzen Tag versteckt habe" ... „[aus Scham wegen des Alkoholikervaters] nur noch ungern besucht worden sei" [F 2]

- *ANPASSUNG, UNTERORDNUNG, ZURÜCKNAHME MIT STARKER AUSRICHTUNG AUF ANDERE, VERMEIDUNG VON SPANNUNGEN, AUSEINANDERSETZUNGEN UND AGGRESSIONEN*
  - •„habe immer versucht, es den Eltern recht zu machen" [F 13]
  - •„die Patientin hat nicht gewagt, gegen den Vater aufzumucken" [F 30]
  - •„Sie habe den Vater immer verstecken wollen, damit niemand auf die Idee käme, sie selbst für asozial zu halten" [F 14]

- *SUCHTVERHALTEN ALS PROBLEMBEWÄLTIGUNGSSTRATEGIE*
  (ausführliche Erläuterungen im nächsten Kapitel)

Da in vielen Berichten keine oder nur wenig aussagekräftige Angaben über Verhaltensreaktionen und entwickelte Strategien existieren, ist hier - bis auf eine Auswertung des Suchtverhaltens - kein sinnvoller Gruppenvergleich möglich.

6.3.3 SUCHTVERHALTEN BEI PATIENT UND PARTNER: GRUPPENVERGLEICH (KATEGORIE A 2.1. UND A 3.1.)

An dieser Stelle erfolgt ein Gruppenvergleich bezüglich eines Suchtverhaltens bei Patienten und Partnern. Die Tabellen geben einen Suchtmittelmißbrauch und die Art des Suchtmittels wieder.

In der vorliegenden Arbeit werden unter *Sucht*, neben einer manifesten Abhängigkeit von Alkohol, Medikamenten und Drogen, ebenfalls ausgeprägte Eßstörungen gerechnet, wenngleich eine Zuordnung der *Eßstörungen* (Bulimie, Eßsucht, Magersucht) zu den Süchten entsprechend der Einteilung in den üblichen Diagnosemanualen (ICD 10, DSM IV) nicht zulässig ist. In den Berichten wird teilweise eine ausgeprägte Suchtdynamik des Eßverhaltens hervorgehoben. Dies wird auch von den Patientinnen so empfunden und beschrieben („die Patientin bezeichnet die Bulimie als Suchtablösung und äußert die Befürchtung, daß, wenn sie es jetzt schaffe von der Bulimie wegzukommen, dann Tabletten drankommen"). Die Auswirkungen des Suchtverhaltens, ganz gleich ob als Suchtmittel Alkohol oder Essen „mißbraucht" wird, sind überwiegend ähnlich. Die gesundheitlichen Schäden und privaten sowie beruflichen Einschränkungen sind auch im Rahmen der Eßsucht beträchtlich. Der *autodestruktive Charakter* des Suchtverhaltens kommt bei den Eßstörungen teilweise noch deutlicher zum Ausdruck.

GRUPPE A: 'ABHÄNGIGKEIT-INANSPRUCHNAHME' (PASSIV-SELBST; N=11)

FALL	GESCHLECHT DES PATIENTEN	PATIENTENSUCHT	SUCHT DES PARTNERS
5	w	(Medikamente)	-
7	m	**Alkohol**	-
8	w	-	-
9	w	-	-
10	w	-	-
12	m	**Alkohol**	-
20	w	**Medikamente**, (Alkohol)	-
22	w	-	ja
27	w	**Alkohol, Drogen**	ja
29	m	**Alkohol**	-
30	w	**Essen**	-

fett: Alkohol/Medikamente=*manifeste Abhängigkeit*
fett: Essen=*ausgeprägte Eßsucht*
(in Klammern*)=Mißbrauch, Suchtgefährdung*

GRUPPE B: 'VERPFLICHTUNG-BEMÜHUNG' (AKTIV-ANDERE; N=12)

FALL	GESCHLECHT DES PATIENTEN	PATIENTENSUCHT	SUCHT DES PARTNERS
1	w	-	-
2	w	-	-
3	w	-	ja
6	m	-	-
15	w	-	-
16	w	(Alkohol, Essen)	-
19	w	-	-
23	w	Essen, (Medikamente)	-
24	w	-	-
25	w	Essen	-
28	w	Medikamente, Essen	ja
31	w	-	ja

fett: Alkohol/Medikamente=*manifeste Abhängigkeit;* Essen=*ausgeprägte Eßsucht*
(in Klammern)=*Mißbrauch, Suchtgefährdung*

GRUPPE C: 'ANPASSUNG-ZURÜCKNAHME' (PASSIV-ANDERE/SELBST; N=6)

FALL	GESCHLECHT DES PATIENTEN	PATIENTENSUCHT	SUCHT DES PARTNERS
4	w	-	-
13	w	-	-
14	w	(Drogen)	-
17	w	-	-
18	w	(Essen)	-
21	w	-	-

(in Klammern)=Mißbrauch, Suchtgefährdung

GRUPPE D: 'DISTANZIERUNG-ZURÜCKWEISUNG' (AKTIV-SELBST; N=2)

FALL	GESCHLECHT DES PATIENTEN	PATIENTENSUCHT	SUCHT DES PARTNERS
11	m	-	-
26	w	Essen	-

fett: Essen=*ausgeprägte Eßsucht*

	GRUPPE A (n=11) (PASSIV-SELBST)	GRUPPE B (n=12) (AKTIV-ANDERE)	GRUPPE C (n=6) (PASSIV-ANDERE /SELBST)	GRUPPE D (n=2) (AKTIV-SELBST)
PATIENTEN SUCHT[a]	55% v.a. Alkohol (Männer)	25% v.a. Essen, Medikamente (nur Frauen)	-	50% (n=1) Essen (Frau)
PATIENTEN MISSBRAUCH[b]	18% (nur Frauen)	16% (nur Frauen)	33% (nur Frauen)	-
SUCHT DES PARTNERS	18% (nur Frauen)	25% (nur Frauen)	-	-

[a] *Sucht=manifeste Abhängigkeit (Alkohol/Medikamente), ausgeprägte Eßstörung*
[b] *Mißbrauch=Suchtgefährdung (Alkohol...)*

• SUCHTVERHALTEN DER PATIENTEN

Insgesamt wird eine *manifeste Abhängigkeit (=Sucht)* von Alkohol, Drogen oder Medikamenten bei 6 Patienten diagnostiziert, davon sind *50%* (n=3) *Männer*. 5 Patienten sind aus *Gruppe A*. Eine Patientin mit einer Medikamentenabhängigkeit gehört zur Gruppe B. Ein *schädlicher Gebrauch (=Mißbrauch)* von Alkohol, Drogen, Medikamenten und Essen wird bei 6 Patienten diagnostiziert, verteilt über die Gruppen A, B und C mit jeweils 2 Patienten. Eine *ausgeprägte Eßstörung (=Sucht)* wird bei 5 Frauen diagnostiziert (Gruppe A: 1 Frau, Gruppe B: 3 Frauen, Gruppe C: 1 Frau).

In *Gruppe A* ist die *Suchtproblematik* am ausgeprägtesten. *55%* der Patienten (n=6) zeigen ein süchtiges Verhalten. Unter den 6 Patienten befinden sich 3 Männer und 1 Frau mit einer Alkoholsucht, 1 Frau mit einer Medikamentenabhängigkeit und 1 Frau mit einer bulimischen Eßstörung.

In *Gruppe B* zeigen drei Frauen ein Suchtverhalten (Essen, Medikamente). Dies sind 25% der Patienten aus Gruppe B.

Das Suchtverhalten in *Gruppe C* ist am *geringsten* ausgeprägt. Eine Abhängigkeitsdiagnose wird in dieser Gruppe nicht gestellt. Ein *Substanzmißbrauch* wird bei 2 Patientinnen (=*33%*) diagnostiziert.

In *Gruppe D* ergibt sich eine ähnliches Ergebnis wie in Gruppe A. Hier zeigen *50%* der Patienten ein Suchtverhalten. Zu berücksichtigen ist jedoch wiederum die geringe Stichprobengröße.

• SUCHTVERHALTEN DER PARTNER

Eine Alkoholabhängigkeit des *Ehe- oder Lebenspartners* wird ausschließlich von *weiblichen Patienten* berichtet, und zwar von 2 Frauen aus *Gruppe A* (=*18%*) und 3 Frauen aus *Gruppe B* (=*25%*). In allen Fällen ist dies verbunden mit massiven partnerschaftlichen und familiären Problemen, mit Gewalttätigkeit und Unzuverlässigkeit in der Beziehung sowie finanziellen

Schwierigkeiten. Die Patientinnen ziehen rückblickend Vergleiche zur Situation im Elternhaus. Manchmal scheinen die Patientinnen ausgerechnet in eine Lage gekommen zu sein, die sie ausdrücklich vermeiden wollten.

- „Der (Ehe-)Mann habe ebenfalls [wie der Alkoholikervater] viel getrunken, es war nie Geld da, der Mann habe sie geschlagen" [F 3]

- „Daß ihr erster Ehemann Alkoholiker sei, habe sie anfangs nicht gewußt, habe doch immer vorgehabt, nie einen Alkoholiker zu heiraten, schließlich sei es immer schlimmer geworden" [F 28]

- „[die Patientin hatte] über 3 Jahre eine unglückliche Beziehung zu einem Alkoholiker, ... Schwangerschaft, das Kind sollte jedoch keinen Alkoholikervater wie sie bekommen, deswegen habe sie sich zur Abtreibung entschieden" [F 31]

6.3.4 BEDEUTUNG DES SUCHTVERHALTENS BEIM PATIENTEN (KATEGORIE A 2.2.)

Ein diagnostiziertes Suchtverhalten (Abhängigkeit) beim Patienten findet sich also in drei Gruppen (A, B, und D). Durch eine nähere Untersuchung der Funktion und Bedeutung des Suchtverhaltens in diesen 3 Gruppen können Gemeinsamkeiten und Unterschiede aufgezeigt werden.

GEMEINSAMKEIT

Die Sucht wird als *Problembewältigungsstrategie* eingesetzt, ähnlich wie es im Elternhaus gängig war.

- „steigerte er seinen Alkoholkonsum auf ca. 2 Liter Wein täglich. Er habe getrunken, um sich zu betäuben, um Gefühle von Ohnmacht, Selbstmitleid und Haß vorübergehend abzuschalten." [F 29]

- „jedenfalls trinke sie etwas, wenn sie wieder über ihre Sorgen nachgrüble ... sie neige neben dem Alkoholgebrauch zur Problemlösung dazu, daß sie das Essen verweigere" [F 16]

- „[ihr Eßsuchtverhalten] begründet sie damit, daß sie aus einer vollkommenen Suchtfamilie stamme, in der Alkohol und Drogen ein Ersatz gewesen seien, um mit psychischen Problemen fertig zu werden."[F 25]

UNTERSCHIEDE

Daneben lassen sich wichtige Unterschiede bezüglich des Suchtverhaltens herausstellen. Für Gruppe D ist die Auswertung erschwert, da es sich nur um *eine* Patientin handelt und zudem um eine Magersucht-Patientin, von der die Therapeutin, wie bereits erwähnt, nur wenig erfährt. Da die Ergebnisse in Gruppe A und Gruppe D überwiegend Parallelen aufweisen, werden diese beiden Gruppen für die weitere Auswetung zusammengefaßt.

Die Patienten übernehmen *keine Verantwortung* für das Suchtverhalten und die Konsequenzen. Auf vorgefallene Rückfälle reagieren sie mit *Vorwürfen* und *Beschuldigungen* gegen andere.

- „Abbruch der Entwöhnungsbehandlung im letzten Jahr: ... überraschende Wut über ihren Freund, der an allem schuld sei. An diesem Beispiel wurde für mich deutlich, daß die Patientin nicht sagen kann, sie selbst habe die Entwöhnungsbehandlung abgebrochen, es müssen andere dran schuld sein: Sie kann keine Verantwortung für sich übernehmen, muß sie an andere abgeben" [F 20-Gruppe A]

- „wegen einer Flasche Wein, die sie trank, [sei sie aus der stationären Behandlung] rausgeflogen ... es fällt auf, daß sie ... die Schuld eigentlich bei den Behandlern sucht" [F 27-Gruppe A]

- auf die Konfrontation der Therapeutin hin bezüglich des Suchtverhaltens der Patientin „zuckt sie mit den Schultern" [F 26-Gruppe D]

- „Sie habe jetzt eine Essenssperre, das läge an der Partnerschaft. Wenn ihr Freund auszöge, würde sie ohnehin von selber wieder zunehmen" [F 26-Gruppe D]

Früher Beginn des Mißbrauchs- und Suchtverhaltens:

- „Mit 14 fing es mit dem Drogenkonsum an, zunächst Haschisch ... Sie habe danach von 15 bis 19 alles in sich hineingeschüttet, was es an Drogen gibt" [F 27-Gruppe A]

- „zunehmender Alkoholkonsum ab dem 15. Lebensjahr" [F 12-Gruppe A]

- „Der Patient hatte als 15-jähriger erste Kontakte mit Alkohol" [F 29-Gruppe A]

Das Suchtverhalten wird *öffentlicher* gelebt (außer bei der Bulimie); z.T. in gemeinschaftlicher Abhängigkeit und enger *Bindung* über die Sucht.

- „er sei in der Freizeit mit Alkoholikern zusammen gewesen ... Bei der Arbeit habe es durch [den Alkoholismus] wenig Probleme gegeben" [F 12-Gruppe A]

- „er sei bis zum 23. Lebensjahr quasi dauerbetrunken gewesen, habe mit der alkoholkranken Mutter dann gemeinsam in der Küche gestanden, beide hätten getrunken, wenn der eine keinen Wein oder Bier mehr gehabt habe, habe der andere noch eine Flasche gehabt" [F 12-Gruppe A]

Der *identitätsstiftende Charakter* des Suchtverhaltens ist bei diesen Patienten betont und wird von Patienten und Therapeuten beschrieben (Identifikation).

- „manchmal äße sie doch, was sie eigentlich nicht dürfe. Auch die Eltern hätten einen nervösen Magen, Mutter sei Alkoholikerin" .... „die Patientin stellt fest, daß sie der Mutter eigentlich sehr ähnlich wird [Eßsucht]. Mutter sei auch süchtig, nämlich mit Alkohol".... „beschäftigt sich damit, daß sie immer noch insofern an der Mutter hängt, daß diese als eine Art Vorbild wirkt, in Sachen Sucht, überhaupt kennt sich die Patientin in der Mutter an Hand Kleinigkeiten wieder." [F 30-Gruppe A]

- „gleicht seine Entwicklung der des [Alkoholiker-]Vaters" ... „beginnende Alkoholproblematik. Identifizierung via Symptom mit dem Vater" [F 7-Gruppe A]

- „Es erscheint jedenfalls so, daß die Patientin mit der ... alkoholtrinkenden und unzuverlässigen Mutter identifiziert ist" [F 27-Gruppe A]

Die *Suchtproblematik wird* oft *heruntergespielt* (Problemlosigkeit) und den Behandlern gegenüber *verleugnet*:

- „Offenbar beginnender Alkoholismus, er könne einfach nicht nein sagen, ... man würde halt immer
  zusammenhocken und ... trinken" ... „Bisher wenig Krankheitseinsicht ... Alkoholgefährdet sei er
  doch nur, wenn er schon morgens anfangen würde!" [F 7-Gruppe A]

- „[in der Klinik] habe man ihn einer Suchtgruppe zugewiesen, was ihn sehr gekränkt hat. Er habe
  sich damals in keiner Weise als Alkoholiker erleben wollen" [F 29-Gruppe A]

- „wobei beachtet werden müßte, daß [die Patientin] wahrscheinlich ihre bulimische Symptomatik
  eher herunterspielt" [F 30-Gruppe A]

- „Keinerlei Krankheitseinsicht, fühlt sich fit und gesund und lehnt es kategorisch ab, auch nur an
  eine stationäre Klinikaufnahme zu denken" [F 26-Gruppe D]

Die Patienten *fordern* Einsatz und *Aktivität von den Behandlern*, wobei sie bisherige Angebote
entwerten. Sie verharren in einer *passiven Erwartungshaltung* und stellen anspruchsvoll Bedingungen und Voraussetzungen an Therapie und Therapeuten.

- „nur passive Therapieerwartungen beim Patienten, ... die passive Vorstellung, für 10 Jahre zu
  schlafen, daß sich etwas verbessert hat und daß ihn einer begrüßt, wenn er aufwacht," ... „der
  tiefe Wunsch, da von jemandem rausgeholt zu werden" [F 29-Gruppe A]

- „Patientin fordert nun sofortige Hilfe, ... schon eine Reihe von Therapien ambulant und stationär
  gemacht"... „Tendenz, die bisherigen Therapien zu entwerten oder zunichte zu machen, dennoch
  aber vehement eine weitere Behandlung zu fordern" [F 5-Gruppe A]

- „Das [Eßsucht] müßte jetzt aufhören, sie kommt da alleine nicht heraus, ... Patientin wünscht
  Kontrolle von außen" [F 30-Gruppe A]

- „sie will ... in eine Kurklinik und ansonsten eine ambulante Gruppe, wo man mal über Essens- und
  Partnerprobleme sprechen kann" [F 26-Gruppe D]

Auf das „Verleugnen" und „Herunterspielen" der Suchtproblematik reagieren die Therapeuten
mit einer kritischen, konfrontativen Haltung. Wegen der passiven Einstellung und geringen
Therapiemotivation sind die Therapeuten mit *Therapieangeboten* sehr *zurückhaltend*.

- die Therapeutin führt „ihr [der Patientin] ihre lebensbedrohliche Situation mehrfach klar vor
  Augen" [F 26-Gruppe D]

- „fühle ich [Therapeutin] mich jedoch bedrängt, 'verhandeln' zu müssen [wegen einer Behandlung
  hier]. Bleibe jedoch standhaft." ... „Bei uns gibt es kein [Therapie-] angebot." [F 27-Gruppe A]

- „Eine stationäre Aufnahme bei uns erscheint auch nach Rücksprache in der Ambulanzkonferenz
  nicht indiziert, zum einen werden sich die illusionären Erwartungen der Patientin sicherlich auch
  hier nicht erfüllen" [F 22-Gruppe A]

Es finden sich „Helfer":

- „Jetzt Beziehung zu ihrem Chef, der hätte noch nie mit Drogen etwas zu tun gehabt und würde
  sich [in die Suchtproblematik der Patientin] jetzt aber gut einfühlen können. Wolle ihr helfen"
  [F 27-Gruppe A]

- „[der Hausarzt unterstützt die Vorstellungen der Patientin entgegen der Indikationsentscheidung
  der Therapeutin]: Will mit ihr ein ambulantes, engmaschiges Programm zur Gewichtszunahme
  durchführen und meint, dies sei ausreichend"[F 26-Gruppe D]

Bei der Patientin aus Gruppe D wird der frühe Beginn der Sucht nicht gefunden. Unterschiedlich ist auch die engagierte Reaktion der Therapeutin, die der Patientin mehrfach eine Behandlung nahelegt. Zu erklären ist dies mit der verweigernden Haltung der Patientin, mit welcher sie die Therapeutin dazu bringt, Verantwortung und Initiative für sie zu übernehmen.

GRUPPE B: 'VERPFLICHTUNG-BEMÜHUNG' (AKTIV-ANDERE)

Die Patientinnen reagieren mit *ausgeprägten Schuld-* und *Schamgefühlen* auf ihr Suchtverhalten. Das hat eine Verheimlichung der Sucht vor den Angehörigen zur Folge und ein „Leben der Sucht im Verborgenen". Die Patientinnen neigen bei ihren hohen Selbstansprüchen dazu, sich schnell Vorwürfe zu machen und sich selbst zu entwerten. Ein schlechtes Gewissen begünstigt wiederum Rückfälle und eine Verstärkung der Symptomatik.

- „Sie habe ein schlechtes Gefühl hinterher [Sucht], ihr Verstand sage ihr, daß sie ihren Körper damit kaputt mache und damit sei ja dann die Familie die Leidtragende ihres Leichtsinns" [F 25]
- „sie sich keine Ruhe gönnen könne, sofort ein schlechtes Gewissen bekomme ... in diesem Zusammenhang auch wieder Zunahme der bulimischen Symptomatik, ... gelegentlich setze sie sich auch mittags mal eine halbe Stunde hin, ... mache sich dabei aber Vorwürfe" [F 23]
- „vorab habe sie die [Eßsucht] , die seit etwa 10 Jahren bestünde, allen verschwiegen" [F 23]

Im Gegensatz zur Gruppe A besteht durchaus ein *Krankheitsbewußtsein* und ein meist ausgeprägter Leidensdruck. Die Schwierigkeiten, über die Thematik zu sprechen, ergeben sich hier aus den übergroßen *Scham-* und *Schuldgefühlen*. Die Behandler zeigen die Tendenz bzw. sehen sich in der Gefahr, die Suchtproblematik und Symptomatik geringer zu bewerten und die Patientinnen als 'gesünder' einzuschätzen:

- „Ich sehe wohl die bulimische Symptomatik ... zögere, von einer ausgesprochenen Bulimie zu sprechen" [„Patientin berichtet von einer seit mindestens 10 Jahren bestehenden bulimischen Symptomatik ... mit jetzt täglich mehrfachen Eß-Brechanfällen"] [F 23]
- „wobei es mir recht evident erscheint, daß es sich keineswegs um eine Suchtproblematik handelt"; die Patientin meint dazu: „glaube sie nun, daß sie vielleicht Alkoholikerin sei ... [jedenfalls trinke sie etwas, wenn sie wieder über ihre Sorgen nachgrüble, ... sie neige neben dem Alkoholgebrauch zur Problemlösung dazu, daß sie das Essen verweigere]" [F 16]

Zusätzlich läßt sich im Gegensatz zur Gruppe A ein stabilisierender *„Ersatzbefriedigungscharakter"* des Suchtverhaltens feststellen. Bei den Patientinnen der Gruppe B zeigt sich eine *ausgeprägte Diskrepanz* zwischen der nach außen demonstrierten Bedürfnislosigkeit und der in der Suchtsymptomatik gelebten teilweise exzessiven ersatzweisen Befriedigung ihrer Bedürftigkeit:

- „Vermutlich tröstet sie sich mit dem Essen, das Sucht-, Befriedigungscharakter hat" [F 25]
- „sie esse einfach zuviel, könne kein Ende finden, das sei der einzige Genuß, den sie habe, ... zunehmende 'Eßgelüste' auf Süßigkeiten, ... wobei das [gesundheitlich] natürlich Gift sei, sie dennoch nicht verzichten könne" bei einem „Lebensstil mit extrem altruistischer Abtretung eigener Versorgungswünsche und hohen Leistungsansprüchen" [F 23]

Verglichen mit Gruppe A sind die Therapeuten aufgrund der selbstaufopfernden, genügsamen Seite der Patientinnen verständnisvoller, bereitwilliger (z. B. *Therapieangebot*) und weniger kritisch oder konfrontativ:

- Ein Therapeut ist „beeindruckt von der Härte des Umgangs der Patientin mit sich selbst, wobei sie sich anderen gegenüber quasi bedürfnislos zeigt". Die „Patientin hatte keinerlei Tendenz, zu klagen oder über ihr Schicksal zu jammern". Die Tatsache, daß sich die Patientin nach dem Gespräch weiterhin altruistisch „in der Führung des Haushalts etc. verausgabt", veranlaßte den Therapeuten dazu, der Patientin ein Behandlungsangebot auf der eigenen Station zu machen. [F 23]

Einer Behandlung stehen jedoch die **enormen Verantwortlichkeitsgefühle für andere** und das schlechte Gewissen im Weg und gefährden die Therapie. Die Patientinnen scheinen ihren Posten nicht verlassen zu können.

- „Wegen ihrer Nachtschicht sei jede ambulante Therapie zum Scheitern verurteilt" ... „wolle die Nachtschicht nicht aufgeben aus dem Gefühl heraus, daß an ihr die Verantwortung [für die Versorgung der Familie] hänge" [F 25]
- „sie fühle sich extrem für ihre Kinder verantwortlich, ... berichtet mehrfach, daß sie sich schuldig fühlt, den Kindern keine gute Mutter zu sein ... sie denke, ihr Leben sei für ihre Kinder da" ... „im Falle einer stationären Therapie habe sie [bereits Vorsoge getroffen]" [F 25]
- „viel größere Sorgen mit der Tochter, ... die Patientin sich bis heute vorwerfe ..., es solle [der Tochter] jedoch besser gehen als der Patientin selbst" [F 23]

Im Gegensatz dazu berichtet eine Therapeutin über eine Patientin aus Gruppe A:

- „Es ist wohl bezeichnend, daß ich auch beim Diktieren erst zum Schluß erwähne, daß die Patientin ein 5-jähriges Kind hat, das sie ganz am Rande erwähnt. Dies auch unter dem Gesichtspunkt einer stationären Aufnahme" (Therapeutin übernimmt die Sorge und Verantwortung für das Kind) [F 30]

ZUSAMMENFASSUNG

Charakteristisch in bezug auf das Suchtverhalten bei GRUPPE-A-Patienten sind eine **geringe Verantwortungsübernahme** sowie eine **mangelnde Krankheitseinsicht** bei verhältnismäßig **geringem Leidensdruck**. Das Suchtverhalten wird vergleichsweise offener und eher in Gemeinschaft gelebt. Die therapeutische Arbeit mit diesen Patienten ist erschwert durch die mangelnde Verantwortungsübernahme, eine **geringe Motivation** bei vergleichsweise hohem Krankheitsgewinn und einer beträchtlichen Vorwürflichkeit und Kränkbarkeit dieser Patienten. Daraus resultiert auf Beziehungsebene leicht eine negative Gegenübertragung sowie eine kritische und zurückhaltende Einstellung der Therapeuten.

Suchtpatienten aus GRUPPE B dagegen zeigen einen **starken Leidensdruck** und ein vorhandenes **Krankheitsbewußtsein**. Besonders hervorzuheben ist die Diskrepanz zwischen der nach außen demonstrierten Bedürfnislosigkeit und einer exzessiven, heimlich in der Sucht gelebten Bedürftigkeit mit enormen **Selbstvorwürfen** und **Selbstentwertungen**. Als erschwerende Momente für die therapeutische Arbeit sind die ausgeprägten **Scham-** und **Schuldgefühle** zu nennen, die einer Auseinandersetzung mit der Suchtthematik genau wie einer Veränderung im Weg stehen. Auf Seiten der Therapeuten besteht die Gefahr, die Suchtproblematik geringer zu bewerten und die Patientinnen als 'gesünder' einzuschätzen als die der anderen Gruppe.

6.4 BEZIEHUNG ZUM ELTERNHAUS

Bei der Betrachtung der aktuellen Beziehung der Patienten zu ihren Eltern ist eine intensive gedankliche Beschäftigung mit den Eltern und eine oft sehr enge Bindung an diese auffallend. Dadurch entsteht mitunter eine starke Einschränkung in wichtigen Lebensbereichen, die Symptomwert besitzt. Daher erfolgt eine weitergehende Untersuchung der Art der aktuellen Beziehungsgestaltung. Ein Kategoriensystem wird entwickelt. Danach werden Eigenschaften und Dimensionen bestimmt, die die Art und Weise der Beziehung beschreiben.

Zunächst muß zwischen einer *räumlichen Nähe* zu den Eltern und einer *Bindung* an die Eltern (Involviertsein in die Beziehung) zu unterschieden werden. Für die Kategorie *Bindung* ergeben sich weitere Subkategorien:

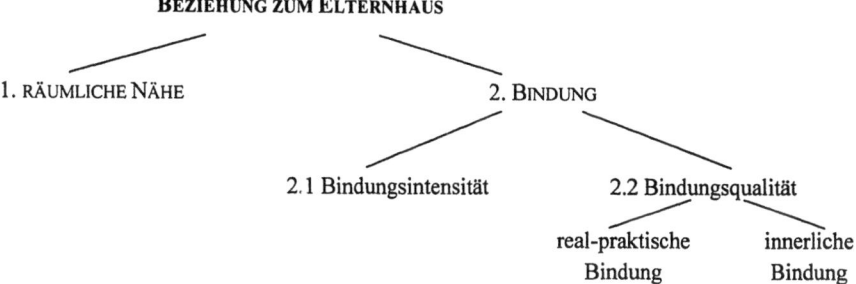

1. RÄUMLICHE NÄHE

Hier werden Aussagen über die *räumliche Nähe* zu den Eltern (z. B. Zusammenleben in einem Haushalt) sowie die Häufigkeit der stattfindenden *Kontakte* (z. B. täglich) subsumiert. Kodiert wird entsprechend der folgenden Skala:

1 Kontakt sehr eng: im Elternhaus lebend, ständiger Kontakt
2 Kontakt eng: häufige Besuche und Kontakte
3 Kontakt selten
4 Kontakt abgebrochen, extrem distanziert

Zur Vereinfachung werden in die spätere Auswertung nur Wert 1 (sehr enger Kontakt bzw. im Elternhaus lebend) und Wert 4 (Kontaktabbruch) einbezogen.

2. BINDUNG

Die Kategorie Bindung wird in die zwei Subkategorien *Bindungsintensität* und *Bindungsqualität* unterteilt:

2.1. Bindungsintensität

Diese Subkategorie erfaßt die Wichtigkeit und Bedeutung der aktuellen Beziehung für den Patienten, d. h. das Ausmaß seiner Beschäftigung und seines Involviertseins in die Beziehung.

Die *Bindungsintensität* wird auf einer dreistufigen Skala geratet:

1 sehr enge und intensive Bindung
   (=sehr wichtige Bedeutung, ständige innerliche oder äußere Beschäftigung, intensives Involviertsein, starke Verstrickung mit Einschränkung, Leidensdruck, Symptomwert)

2 enge Bindung
   (=Involviertsein, wichtige Bedeutung, jedoch keine größere Einschränkung in wesentlichen Lebensbereichen, kein Symptomwert)

3 geringe Bindung
   (wenig Bedeutung, untergeordnete Rolle)

2.2. Bindungsqualität

Die zweite Subkategorie „Bindungsqualität" erfaßt die Art und Weise der Verbindung zu den Eltern. Unterschieden wird eine *real-praktische* (äußerliche) Bindung und eine *innerliche* Bindung. Einige Beispiele sollen die beiden Kategorieausprägungen veranschaulichen:

REAL-PRAKTISCHE (ÄUBERLICHE) BINDUNG	INNERLICHE BINDUNG
•Versorgt werden durch die Eltern, die Eltern fordern, beanspruchen •Versorgung, Betreuung, Unterstützung der Eltern •Beistand, Schutz, Sorge für die Eltern	•Verantwortungs- und Verpflichtungsgefühle, •Schuldgefühle, schlechtes Gewissen, Grübeleien, sich sorgen, Gedanken machen •intensive Haßgefühle •Erwartungshaltung, Vorwurfshaltung

In einigen Fällen sind beide Ausprägungen vorhanden. In der Gruppenauswertung erfolgt dann eine Festlegung auf die Beziehungsqualität, die im Vordergrund steht.

Die Auswertung der 'Beziehung zum Elternhaus' erfolgt nun als *Gruppenvergleich* zwischen den Gruppen A, B, C und D:

GRUPPE A: 'ABHÄNGIGKEIT-INANSPRUCHNAHME' (PASSIV-SELBST; N=11)

FALL	ALK ELT*	RÄUMLICHE NÄHE/BINDUNG MUTTER	RÄUMLICHE NÄHE/BINDUNG VATER
5	V	im Elternhaus lebend/ sehr enge Bindung: real-praktisch	Kontaktabbruch/ b
7	V & Stv	im Elternhaus lebend/ sehr enge Bindung: real-praktisch	im Elternhaus lebend/ sehr enge Bindung: real-praktisch
8	V	im Elternhaus lebend/ sehr enge Bindung: real-praktisch	Kontaktabbruch/ b
9	M&V	b/ enge Bindung: innerlich	b/ enge Bindung: innerlich
10	V	b/ sehr enge Bindung: real-praktisch	Kontaktabbruch/ geringe Bindung

FALL	ALKELT	RÄUMLICHE NÄHE/BINDUNG ZUR MUTTER	RÄUMLICHE NÄHE/BINDUNG ZUM VATER
12	M	im Elternhaus lebend/ sehr enge Bindung: real-praktisch	im Elternhaus lebend/ sehr enge Bindung: real-praktisch
20	V	im Elternhaus lebend/ b	im Elternhaus lebend/ b
22	M	b/b	b/b
27	M	im Elternhaus lebend/ sehr enge Bindung: real-praktisch	b/ geringe Bindung
29	V	Kontaktabbruch/ geringe Bindung	Kontaktabbruch/ geringe Bindung
30	M	b/ enge Bindung: innerlich	b/ enge Bindung: innerlich

a = Alkoholikerelternteil
b = keine ausreichenden Angaben/Tod der Eltern

• GRUPPE A (N=11): 'ABHÄNGIGKEIT-INANSPRUCHNAHME' (PASSIV-SELBST)

Zum Elternhaus besteht aufgrund der eigenen Abhängigkeit und Unselbständigkeit eine sehr *enge Bindung*. Der überwiegende Teil der Gruppe-A-Patienten *(66%)* ist in einer *real-praktischen* Abhängigkeitsbeziehung *sehr eng* vor allem an die Mutter *gebunden*. Bei *6 Patienten (60%)* wird erwähnt, daß sie noch *im Elternhaus leben* (räumlich enge Bindung). Parallel dazu berichten 40% jedoch von einem *Kontaktabbruch* zum Alkoholikervater.

GRUPPE B: 'VERPFLICHTUNG-BEMÜHUNG' (AKTIV-ANDERE; N=12)

FALL	ALK ELT[a]	RÄUMLICHE NÄHE/BINDUNG MUTTER	RÄUMLICHE NÄHE/BINDUNG VATER
1	M	b/ sehr enge Bindung: innerlich	Ø/ geringe Bindung
2	V	Ø/ b	Ø/ b
3	V	im Elternhaus lebend/ sehr enge Bindung: real-praktisch	im Elternhaus lebend/ b
6	V	Ø/ b	Kontaktabbruch/ geringe Bindung
15	M & V	im Elternhaus lebend/ sehr enge Bindung: innerlich	Ø/ b
16	M	b/ sehr enge Bindung: innerlich	b/ enge Bindung: innerlich
19	V	b/ sehr enge Bindung: innerlich	Ø/ geringe Bindung
23	M	Ø/ b	Ø/ b

Fortsetzung der Tabelle („Beziehung zum Elternhaus" Gruppe B)

FALL	ALKELT	RÄUMLICHE NÄHE/BINDUNG ZUR MUTTER	RÄUMLICHE NÄHE/BINDUNG ZUM VATER
24	V & Stv	b/ sehr enge Bindung: innerlich	Kontaktabbruch/ geringe Bindung
25	V	∅/ b	∅/ b
28	V	b/ enge Bindung: innerlich	b/ enge Bindung: innerlich
31	V	b/ enge Bindung: innerlich	b/ sehr enge Bindung: innerlich

a = Alkoholikerelternteil
b = keine ausreichenden Angaben/Tod der Eltern
∅-= nicht im Elternhaus lebend

• GRUPPE B (N=12): 'VERPFLICHTUNG-BEMÜHUNG' (AKTIV-ANDERE)

Charakteristisch ist eine **sehr enge, innerliche Bindung** an die Eltern, die gekennzeichnet ist, durch eine ständige gedankliche Beschäftigung mit den Eltern in Form von Gewissenskonflikten, Grübeleien, Verpflichtungs-, Schuld- oder auch Haßgefühlen. Diese enge, intensive Bindung wird von 62% der Patienten dieser Gruppe berichtet. Hierbei ist vor allem die Beziehung zur **Mutter** bedeutsam, die im Gegensatz zu Gruppe A oft leidvoll oder quälend erlebt wird und mit einer starken Einschränkung der Lebensqualität verbunden ist. Bei Abgrenzungsversuchen reagieren die Patienten mit belastenden Schuldgefühlen. Die Gestaltung des räumlichen Kontakts ist insofern relativ unauffällig, daß vergleichsweise selten von extremer Nähe (22% Zusammenleben) oder von Kontaktabbrüchen (17%) berichtet wird.

GRUPPE C: 'ANPASSUNG-ZURÜCKNAHME' (PASSIV-ANDERE/SELBST; N=6)

FALL	ALKELT[a]	RÄUMLICHE NÄHE/BINDUNG MUTTER	RÄUMLICHE NÄHE/BINDUNG VATER
4	M	im Elternhaus lebend/ sehr enge Bindung: real-praktisch	im Elternhaus lebend/ enge Bindung: real-praktisch
13	V	im Elternhaus lebend/ enge Bindung: innerlich	im Elternhaus lebend/ b
14	V	b/b	b/b
17	V	im Elternhaus lebend/ sehr enge Bindung: innerlich	b/b
18	V	b/ enge Bindung: real-praktisch	∅/ geringe Bindung
21	V	b/b	b/b

a = Alkoholikerelternteil
b = keine ausreichenden Angaben/Tod der Eltern
∅-= nicht im Elternhaus lebend

• GRUPPE C (N=6): 'ANPASSUNG-ZURÜCKNAHME' (PASSIV-ANDERE/SELBST)

Die Bindung an das Elternhaus stellt sich vergleichsweise weniger intensiv und unauflösbar dar als in Gruppe A und B. Zwar lebt die Hälfte der Patientinnen *im Elternhaus*, jedoch ist dieses Ergebnis aufgrund des jungen Alters der Patientinnen mit Vorsicht zu betrachten. Hinsichtlich der Bindungsintensität und -qualität zeigt sich in dieser Gruppe kein durchgängiges Muster. Kontaktabbrüche werden nicht berichtet.

GRUPPE D: 'DISTANZIERUNG-ZURÜCKWEISUNG' (AKTIV-SELBST; N=2)

FALL	ALK ELT[a]	RÄUMLICHE NÄHE/BINDUNG MUTTER	RÄUMLICHE NÄHE/BINDUNG VATER
11	V	Kontaktabbruch/ enge Bindung: innerlich	Kontaktabbruch/ geringe Bindung
26	V	Kontaktabbruch/ geringe Bindung	Kontaktabbruch/ geringe Bindung

a = Alkoholikerelternteil

• GRUPPE D (N=2): 'DISTANZIERUNG-ZURÜCKWEISUNG' (AKTIV-SELBST)

Beide Patienten (*100%*) haben den Kontakt zu den Eltern (und überwiegend auch zu den Geschwistern) *abgebrochen*. Einer der beiden Patienten ist zumindest über seine gedankliche Beschäftigung mit Mutter und Bruder sehr an diese gebunden.

ZUSAMMENFASSUNG BEZIEHUNG ZUM ELTERNHAUS

	GRUPPE A (n=11)[a] (PASSIV-SELBST)	GRUPPE B (n=12)[a] (AKTIV-ANDERE)	GRUPPE C (n=6)[a] (PASSIV-ANDERE /SELBST)	GRUPPE D (n=2)[a] (AKTIV-SELBST)
RÄUMLICHE NÄHE	60% im Elternhaus	22% im Elternhaus	50% im Elternhaus (2 junge Patienten)	0% im Elternhaus
KONTAKT-ABBRÜCHE	40% zum Alkoholikervater	17% zum Alkoholikervater	0%	100% zum Alkoholikervater
BINDUNGS-INTENSITÄT UND QUALITÄT	66% *sehr enge Bindung:* real-praktisch v.a. an die Mutter	62% *sehr enge Bindung:* innerlich v.a. an die Mutter	variiert stark	1 Patient: Bindung: innerlich an die Mutter

[a] *alle Prozentangaben beziehen sich auf die Anzahl der Fälle mit vorhandenen Aussagen*

Eine *große räumliche Nähe* zu den Eltern wird bei insgesamt 11 Patienten des Samples festgestellt. Diese räumliche Nähe geht mit Ausnahme eines Patienten mit einer sehr engen, intensiven Bindung zumindest an einen Elternteil (v.a. Mutter) einher.

Im Falle einer *sehr engen Bindung* an das Elternhaus kann diese sowohl auf einem real-praktischen (äußerlichen) Kontakt beruhen als auch in Form einer starken innerlichen Beschäftigung mit dem Elternteil bestehen. Diese betont enge Bindung an das Elternhaus findet sich vor allem bei Patienten der *Gruppen A* und *B*, jedoch in unterschiedlicher Form. Gruppe-A-Patienten sind überwiegend in einer real-praktischen Abhängigkeitsbeziehung gebunden. Patienten der Gruppe B sind dagegen durch eine ständige gedankliche Beschäftigung sowie durch Verpflichtungs- und Schuldgefühle innerlich stark gebunden.

Insgesamt wird eine sehr enge Bindung wesentlich *öfter in der Beziehung zur Mutter (61%;* n=14) als zum Vater (13%; n=3) festgestellt und zwar *unabhängig,* ob die Mutter Alkoholikerin ist oder nicht. In der Beziehung zum *Vater* wird häufiger von *Kontaktabbrüchen (30%,* n=8) berichtet als in der Beziehung zur Mutter (11%; n=3). Den Kontakt zur Alkoholikermutter hat keiner der Patienten abgebrochen.

6.5 Umgang mit Aggressionen und Konflikten

In den Beurteilungen und Interpretationen der Therapeuten[16] stehen Ausführungen über die Aggressions- und Konfliktthematik der Patienten oft im Vordergrund. Fast durchweg stellen die Therapeuten einen problematischen Umgang mit den zum Teil enormen aggressiven Gefühlen und Impulsen fest. Den Patienten sind ihre Aggressionen auf einer bewußten Ebene häufig nicht zugänglich. Sie haben Schwierigkeiten damit, sich Auseinanderzusetzen zu stellen, Konflikte auszutragen und ihre Aggressionen auszudrücken. Die Patienten haben (unbewußt) verschiedene Strategien entwickelt, ihre Aggressionen anderweitig zu handhaben.

Folgende *Ausprägungen einer Aggressionsproblematik* werden in den Protokollen dargestellt:

• *Vermeidung von Konflikten, Auseinandersetzung, Abgrenzung*
  • „der Patient in den Gesprächen, in denen er besonders Angst hat, seinen Ärger zum Ausdruck zu bringen, er dann soviel drum herum redet, daß ..." [F 6]
  • „Vermeidung aggressiver Impulse, vor allem gegen den Vater" [F 7]

• *Autoaggressives Verhalten*
  • „[Sucht als] ausgesprochen selbstdestruktive, beinahe parasuizidale Handlungsweise, ... selbstzerstörerische Anteile" [F 28]

• *Bindung von Aggressionen durch intensive Abhängigkeitsbeziehungen und Schuldgefühle*
  • „die erhebliche latente Aggressivität der Patientin sich in diesen intensiven Bindungen an hochproblematische Personen ... ausdrückt" [F 28]
  • „Mörderische, vernichtende Aggressionen, die sie nirgends unterbringen kann, ... in der enormen Abhängigkeit gebunden sind" [F 5]
  • „die Patientin ist ausgesprochen schuldhaft an die Mutter gebunden, ... Enttäuschungswut zu den heftigen Schuldgefühlen führt" [F 1]

---

[16] siehe dazu Ausführungen zur Art der Daten unter Kapitel 4.3

•*DELEGATION DES AUSDRUCKS AGGRESSIVER AFFEKTE UND IMPULSE*

- „Interessant ist auch die Tatsache, daß der Freund die Bevorzugung zum Thema macht, vermutlich drückt er hier aggressive Wünsche und Forderungen der Patientin an die Mutter aus, die sie selber nicht in der Lage ist auszudrücken" [F 4]

•*PASSIV-AGGRESSIVES VERHALTEN*

- „Er macht mich [Therapeutin] dadurch aggressiv, daß er sich derartig hängen läßt und auch noch nicht einmal in Erwägung gezogen hat, sich vielleicht ... Er wartet quasi passiv darauf, daß ..." [F 7]

•*SOMATISIERUNG AGGRESSIVER AFFEKTE*

- „Somatisierung der ... abgewehrten ['starken aggressiven'] Affekte und Bedürfnisse" [F 3]

Im GRUPPENVERGLEICH werden die Gruppen A, B, C und D hinsichtlich des Umgangs mit *Aggressionen und Konflikten* verglichen. Eine ausführliche Aufstellung der Einzelfallauswertung findet sich im Anhang. An dieser Stelle erfolgt eine Zusammenfassung der Ergebnisse.

ZUSAMMENFASSUNG UMGANG MIT AGGRESSIONEN UND KONFLIKTEN

	GRUPPE A (n=11) (PASSIV-SELBST)	GRUPPE B (n=12) (AKTIV-ANDERE)	GRUPPE C (n=6) (PASSIV-ANDERE /SELBST)	GRUPPE D (n=2) (AKTIV-SELBST)
AUSPRÄGUNG DER AGGRESSIONS-PROBLEMATIK	•Bindung der Aggression durch intensive Bindung an die Personen •Autoaggression, passiv-aggressiv •oral-aggressiv „Einverleibung" •Konflikt-vermeidung	•Bindung der Aggression in intensiven Bindungen mit Sorge und Schuldgefühlen •Autoaggression: Sucht, Somatisierung •Konflikt-vermeidung	•Konflikt-vermeidung •passiv-aggressiv, Delegation •autoaggressiv, z.T. masochistisches Beziehungsangebot	•Konflikt-vermeidung •aggressiv in der Zurückweisung und Entwertung anderer

•*GRUPPE A (N=11): 'ABHÄNGIGKEIT-INANSPRUCHNAHME' (PASSIV-SELBST)*

Die bestehende Aggressionsproblematik äußert sich in der Zurückhaltung teils heftiger aggressiver Impulse. Aggressionen sind in engen, *intensiven Abhängigkeitsbeziehungen*, die vor allem an die Eltern bestehen, gebunden und dadurch weniger bedrohlich. Die erlebte Abhängigkeit und Unselbständigkeit ist eine erneute Quelle für aggressive Gefühle. Sie ist gleichzeitig aber auch Garant dafür, daß die Wut über frühe enttäuschende Erfahrungen vom Bewußtsein fern gehalten wird. Erreicht wird außerdem, daß durch die Versorgungsverpflichtung der anderen, zumindest teilweise „Wiedergutmachung" geleistet werden muß. Weitere Aggressionsvermeidungsstrategien sind die Wendung der *Aggression gegen die eigene Person* sowie ein *passiv-aggressives* Verhalten mit einer Delegation der Aggressionen an andere. Die Therapeuten berichten von aggressiven Gegenübertragungen. In der einverleibenden, konsumierenden Haltung der Patienten werden allerdings auch aggressive Verhaltensmomente i. S. einer oralen Aggressivität bei den Patienten deutlich.

• *GRUPPE B (N=12): 'VERPFLICHTUNG-BEMÜHUNG' (AKTIV-ANDERE)*

Die ebenfalls vorhandene ausgeprägte Aggressionsproblematik äußert sich in einem „aufopfernden" *autodestruktiven* Verhalten der Patienten. Das Gegenüber wird dabei in seiner schwachen und abhängigen Position festgehalten. Die aggressive, Macht ausübende Komponente dieses, die anderen „klein und unselbständig haltenden" Arrangements wird kaum erwähnt. Weitere autodestruktive Tendenzen werden in dem Suchtverhalten der Patienten erkennbar. Wie bei Gruppe A gelingt eine Kontrolle von aggressiven Gefühlen durch eine *Bindung* an wichtige Bezugspersonen (Eltern); hier allerdings über ausgeprägte *Schuldgefühle* und eine ständige, *sorgenvolle* oder *sorgende Beschäftigung* mit diesen Personen.

• *GRUPPE C (N=6): 'ANPASSUNG-ZURÜCKNAHME' (PASSIV-ANDERE/SELBST)*

Es wird kein einheitliches Muster in diesem Konfliktbereich deutlich. Durchgängig steht allerdings ein stark ausgeprägtes Konfliktvermeidungsverhalten im Vordergrund. Die Patienten vermeiden tendenziell jegliche Auseinandersetzungen und Konfrontationen und sind stark darum bemüht, Spannungen zu vermeiden oder auszugleichen. Weiterhin bedeutsam ist ein *passiv-aggressives* Verhaltensmuster mit einer *Delegation* aggressiver Gefühle und Impulse an andere (z. B. Partner agiert stellvertretend für die Patientin gegen die Eltern).

• *GRUPPE D (N=2): DISTANZIERUNG-ZURÜCKWEISUNG' (AKTIV-SELBST)*

Aggressive Gefühle und Impulse werden vergleichsweise offensiv in einer Ablehnung, Zurückweisung und Entwertung des Gegenübers gezeigt. Diesen Patienten ist es allerdings ebenfalls nicht möglich, eine offene, konstruktive Auseinandersetzung und Konfrontation zu führen.

6.6 THERAPEUTISCHE ARBEITSBEZIEHUNG

Bei der Auswertung der Erstinterviewgespräche ist die Analyse der Beziehung zwischen Patient und Therapeut von besonderer Bedeutung. In die Einzelfallauswertungen der aktuellen Beziehungsgestaltung (vgl. Kapitel 4.5.3) wurden Beziehungsaussagen zur Patient-Therapeut-Beziehung nicht einbezogen. Diese werden an dieser Stelle gesondert untersucht.

In den Protokollen finden sich Beurteilungen der Patient-Therapeut-Beziehung. Darüber hinaus liefern Aussagen über den Gesprächsverlauf und das Gesprächsergebnis weitere wichtige Informationen über den Kontakt zwischen beiden Interaktionspartnern. Bei der Einschätzung und Auswertung der Interaktion zwischen Patient und Therapeut erweist sich die Subkategorie

Entwicklungspotential (Veränderung und Entwicklung des Patienten) in Hinblick auf die therapeutische Zusammenarbeit und die Behandlung als besonders bedeutsam. Daher erfolgt in Kapitel 6.6.2 eine genaue Auswertung dieser Kategorie.

6.6.1 EINSCHÄTZUNG DES ARBEITSKONTAKTS

Eine Vielzahl von Faktoren und Bedingungen sind für die Beurteilung des therapeutischen Arbeitskontakts bedeutsam. Die nachstehenden Dimensionen der Kategorie Arbeitskontakt werden für deren Einschätzung herangezogen:

6.6.1.1 Dimensionen der Kategorie Arbeitskontakt

• ATMOSPHÄRE, ARBEITSGRUNDLAGE

Hierunter werden Bedingungen und Voraussetzungen zusammengefaßt, die *grundlegend* die Form des Kontakts bestimmen und entscheidend dazu beitragen, in welcher Weise sich die Begegnung gestaltet und welche Inhalte zum Tragen kommen (z. B. Vertrauen, Sympathie, Annahme, gegenseitiges Verständnis und Rücksichtnahme, Kommunikation, Verständigung). Meist schildert der Therapeut zu Beginn des Protokolls seinen ersten Eindruck vom Patienten und seine gefühlsmäßige Reaktion darauf (Gegenübertragung). Er beschreibt die Atmosphäre im Gespräch und macht Angaben darüber, inwieweit es beiden möglich ist, sich aufeinander einzustellen und abzustimmen. Manchmal gibt der Therapeut eine typische Szene aus der Begegnung mit dem Patienten wieder, die das Auftreten des Patienten und die Interaktion zwischen beiden veranschaulicht:

> In dem Fallbericht 10 beschreibt die Therapeutin recht deutlich *Schwierigkeiten* im Kontakt mit der Patientin: „[die Patientin] ist äußerst retentiv, kann oder will nichts erzählen, Anfragen beantwortet sie mit Gegenfragen ... sie ist wenig bereit, mit mir die Frage einer psychosomatischen Genese durchzugehen ... ich habe große Schwierigkeiten, mit ihr überhaupt ein Gesprächsbündnis herzustellen"[F 10]

Bestimmte Voraussetzungen, wie z. B. ein Mindestmaß an Vertrauen, müssen gegeben sein, damit das Besprechen konfliktreicher oder emotional belastender Inhalte möglich werden kann (vgl. Kapitel 2.3.2). Können Schwierigkeiten, Enttäuschungen und Meinungsverschiedenheiten angesprochen werden, weist das auf einen tragfähigen Kontakt und eine gute Arbeitsgrundlage hin.

• AUSEINANDERSETZUNG UND ENTWICKLUNG

Voraussetzung dafür, daß Veränderungen und Entwicklungen stattfinden können, ist eine gelungene Auseinandersetzung mit dem Gegenüber und die Fähigkeit, sich gegenseitig erreichen zu können. Für eine gute Arbeitsbeziehung sind auf Seiten des Patienten ein bestimmtes Maß an *Frustrationstoleranz* und *Konfliktfähigkeit* notwendig. Sind diese nicht vorhanden, kann *Entwicklung* und Veränderung trotz guter Vorsätze und Wünsche nicht stattfinden. Die *Auseinandersetzung* und Reaktion des Patienten in kritischen Gesprächsmomenten liefert die Grundlage für die Beurteilung seiner Konfliktfähigkeit und Frustrationstoleranz. Es zeigt sich, ob es im Kontakt möglich ist, Differenzen anzusprechen und zu verhandeln, ob eine Einigung erzielt werden kann oder ob es zu schweren Kränkungen und zu Abbrüchen kommt. Einbezogen wird an dieser Stelle ebenfalls die Beziehung des Patienten zu früheren Behandlern, die Bewertung der daraus entstandenen Erfahrungen sowie die erzielten Resultate in den *Vorbehandlungen*.

• MOTIVATION UND VERANTWORTUNG

Aussagen über die Motivation des Patienten, sein Interesse sowie seine Bereitschaft zur Übernahme von Verantwortung finden sich in nahezu allen Berichten. Bereits die Umstände, die dazu führen, daß der Patient die psychosomatische Ambulanz aufsucht, bieten wichtige Informationen darüber, inwieweit der Patient ein eigenes Anliegen hat oder nur durch andere „geschickt" wird. So demonstrieren mehrmalige gescheiterte Anläufe bis zum Untersuchungstermin und das Kommen lediglich aufgrund des Drängens des behandelnden Arztes oder eines Angehörigen die ambivalente Einstellung des Patienten gegenüber der Untersuchung und einer Behandlung.

> Es folgt ein Beispiel für die geringe Bereitschaft einer Patientin, in der Therapie Verantwortung zu übernehmen, so daß eine Arbeitsbündnis mit ihr nur schwer herzustellen ist: „ es wird deutlich, ..., es müssen andere schuld sein: Sie [die Patientin] kann keine Verantwortung für sich übernehmen, muß sie an andere abgeben."

Auch auf Seiten des Therapeuten sind das Interesse und die Motivation unterschiedlich. Seine Bereitschaft, sich für den Patienten einzusetzen, weitere Gespräche anzubieten, eine Indikationsentscheidung zu treffen und sich um die Planung der Behandlung zu bemühen, ist stark von der Therapiemotivation des Patienten abhängig. Dieser Aspekt wird in Kapitel 6.6.3 näher ausgeführt.

Zur Beurteilung der Therapiemotivation werden vom Therapeuten als wichtige Kriterien der Leidensdruck des Patienten und der bestehende Krankheitsgewinn herangezogen. Unter Berücksichtigung dieser Kriterien nimmt der Therapeut seine *prognostische Einschätzung* des Krankheitsverlaufs vor.

• PERSÖNLICHE ANGABEN UND BEZIEHUNGSSCHILDERUNGEN

Wie bereits erwähnt läßt die Thematisierung und Behandlung schwieriger, emotional bedeutsamer und schambesetzter Inhalte (z. B. „Familientabus" wie Sucht oder psychische Erkrankungen) einen wichtigen Rückschluß auf den stattgefundenen Kontakt zu. Die Ausführlichkeit, Plastizität und Nachvollziehbarkeit, mit der *biographische Angaben*, Erlebnisse und Beziehungen im Bericht geschildert werden, spiegeln wider, wie offen der Patient sich anvertrauen kann und ob es ihm gelingt, sich verständlich zu machen.

• VERSTÄNDNIS UND KLÄRUNG

Diese Kategorie beinhaltet eine Einschätzung, inwieweit der Therapeut etwas von dem Patienten und seiner Situation versteht und inwiefern er die verbalen und nonverbalen Mitteilungen des Patienten in einen sinnvollen Zusammenhang bringen kann. Im positiven Fall wird die Formulierung einer schlüssigen *psychodynamischen Hypothese und* einer sicheren *Diagnose* möglich.

> Nach Rudolf (1993, S. 21) ist die „Schlüssigkeit des Textes [...] ein Hinweis auf die gelungene therapeutische Interaktion".

• GESPRÄCHSERGEBNIS

Ein weiteres Kriterium für die Einschätzung des Kontakts liefert das Ergebnis, das aus der Begegnung zwischen Patient und Therapeut entsteht. Hierzu finden sich in den Protokollen Angaben über die *Indikationsentscheidung,* über *Therapieempfehlungen, Behandlungsangebote* sowie über das geplante weitere Vorgehen. Das Fernbleiben des Patienten von einem vereinbarten Zweittermin oder von der Behandlung (stationäre Therapie) ist ein Kriterium für einen nicht gelungenen Kontakt. Der Patient demonstriert damit seine Unzufriedenheit, Angst oder Ambivalenz, auch wenn oder weil er diese im Gespräch mit dem Therapeuten nicht zum Ausdruck bringen kann.

6.6.1.2 Einschätzungsskala der Kategorie Arbeitskontakt

In einem nächsten Analyseschritt wird die Bewertung des Arbeitskontaktes nach den soeben beschriebenen Dimensionen ausgewertet. Um einen Vergleich zu ermöglichen, wird eine Beurteilung nach einer dreistufigen Bewertungsskala vorgenommen:

1 Kontakt gut gelungen:

• Atmosphäre, Arbeitsgrundlage

- Aufbau einer Arbeitsbeziehung/eines tragfähigen Arbeitsbündnisses gelingt gut,
- wohlwollende, vertrauensvolle Atmosphäre (Beziehung) mit dem Gefühl gegenseitiger Achtung, Wertschätzung und Sympathie,
- Patient kann mit seinem Anliegen Interesse, Anteilnahme, Mitgefühl und Verständnis beim Therapeuten wecken,
- Patient fühlt sich angenommen, verstanden, unterstützt.

• Auseinandersetzung und Entwicklung

- kooperative, gelungene Interaktion; Abwägungen, Kompromisse; aufeinander eingehen ist möglich (konstruktiver Aushandlungsprozeß),
- eine Klärung wichtiger Inhalte kann erfolgen,
- Patient hat Zugang zu inneren Konflikten, eigenen Anteilen an der Beziehungsgestaltung,
- Entwicklung/Veränderung des Kontakts im Verlauf des Gesprächs,
- Ausrichtung auf ein gemeinsames Ziel.

- Motivation und Verantwortung

  - Patient kann Eigenverantwortung übernehmen, zeigt Bereitschaft, aktiv mitzugestalten,
  - Patient kann sich öffnen, mitteilen, anvertrauen, ist emotional beteiligt, erreichbar,
  - Patient ist an einer Behandlung interessiert.

- Persönliche Angaben und Beziehungsschilderungen

  - differenzierte, reichhaltige, plastische biographische Schilderungen.

- Verständnis und Klärung

  - gutes psychodynamisches Verständnis der Beschwerden des Patienten, Klärung von Zusammenhängen (Konflikte - Biographie) gelingt,
  - Ausführungen sind nachvollziehbar.

- Gesprächsergebnis

  - begründete Indikationsentscheidung und entsprechende Behandlungsplanung, Empfehlung, Organisation, Einleitung der Behandlung.

2 Kontakt gelungen

- Atmosphäre, Arbeitsgrundlage

  - Aufbau einer Arbeitsbeziehung mit nötigem Vertrauen, Verständnis und Entgegenkommen ist teilweise erschwert, aber grundlegend möglich.

- Auseinandersetzung und Entwicklung

  - Auseinandersetzung gelingt nicht immer,
  - mitunter Schwierigkeiten beim Patienten, eigene Anteile zu erkennen oder zu verändern.

- Motivation und Verantwortung

  - eine Motivation ist zumindest in Ansätzen vorhanden oder kann erarbeitet werden,
  - Verantwortung für einzelne Bereiche kann übernommen werden, für andere nicht.

- Persönliche Angaben und Beziehungsschilderungen

  - über wichtige aktuelle und biographische Beziehungen und Personen kann berichtet werden,
  - an einzelnen Stellen kann eine Thematisierung erschwert bzw. nicht möglich sein.

- Verständnis und Klärung

  - Klärung wichtiger Sachverhalte, Zusammenhänge, situativer Ereignisse möglich,
  - geringe Mißverständnisse, Unklarheiten, Lücken im psychodynamischen Verständnis möglich.

- Gesprächsergebnis

  - Vereinbarung gelingt trotz möglicher Unzufriedenheiten und Differenzen bezüglich der Behandlungsvorstellungen.

3 Kontakt wenig gelungen

* Atmosphäre, Arbeitsgrundlage

  - zahlreiche Erschwernisse (formal und inhaltlich), mangelnde Arbeitsgrundlage,
  - kein tragfähiges Arbeitsbündnis,
  - Atmosphäre geprägt von Mißtrauen, Entwertung, Ablehnung (narzißtisches Beziehungsangebot),
  - Beschuldigung, Vorwurf, Anklage (depressives Beziehungsangebot).

* Auseinandersetzung und Entwicklung

  - enorme Kränkbarkeit, keine Einsichten, keine Veränderung,
  - starke Anpassung, Unterwerfung, Zurückhaltung,
  - Beziehungsabbruch.

* Motivation und Verantwortung

  - nicht vorhanden sind: Kooperation, Motivation, Interesse, Leidensdruck,
  - Rechtfertigung und Beschuldigung anderer, keine Eigenverantwortung.

* Persönliche Angaben und Beziehungsschilderungen

  - keine, unverständliche, verwirrende, unzusammenhängende, farblose Beziehungsbeschreibungen,
  - Zurückhalten von Informationen, Kontrolle, Manipulation,
  - fehlende emotionale Beteiligung.

* Verständnis und Klärung

  - Auftreten gehäufter Mißverständnisse, Unklarheiten,
  - Klärung meist nicht möglich,
  - fehlende psychodynamische Hypothesen.

* Gesprächsergebnis

  - unbefriedigendes Ergebnis, Kontaktabbruch.

6.6.1.3 Falldarstellung zur Kategorie Arbeitskontakt

Zwei Beispiele sollen einen gut gelungenen und einen wenig gelungenen Kontakt zwischen Patient und Therapeut veranschaulichen.

1. Im Fallbericht 36 dokumentiert die Therapeutin einen *gut gelungenen Kontakt*, den sie in einem Satz folgendermaßen zusammenfaßt: „Die Patientin berichtet recht reflektiert, hat ein genau formuliertes Anliegen, zeigt sich mir gegenüber kooperativ und bemüht ...“

2. Im Gegensatz dazu illustrieren einige Items aus dem Protokoll 20 einen *wenig gelungenen Kontakt*:

Tabelle: Fallbeispiel wenig gelungener Arbeitskontakt (Fall 20)

AUSSAGEN ÜBER DIE PATIENTIN	AUSSAGEN DER THERAPEUTIN ÜBER EIGENE EINDRÜCKE
	die Gründe bleiben *nebulös, unverständlich* *(Unklarheit)*
	bei allen Angaben [Alkoholkonsum] habe ich ein *sehr unsicheres Gefühl, inwieweit* diese der *Wahrheit entsprechen (Unsicherheit/Mißtrauen)*
ihre Erklärungen...	...mir gegenüber , ..., klingen für mich ... *nicht glaubhaft (Mißtrauen)*
	die Situation Zuhause wird mir auch *wenig klar* *(Unklarheit)*
(„Vater kippe sich schon morgens Rum in den Tee,...")	...ich solle jedoch nicht denken, daß der Vater Alkoholiker sei *(Mißtrauen)*
...diese Sätze *nur für mich produziert* werden, von der Patientin in keiner Weise empfunden werden	Gefühl, daß... *(Gefühl der Manipulation)*
vermittelt (mir) *sehr konträre Botschaften*, die *völlig unverbunden* nebeneinander stehen	*(Unklarheit/Unverständnis)*
...die Patientin nennt dann *auch wieder ganz andere Gründe*	daraus ist *kein rechter Sinn* zu entwickeln,.. *(Unklarheit/Unverständnis).*
wird deutlich:...es müssen *andere schuld* sein: Sie [die Patientin] kann *keine Verantwortung* für sich *übernehmen,* muß sie *an andere abgeben* *(keine Übernahme von Verantwortung und Beschuldigung anderer)*	
	Zusammenfassend: Patientin ist für mich *undurchschaubar (Unklarheit/Unverständnis)*
...die Patientin indirekt ganz bestimmte Absichten (Therapie) verfolgt	Eindruck, daß... *(Gefühl der Manipulation)*
..die Patientin will *indirekt* und *manipulativ* ihre Ablehnung (Therapie) betreiben	Eindruck:, ... *(Gefühl der Manipulation)*
mit Triumph sagte sie, sie habe ja gewußt, wenn sie ..., dann [würde ich]	*(Gefühl der Manipulation)*
	ebenfalls *auffällig* und *völlig ungeklärt* ist für mich... *(Unklarheit/Unverständnis)*
	obwohl ich mich [lange] mit der Patientin unterhielt, konnte ich so gut wie gar *keine Biographie* erfragen *(fehlende biographische Angaben und keine psychodynamischen Hypothesen, Überlegungen)*
(Kontaktabbruch:) sie hatte mich jedoch nicht angerufen	ich hatte mit der Patientin einen Termin verabredet

6.6.2 ENTWICKLUNGSPOTENTIAL DER PATIENTEN

Für die Einschätzung des Entwicklungspotentials ist eine längere Verlaufsbeobachtung notwendig. Daher entsteht die Idee, eine zusätzliche Untersuchung von Therapieberichten stationär behandelter Patienten durchzuführen. Aus dem Sample werden die Fälle ausgewählt, bei denen im Erstinterview die Indikation zu einer stationären Behandlung an der eigenen Klinik gestellt wird. Bei 5 der insgesamt 31 Patienten wird eine Behandlung auf der angegliederten Station vorgeschlagen, in weiteren 4 Fällen in Erwägung gezogen. Überraschenderweise ist *keine* der geplanten *stationären Behandlungen* zustande gekommen. Eine Verlaufsbeobachtung über eine Auswertung von Therapieberichten ist somit nicht möglich. Dieses Ergebnis ist dennoch interessant, da es den Eindruck bestätigt, daß die Patienten Schwierigkeiten mit einer Veränderung ihrer Situation haben. Hier wird z. B. die Durchführung einer adäquaten therapeutischen Behandlung verhindert.

Um über die Entwicklungsmöglichkeiten und -fähigkeiten dieser Patienten dennoch etwas zu erfahren, werden wieder Aussagen aus den Erstinterviewprotokollen herangezogen. Eine „Veränderung und Entwicklung" beim Patienten wird durch die Kategorie *'Entwicklungspotential'* mit den folgenden Dimensionen abgebildet:

* *bisherige* Entwicklung und Auseinandersetzung des Patienten
* *aktuelle* Motivation und Möglichkeit des Patienten
* *prognostische* Einschätzung, Indikationsentscheidung und Procedere

Jede dieser drei Dimensionen wird nach den beiden bipolar angeordneten Ausprägungen kodiert:

Entwicklung ———————————— **keine Entwicklung**.

* BISHERIGE ENTWICKLUNG UND AUSEINANDERSETZUNG

Ausgangsbasis ist hier die Einschätzung, inwieweit der Patient vorhergehende Therapien und therapeutische Kontakte für seine Entwicklung und Veränderung auch der äußeren Situation *tatsächlich* nutzen und umzusetzen kann.

ENTWICKLUNG (BEISPIELE):

* „daß sie aus der Ehe im Sinne der Co-Alkoholikerin aussteigen konnte" [F 28]
* „[durch die bisherigen Therapien] habe sie inzwischen einen besseren Zugang zu sich gefunden, empfinde sich auch nicht mehr wie früher als graue Maus" [F 5]
* „Klinikaufenthalt wegen Alkoholabhängigkeit, seitdem trocken .... erfolgreiche Alkoholbehandlung und -abstinenz" [F 12]

KEINE ENTWICKLUNG (BEISPIELE):

* „Patientin ... ist ... trotz früherer Therapien wenig weitergekommen"... „die Patientin viele Therapieerfahrungen hat, davon nach eigenen Angaben wenig profitiert hat ... eigentlich sei ihr schon alles bekannt, aber es würde nicht helfen" [F 14]
* „da sie schon eine Reihe von Therapien ambulant und stationär gemacht habe, zweifle sie auch, ob eine weitere Therapie ihr überhaupt helfen könne ... am Symptom hätte sich durch die bisherigen Therapien nicht viel verändert" [F 5]
* „jetzt mache sie doch schon so lange Psychotherapie, dennoch werde es nicht besser ... -Eindruck [der Therapeutin], daß die Patientin recht gut weiß, was mit ihr los ist, daran jedoch in keiner Weise etwas ändern kann" [F 22]

Diese Dimension erfaßt die Bereitschaften und Möglichkeiten des Patienten, sich auf den Kontakt einzulassen, sich mitzuteilen, mitzuarbeiten und zu bemühen. Erfaßt werden ebenfalls die Fähigkeiten und das Interesse des Patienten, Einsichten in seine Situation zu gewinnen, sowie die Möglichkeiten, die im Gespräch gewonnenen Einsichten und Erkenntnisse zu nutzen und umzusetzen (in einer künftigen Therapie). Ebenso gehört hierzu, eine Verantwortungsübernahme für eigene Anteile, die Bereitschaft, anstehende Auseinandersetzungen anzugehen und dabei unangenehme Konsequenzen (Unsicherheit, Mißgunst, Ärger, Zurückweisungen, Kritik) in Kauf zu nehmen. Entscheidend für die Beurteilung der (Therapie-) Motivation ist zudem der Leidensdruck des Patienten und sein Krankheitsgewinn.

ENTWICKLUNG (BEISPIELE):

- „Positiv an dieser Entwicklung, daß der Patient die Therapeutensuche jetzt zu seiner eigenen Sache gemacht hat" „ich habe den Eindruck, daß er die heftige Auseinandersetzung stärkend erlebt hat" [F 9]

- „nachdem die Patientin in der Vergangenheit offenbar von ihren Angehörigen in verschiedene Behandlungen geschleppt wurde, scheint sie nun ... einen eigenen Therapiewunsch entwickelt zu haben" [F16]

- „seit dem ersten Gespräch [ist die Patientin] strukturierter, weniger depressiv" [F 9]

KEINE ENTWICKLUNG (BEISPIELE):

- „die Therapiemotivation des Patienten scheint mir doch etwas undurchsichtig, auch der Verdacht, es könne um Berufsunfähigkeit gehen"... „wurde mir im zweiten Gespräch die geringe Therapiemotivation des Patienten immer deutlicher, ... ein Leidensdruck besteht offenbar kaum; ... deutlicher Krankheitsgewinn" [F 11]

- „mein Eindruck, daß der Patient mit diesem Symptom an etwas festhält, was er noch nicht zu ändern oder aufzugeben bereit ist"... „habe im ersten Gespräch mit ihm keine Indikation für eine stationäre Behandlung finden können, auch im zweiten Gespräch kann ich nur passive Therapieerwartung bei dem Patienten finden" [F 29]

• PROGNOSTISCHE EINSCHÄTZUNG UND INDIKATION

Entsprechend den vorgefundenen Möglichkeiten und der Motivation des Patienten trifft der Therapeut eine Indikationsentscheidung und legt das Procedere fest. Er beurteilt in einer abschließenden prognostischen Einschätzung die Entwicklungsmöglichkeiten des Patienten. Ausgehend von diesen Textaussagen wird die Dimension 'prognostische Einschätzung und Indikation' kodiert.

ENTWICKLUNG (BEISPIELE):

- „spricht der Umstand, daß der P das Mißtrauen im Gespräch verbalisieren kann und damit auch verändern, doch für die Möglichkeit einer psychotherapeutischen Behandlung" [F 6]

KEINE ENTWICKLUNG (BEISPIELE):

- „eine sinnvolle, d. h. erfolgversprechende Psychotherapieindikation ist z.Zt. nicht zu stellen, ... Erfolg wird vom Patienten boykottiert werden ... [der auch] von sich aus zu einer Bearbeitung seiner Beziehungsstrukturen nicht motiviert ist ... insbesondere im partnerschaftlichen Bereich nur wenig Änderungswillen" ... „die hoffnungslos wirkende Sorge um die alkoholkranke Mutter ... das recht fixiert erscheinende Lebensarrangement ... eine progressive Entwicklung des Patienten ist nur wenig vorstellbar" [F 12]

•„glaube, daß bei der Patientin eine ganz chronische hoffnungslose Geschichte vorliegt" [F 20]

6.6.3 THERAPEUTENHALTUNG

Mit der Kategorie Therapeutenhaltung werden die jeweils verschiedenen Reaktionen der Therapeuten auf die Einstellung und Motivation des Patienten, auf dessen Erfolge und Mißerfolge bei bisher unternommenen Bemühungen sowie auf dessen Beziehungsangebote erfaßt. Die Therapeuten beschreiben diese Reaktionen in den Protokollen häufig als ihre Gegenübertragung auf den Patienten. Bei der Untersuchung der Texte lassen sich folgende drei Ausprägungen der Kategorie *Therapeutenhaltung* unterscheiden.

• BEREITSCHAFT UND UNTERSTÜTZUNG

Auf Seiten des Therapeuten ist eine deutliche Bereitschaft erkennbar, Verständnis für den Patienten aufzubringen, auch mit seinen schwierigen Seiten umzugehen, sich mit ihm auseinanderzusetzen und ihn zu unterstützen, beispielsweise bei der Vermittlung in eine Weiterbehandlung.

Beispiele:

•„Der Wunsch der Patientin nach einer ambulanten analytisch orientierten Behandlung, evtl. auch Analyse, erscheint mir unterstützenswert, telefonische Rücksprache [mit der Patientin] zur Beratung im Hinblick auf Therapiemöglichkeiten in ..."[F 19]

•„ich halte die Patientin für motiviert und geeignet, eine Therapie zu machen"[F 31]

•„ich habe der Patientin angeboten, sich wieder an mich wenden zu können, falls die Symptomatik sich nicht bessert" [F 4]

• AMBIVALENZ

Der Therapeut zeigt sich ambivalent in bezug auf die diagnostische Einschätzung des Patienten und seine Motivation sowie in bezug auf die Indikationsstellung zu einer Therapie. Er äußert Zweifel, Bedenken oder Ratlosigkeit.

Beispiele:

•„die Patientin läßt mich wieder im unklaren darüber, welchen Auftrag sie eigentlich an mich hat, so fühle ich mich ... ratlos, welche Hilfe sie wohl benötigen könnte" [F 13]

•„bezüglich der Therapieplanung löst die Patientin widersprüchliche Vorstellungen bei mir aus" [F 1]

•„Verdacht, daß [der Patient] eine vorzeitige Berentung anstreben könnte"

• KRITIK UND ABGRENZUNG

Der Therapeut grenzt sich gegen eine „übermäßige" und „unersättliche" Bedürftigkeit des Patienten ab sowie gegen Forderungen und illusionäre Erwartungen. Selten geschieht dies in

Form einer konfrontierenden Versagung, sondern eher durch eine Überweisung in eine andere Klinik oder Therapie. Im weiteren Sinne ist hier ebenfalls eine Abgrenzung gegen Entwertungen gemeint, auch eine Abgrenzung bei Gleichgültigkeit, Desinteresse, mangelnder Bereitschaft und Motivationslosigkeit des Patienten.

Beispiele

- „immer wieder auftauchender Ärger, den Patienten nicht zu einer besseren Kooperation bewegen zu können"... „er macht mich dadurch aggressiv, daß er sich derartig hängen läßt und auch noch nicht einmal in Erwägung gezogen hat, sich vielleicht einen anderen Arbeitsplatz zu suchen" [F 7]

- „ich hatte mit ihr besprochen, daß zu Beginn ... der Alkoholentzug stehen müsse: Vorher sei nichts möglich, ... habe ihr dringend nahegelegt, falls sie wirklich etwas in ihrem Leben verändern wolle, zunächst dieses Alkoholproblem anzupacken ..." [F 20]

- „Gefühl, daß mit der Patientin in keiner Weise aufdeckend zu arbeiten ist, sie auch auf Interventionen meinerseits wenig anspricht, so daß auch nicht ansatzweise eine Situation herzustellen ist, in der die Patientin ihre Probleme als einen ... intrapsychischen Konflikt betrachten kann" [F 21]

6.6.4 - THERAPEUTISCHE ARBEITSBEZIEHUNG IM GRUPPENVERGLEICH

Die therapeutische Arbeitsbeziehung wird im Gruppenvergleich unter Berücksichtigung der in Kapitel 6.6.1, 6.6.2 und 6.6.3 charakterisierten Kategorien *Arbeitskontakt, Entwicklungspotential des Patienten* und *Therapeutenhaltung* ausgewertet. Separat aufgeführt sind die *Indikationsentscheidung* bzw. in Erwägung gezogene Behandlungsmaßnahmen (Procedere).

GRUPPE A: 'ABHÄNGIGKEIT-INANSPRUCHNAHME' (PASSIV-SELBST; N=11)

FALL	ARBEITS-KONTAKT	ENTWICKLUNGS-POTENTIAL (PATIENT)	THERAPEUTEN-HALTUNG	INDIKATION PROCEDERE
5	gelungen	keine Entwicklung (Therapievorerfahrung)	Kritik/Abgrenzung	zurück in ambulante Therapie[a]
7	wenig gelungen	keine Entwicklung (Rententendenzen)	Kritik/Abgrenzung	ambulant VT[b] Selbsthilfegruppe
8	gelungen	c	Kritik/Abgrenzung	Psychiatrie
9	gut gelungen	c	Ambivalenz	ambulante Therapie (Psychiatrie)[d]
10	wenig gelungen	keine Entwicklung	Bereitschaft	(eigene Station[e])[d]
12	gelungen	keine Entwicklung (Therapievorerfahrung)	Kritik/Abgrenzung	keine Therapieempfehlung
20	wenig gelungen	keine Entwicklung	Kritik/Abgrenzung	Station außerhalb[f], zuvor Kontaktabbruch
22	gelungen	keine Entwicklung (Therapievorerfahrung)	Kritik/Abgrenzung	zurück in ambulante Therapie[a] (Station außerhalb[f])[d]
27	gelungen	keine Entwicklung (Therapievorerfahrung)	Kritik/Abgrenzung	Station außerhalb

Fortsetzung der Tabelle („ Therapeutische Arbeitsbeziehung" Gruppe A)

FALL	ARBEITSKONTAKT	ENTWICKLUNGS-POTENTIAL (PATIENT)	THERAPEUTEN-HALTUNG	INDIKATION PROCEDERE
29	gelungen	keine Entwicklung (Therapievorerfahrung)	Kritik/Abgrenzung	ambulante Therapie (Station außerhalb[f])[d]
30	gelungen	Entwicklung	Kritik/Abgrenzung und Bereitschaft	ambulante Therapie (eigene Station[e])[d]

[a] *zurück in ambulante Therapie=Patient wird in die bestehende ambulante Therapie zurück verwiesen*
[b] *ambulant VT= Indikation für eine ambulante Verhaltenstherapie*
[c] *zu wenige Anhaltspunkte für eine Einschätzung*
[d] *in Erwägung gezogen*
[e] *eigene Station=Indikationsentscheidung für eine stationären Therapie in der eigenen Klinik*
[f] *Station außerhalb= Therapieempfehlung für eine stationäre Therapie in einer anderen Klinik*

Der Kontakt in den Gesprächen ist überwiegend (64%) *gelungen.* Bei drei Patienten gibt es größere Schwierigkeiten im Kontakt und ein wenig befriedigendes Ergebnis. Der Therapeut sieht sich oft mit einem sehr anklagenden, fordernden und entwertenden Beziehungsangebot der Patienten konfrontiert. Auf ein abhängiges, in Anspruch nehmendes Beziehungsmuster wird in *82%* mit einer **kritischen und abgrenzenden Therapeutenhaltung** reagiert (Kritik/Abgrenzung). Bei 60% der Patienten wird die Indikation für eine ambulante Therapie gestellt, bzw. werden die Patienten zurück in ihre laufende ambulante Therapie verwiesen. Die Entscheidung zu einer Übernahme dieser Patienten auf die eigene Station wird bei keinem Patienten (0%) getroffen, lediglich zweimal in Erwägung gezogen. Häufig wird dagegen eine *stationäre Therapie außerhalb (30%),* auch in der Psychiatrie, empfohlen oder in Erwägung gezogen. Das *Entwicklungspotential* dieser Patientengruppe ist unter Berücksichtigung der drei Dimensionen: 'bisherige Entwicklung und Auseinandersetzung des Patienten', 'aktuelle Motivation und Möglichkeit des Patienten' sowie 'prognostische Einschätzung und Indikationsentscheidung' mit *89% sehr gering.* Bereits *45%* der Patienten haben eine bzw. mehrere *längerfristige therapeutische Behandlungen* hinter sich, ohne daß sich entsprechende Veränderungen gezeigt haben.

GRUPPE B: 'VERPFLICHTUNG-BEMÜHUNG' (AKTIV-ANDERE; N=11)

FALL	ARBEITS-KONTAKT	ENTWICKLUNGS-POTENTIAL (PATIENT)	THERAPEUTEN-HALTUNG	INDIKATION PROCEDERE
1	gut gelungen	Entwicklung	Bereitschaft und Ambivalenz	amb. analytische Therapie[a]
2	gut gelungen	keine Entwicklung	Ambivalenz	amb. analytische Therapie[a]
3	gelungen	keine Entwicklung	Bereitschaft	Station außerhalb[b]
6	gelungen	Entwicklung	Bereitschaft	amb. analytische Therapie[a]
15	gut gelungen	Entwicklung	Bereitschaft	amb. analytische Therapie[a]
16	gelungen	Entwicklung	Bereitschaft	eigene Station[c]
19	gut gelungen	Entwicklung	Bereitschaft	amb. analytische Therapie[a]
23	gut gelungen	keine Entwicklung	Bereitschaft	eigene Station[c]
24	gut gelungen	d	Bereitschaft	ambulante Therapie

Fortsetzung der Tabelle („Therapeutische Arbeitsbeziehung" Gruppe B)

FALL	ARBEITS-KONTAKT	ENTWICKLUNGS-POTENTIAL (PATIENT)	THERAPEUTEN-HALTUNG	INDIKATION PROCEDERE
25	gut gelungen	keine Entwicklung	Bereitschaft	eigene Station[c]
28	gelungen	keine Entwicklung	Kritik/Abgrenzung und Bereitschaft	Station außerhalb[b]
31	gut gelungen	d	Bereitschaft	amb. analytische Therapie[a]

[a] *Indikation für eine analytische/analytisch orientierte ambulante Behandlung*
[b] *Therapieempfehlung für eine stationäre Therapie in einer anderen Klinik*
[c] *Indikationsentscheidung für eine stationären Therapie in der eigenen Klinik*
[d] *zu wenige Anhaltspunkte für eine Einschätzung*

Hier ist der Kontakt zwischen Patient und Therapeut bei *67% gut gelungen*. Die Patienten zeigen teilweise mit großer Bereitschaft eine erstaunliche Introspektionsfähigkeit. Sie haben viele ihrer Probleme bereits erkannt. Die Patienten klagen nur selten über ihr Schicksal und geben damit wenig Anlaß für ärgerliche Reaktionen auf Therapeutenseite. Das Engagement der Therapeuten, sich für diese Patienten einzusetzen, ist vergleichsweise groß. In *83%* der Protokolle wird die *Therapeutenhaltung Bereitschaft* kodiert. Die Therapeuten sind mitunter von der Selbstlosigkeit und Härte der Patienten beeindruckt und haben eine hohe Achtung vor deren Leistungen, eventuell verbunden mit dem Gefühl der Verpflichtung, etwas für diese Patienten tun zu müssen („die Patientin nimmt mich sehr für sich ein, ... es bewegt mich sehr, so wenig für sie in ihrer Bedürftigkeit tun zu können"). Dies erklärt möglicherweise auch eine bemühte Therapeutenhaltung gegenüber 3 Patienten mit fraglicher Therapiemotivation und einer trotz mehrerer Behandlungen nicht stattgefundenen Veränderung. Im Gruppenvergleich ist in dieser Gruppe dennoch mit 50% bei weitem das *höchste Entwicklungspotential* vorhanden. *25% der Patienten erhalten ein stationäres Behandlungsangebot im Haus.* Ausschließlich bei Patienten dieser Gruppe, und zwar bei *50%*, wird explizit die Indikation zu einer *ambulanten analytischen Therapie* gestellt.

GRUPPE C: 'ANPASSUNG-ZURÜCKNAHME' (PASSIV ANDERE/SELBST; N=6)

FALL	ARBEITS-KONTAKT	ENTWICKLUNGS-POTENTIAL (PATIENT)	THERAPEUTEN-HALTUNG	INDIKATION PROCEDERE
4	gelungen	keine Entwicklung (Therapievorerfahrung)	Bereitschaft	ambulante Therapie (eigene Station[a])[b]
13	gelungen	keine Entwicklung	Ambivalenz und Bereitschaft	ambulante Therapie
14	gut gelungen	keine Entwicklung	Bereitschaft	ambulante Therapie
17	gelungen	keine Entwicklung	Bereitschaft	eigene Station[a]
18	gelungen	c	Bereitschaft	eigene Station[a]
21	wenig gelungen	Entwicklung	Bereitschaft und Kritik/Abgrenzung	ambulante Therapie

[a] *Indikationsentscheidung für eine stationären Therapie in der eigenen Klinik*
[b] *in Erwägung gezogen*
[c] *zu wenige Anhaltspunkte für eine Einschätzung*

Der Patient-Therapeut-Kontakt ist überwiegend (67%) *gelungen*. Das *Veränderungspotential* der Patienten ist bei 80%, ähnlich wie in Gruppe A, *gering*. Trotzdem ist die *Therapeutenhaltung* in 83% der Fälle als *entgegenkommend* und *bereitschaftlich* zu bezeichnen. Die Bereitschaft der Therapeuten drückt sich wiederum in der Anzahl der Angebote zur *Behandlung auf der eigenen Station (33%)* aus. Bezüglich der Therapeutenhaltung zeigt sich also die gleiche Reaktion wie in Gruppe B, jedoch bei unterschiedlichem Entwicklungspotential.

GRUPPE D: 'DISTANZIERUNG-ZURÜCKWEISUNG' (AKTIV-SELBST; N=2)

FALL	ARBEITS-KONTAKT	ENTWICKLUNGS-POTENTIAL (PATIENT)	THERAPEUTEN-HALTUNG	INDIKATION PROCEDERE
8	gelungen	keine Entwicklung	Kritik/Abgrenzung	keine Empfehlung
26	wenig gelungen	keine Entwicklung	Bereitschaft	(eigene Station[a])[b]

[a] *Indikationsentscheidung für eine stationären Therapie in der eigenen Klinik*
[b] *in Erwägung gezogen*

Der Aufbau des Kontakts ist in einem Fall gelungen, in dem anderen Fall schwierig. Insbesondere ist die Bereitschaft und Motivation der Anorexiepatientin für ein Gespräch minimal. Der Kontakt mit dieser Patientin ist als nicht gelungen zu beurteilen. Ein Anliegen an den Therapeuten bzw. eine therapeutische Behandlung besteht bei beiden Patienten nicht, so daß keine Therapie bzw. Vermittlung in eine solche zustande kommt. Daraus resultiert der Wert für das *Entwicklungspotential: keine Entwicklung (100%)*. Die dennoch bemühte Haltung des Therapeuten um die Anorexiepatientin basiert auf der Sorge um den lebensbedrohlichen Zustand der Patientin. Der Therapeut hält eine stationäre Aufnahme für dringend indiziert und macht ein Behandlungsangebot für die eigene Station. Im anderen Fall wird die Therapeutenhaltung als kritisch-abgrenzend eingeschätzt. Eine Therapieempfehlung wird nicht ausgesprochen.

ZUSAMMENFASSUNG THERAPEUTISCHE ARBEITSBEZIEHUNG

	GRUPPE A (n=11) (PASSIV-SELBST)	GRUPPE B (n=12) (AKTIV-ANDERE)	GRUPPE C (n=6) (PASSIV-ANDERE /SELBST)	GRUPPE D (n=2) (AKTIV-SELBST)
ARBEITS-KONTAKT	64% gelungen	67% gut gelungen	67% gelungen	gelungen (1) wenig gelungen (1)
ENTWICKLUNGS-POTENTIAL DES PATIENTEN	89% keine Entwicklung 11% (n=1) Entwicklung	50% (n=5) Entwicklung 50% keine Entwicklung	80% keine Entwicklung 20% (n=1) Entwicklung	100% keine Entwicklung
THERAPIE-ERFAHRUNG	45% (n=5)	0%	16% (n=1)	0%

	GRUPPE A (n=11)	GRUPPE B (n=12)	GRUPPE C (n=6)	GRUPPE D (n=2)
THERAPEUTEN-HALTUNG	82% Kritik/ Abgrenzung	83% Bereitschaft	83% Bereitschaft	50% Kritik/ Abgrenzung 50% Bereitschaft
INDIKATION PROCEDERE	60% ambulante Th.[a] 30% Station außerhalb/ Psychiatrie	50% ambulante analytische Th.[a] 25% eigene Station	66% ambulante Th.[a] 33% eigene Station	50% (n=1) keine Empfehlung/ (50%; n=1 eigene Station erwogen)

[a] *Therapie*

Zusammenfassend werden als Ergebnis des Gruppenvergleichs in den einzelnen Gruppen deutliche Unterschiede bezüglich einer Verteilung der drei Variablen, die die therapeutische Arbeitsbeziehung abbilden (Arbeitskontakt, Therapeutenhaltung und Entwicklungspotential der Patienten), festgestellt. Betrachtet man die Beziehung dieser drei Variablen untereinander sowie deren Ausprägung in bezug auf die vier Beziehungsmuster bzw. Gruppen, zeigt sich eher ein Zusammenhang zwischen dem Auftreten eines bestimmten Beziehungsmusters und der Ausprägung der Variablen, als eine direkte Abhängigkeit der drei Variablen untereinander. So ist z. B. ein gelungener Arbeitskontakt in Gruppe A durchweg mit einer kritischen Therapeutenhaltung verbunden, dagegen in Gruppe B (bis auf einen Fall) und C mit einer Bereitschaftshaltung der Therapeuten. Ein weiteres Beispiel ist die unterschiedliche Therapeutenhaltung bei einem gering eingeschätzten Entwicklungspotential. Ein geringes Entwicklungspotential steht in Gruppe A in 87% mit einer kritischen, abgrenzenden Haltung in Verbindung und in Gruppe B in 60% mit einer Bereitschaftshaltung.

Die Ergebnisse des Gruppenvergleichs bezüglich der therapeutischen Arbeitsbeziehung lassen vermuten, daß für eine psychotherapeutische Behandlung in den einzelnen Gruppen sehr unterschiedliche Erfolgsaussichten (Zustandekommen und Wirkung einer Therapie) zu erwarten sind. Entsprechend dieser Ergebnisse wird daher eine hypothetische Beurteilung der Erfolgsaussichten einer psychotherapeutischen Behandlung in bezug auf die einzelnen Gruppen vorgenommen. In Abhängigkeit von der Höhe des zu erwartenden Erfolgs läßt sich mit absteigender Tendenz folgende Reihung festlegen:

1. Gruppe B (Therapeutenbereitschaft-vorhandenes Entwicklungspotential)
2. Gruppe C (Therapeutenbereitschaft-geringes Entwicklungspotential)
3. Gruppe A und D (Therapeutenkritik bzw. erschwerter Arbeitskontakt - geringes Entwicklungspotential).

6.7 Quantitative Auswertung

Um die Ergebnisse der qualitativen Auswertung zu ergänzen und zu illustrieren, werden abschließend einige Daten aus der Basisdokumentation der Psychosomatischen Klinik Heidelberg ausgewertet. Wie schon erwähnt, ist eine kombinierte Anwendung quantitativer Auswertungstechniken mit der Methode der Grounded Theory möglich. Hervorzuheben ist, daß die quantitative Analyse getrennt, *im Anschluß* an die qualitative Auswertung erfolgt. Die qualitative Gruppenbildung beruht *nicht* auf den Ergebnissen der quantitativen Auswertung.

Für die quantitative Auswertung werden Daten aus dem Datenpool der Basisdokumentation genutzt. Es gehen zahlreiche Items aus einem *Patienten-* und einem *Therapeutenfragebogen* ein. Die beiden Fragebögen dienen der Erhebung soziodemographischer Daten und weiterer psychischer Merkmale. Die Merkmale werden durch einzelne Items operationalisiert. Somit beruht die folgende Auswertung auf Ein-Item-Messungen. Aus den zahlreichen Daten der Basisdokumentation werden Beschwerde- und Symptomitems (insbesondere zur Suchtsymptomatik), Beziehungsvariablen sowie Daten zum Konfliktverarbeitungsmodus ausgewählt.

Das EKA-Sample (Gruppe EKA, n=31) wird mit der Ambulanzstichprobe, bestehend aus allen übrigen Ambulanzpatienten von 1992 (Gruppe Ambulanz, n=743), verglichen. Daneben erfolgt ein Vergleich von zwei EKA-Gruppen hinsichtlich eines ausgewählten Items.

1. Der Vergleich der EKA-Stichprobe mit der Ambulanzstichprobe dient der Überprüfung, ob die EKA-Patienten sich als Gruppe von der Gruppe aller übrigen Ambulanzpatienten in bezug auf relevante Merkmale unterscheiden.
2. Ein interner EKA-Gruppenvergleich wird zur Validierung der eigenen Gruppeneinteilung durchgeführt. Dabei wird überprüft, ob sich die beiden ausgewählten EKA-Gruppen in bezug auf ein relevantes, gruppendefinierendes Merkmal unterscheiden.

Zur Testung der Unterschiedshypothesen im Gruppenvergleich wird der chi^2-Test nach Pearson verwendet. Die Ergebnisse der Auswertung der ausgewählten Items des Patientenfragebogens werden im folgenden unter der Überschrift *Patientenselbsteinschätzung*, die Auswertung der ausgewählten Items aus dem Therapeutenbogen unter der Überschrift *Therapeuteneinschätzung* dargestellt.

6.7.1 Patientenselbsteinschätzung

In dem Patientenfragebogen werden u. a. durch 17 vorgegebene Items *Erwartungen und Vorstellungen* des Patienten bezüglich des Arztbesuches und der Behandlung erfragt. Diese Items beschreiben Wünsche an die Behandler (z. B. passiv-regressive Wünsche, Wünsche nach Unterstützung, Wünsche nach somatischer Betreuung, Spezialbehandlung) oder aktive Veränderungswünsche betreffend die eigene Person (Hemmungen abbauen, Konfliktbewältigung, Selbstvertrauen gewinnen, Einsamkeit überwinden) oder die äußeren Bedingungen (z. B. berufliche Situation, Ruhe, Schonung).

Signifikante Unterschiede beim Vergleich der EKA-Stichprobe mit der Ambulanzstichprobe werden *nur* bei zwei der 17 Items beobachtet *("Ich möchte wieder Selbstvertrauen gewinnen"* und *"Ich möchte meine inneren Hemmungen abbauen lernen")*. Beide Items werden von der EKA-Stichprobe signifikant häufiger als Erwartung an die Behandlung benannt und können so als Hinweis auf ein mangelndes Selbstwerterleben dieser Patienten gewertet werden.

	GRUPPE EKA (N=31)	GRUPPE AMBULANZ (N=743)	PRÜF-STATISTIK	SIGNIF.[a]
SELBSTVERTRAUEN GEWINNEN	73,33 %	50,20 %	χ^2=6.175 p=0.013	*
HEMMUNGEN ÜBERWINDEN	53,33 %	33, 38 %	χ^2=5.106 p=0.024	*

[a] *Signifikanzbereich:* $* p \leq 0,05$ = *signifikant*

6.7.2 THERAPEUTENEINSCHÄTZUNG

In den *Therapeutenbögen* schätzen die Therapeuten im Anschluß an das Erstgespräch verschiedene Items betreffend der körperlichen, psychischen und sozialen Symptomatik des Patienten, seines sozialen Umfeldes, seiner psychischen Strukturen und seiner psychischen Verarbeitungsmöglichkeiten ein. Mit weiteren Items wird eine Einschätzung der Patient-Therapeut-Beziehung vorgenommen. Abschließend erfolgt eine diagnostische Verschlüsselung.

6.7.2.1 Symptomatik

Aus einer Symptomliste, die die psychische und soziale Symptomatik der Patienten erfragt, werden folgende Items ausgewählt: *Depressionen jetzt*[17], *Depressionen früher*[18] und *Selbstwert*[19]

Die Auswahl ist motiviert durch Untersuchungsergebnisse bisheriger Forschungsarbeiten, die wiederholt erhöhte Depressionswerte und eine Selbstwertproblematik bei EKA festgestellt haben (vgl. TWEED & RYFF 1991, MCNEILL & GIBERT 1991, MATHEW et al. 1993, JONES & ZALEWSKI 1994, BELLIVEAU & STOPPARD 1995, BUSH et al. 1995).

---

[17] negative Stimmung und Gefühle: traurig, bedrückt, resigniert, niedergeschlagen, hoffnungslos, verzweifelt, weinen müssen.

[18] negative Stimmung und Gefühle: immer schon, von Jugend an, seit jeher, dauerhaft, immer wieder.

[19] Selbstwert als gemindert erlebt: bin weniger wert als andere, nichts wert, nicht liebenswert, lächerlich, häßlich, ungebildet, nicht akzeptiert.

Ergebnisse der Therapeuteneinschätzung bzgl. der Symptomatik

	GRUPPE EKA (N=31)	GRUPPE AMBULANZ (N=743)	PRÜF-STATISTIK	SIGNIF.[a]
DEPRESSIONEN JETZT	66.67 %	55,08 %	$\chi^2=1.566$ p=0.211	ns
DEPRESSIONEN FRÜHER	56,67 %	30,08 %	$\chi^2=9.497$ p=0.002	**
SELBSTWERT	46, 67 %	32,97 %	$\chi^2=2.427$ p=0.119	ns

[a] *Signifikanzbereich: ** $p \leq 0,01$ = sehr signifikant, ns = nicht signifikant*

Das Vorhandenseins einer häufig rezidivierenden oder seit langem anhaltenden depressiven Symptomatik bei EKA wird in dieser Untersuchung als sehr signifikant erhöht bewertet. Eine aktuelle depressive Symptomatik zum Untersuchungszeitpunkt sowie eine Selbstwertproble-matik tritt in der EKA-Gruppe häufiger auf, ist aber nicht signifikant erhöht.

6.7.2.2 Suchtverhalten der Patienten

ALKOHOL, MEDIKAMENTE, DROGEN

Das Suchtverhalten der Patienten wird durch die Therapeuten wiederum nach dem Erstgespräch eingeschätzt. Da in den Gesprächen die Suchtsymptomatik meistens nicht vollständig abgefragt wird, muß mit einer größeren Anzahl falsch negativer Werte gerechnet werden. In den Fragebögen wird der *mißbräuchliche* und der *abhängige* Konsum von Alkohol, Drogen, Medikamenten und Nikotin in der *Vergangenheit* und zum *gegenwärtigen* Zeitpunkt erfragt. Ausgewählt werden hier die Daten für den Alkoholmißbrauch, die Alkoholabhängigkeit sowie für die Medikamenten- und Drogenabhängigkeit.

	GRUPPE EKA (N=31)	GRUPPE AMBULANZ (N=743)	PRÜF-STATISTIK	SIGNIF.[a]
ALKOHOL MISSBRAUCH JETZT	16,67 %	7,11 %	$\chi^2=4.336$ p=0.114	ns
ALKOHOL MISSBRAUCH FRÜHER	25, 0 %	8,87 %	$\chi^2=12.381$ p=0.002	**
ALKOHOL ABHÄNGIGKEIT JETZT	7,14 %	2,85 %	$\chi^2=3.990$ p=0.136	ns
ALKOHOL ABHÄNGIGKEIT FRÜHER	17,85 %	3,59 %	$\chi^2=13.950$ p=0.001	**

127

Fortsetzung der Tabelle Therapeuteneinschätzung bzgl. des Suchtverhaltens

	GRUPPE EKA (N=31)	GRUPPE AMBULANZ (N=743)	PRÜF-STATISTIK	SIGNIF.[a]
MEDIKAMENTE ABHÄNGIGKEIT JETZT	10,71 %	3,57 %	χ^2=8.560 p=0.014	*
MEDIKAMENTE ABHÄNGIGKEIT FRÜHER	10,35 %	3,16 %	χ^2=11.309 p=0.004	**
DROGEN ABHÄNGIGKEIT JETZT	7,14 %	0,86 %	χ^2=9.752 p=0.008	**

[a] *Signifikanzbereich:* $* p \leq 0,05$ = *signifikant,* $** p \leq 0,01$ = *sehr signifikant, ns = nicht signifikant*

Durchweg werden für die EKA-Gruppe bezüglich der ausgewerteten Suchtitems höhere Häufigkeiten festgestellt. Dabei ergeben sich

ein sehr signifikant häufigeres Vorkommen für:
- Alkohol: Abhängigkeit früher
- Alkohol: Mißbrauch früher
- Medikamente: Abhängigkeit früher
- Drogen: Abhängigkeit jetzt

ein signifikant häufigeres Vorkommen für:
- Medikamente: Abhängigkeit jetzt

Hier wird das gegenüber der Kontrollgruppe sehr signifikant bzw. signifikant häufigere Vorkommen einer Suchtproblematik der EKA-Patienten deutlich. Die Suchtthematik bleibt für diese Patienten ein Lebensthema.

ESSTÖRUNGEN

In den Therapeutenbögen werden als Eßstörungen nach dem ICD 10 erfaßt:
- Anorexie,
- atypische Anorexie
- Bulimie
- atypische Bulimie.

	GRUPPE EKA (N=31)	GRUPPE AMBULANZ (N=743)	PRÜF-STATISTIK	SIGNIF.[a]
ESSTÖRUNGEN	16% (n=5)	8% (n=60)	χ^2=2,509 p>0,1	ns

[a] *Signifikanzbereich: ns = nicht signifikant*

In der Gruppe der EKA werden prozentual etwa doppelt so viele Eßstörungen (16%) diagnostiziert wie in der gesamten Ambulanzgruppe (8%). Dieser Häufigkeitsunterschied erweist sich jedoch im chi^2-Test nicht als statistisch bedeutsam.

6.7.2.3 Zentraler Konflikt

Hier wird der zentrale Konflikt beschrieben, der sich intrapsychisch beim Patienten ausgestaltet und aus den frühen Beziehungserfahrungen des Patienten resultiert. Der Konflikt ist den Patienten zumeist unbewußt. Da es sich um den bestimmenden, zentralen Konflikt handelt, ist nur eine Einmalkodierung zulässig. Die Anwendung der Kodierskala setzt ein Vertrautsein der Therapeuten mit psychoanalytischen Inhalten und Denkweisen voraus. Als Orientierung bei der Einschätzung dienen den Therapeuten die in den Fußnoten wiedergegebenen Erläuterungen.

Es werden vier Konflikte unterschieden:

- der orale Konflikt[20]
- der zwanghaft-anale Konflikt[21]
- der phallisch-narzißtische Konflikt[22] und
- der ödipal-hysterische Konflikt[23].

Ergebnisse zentraler Konflikt:

	GRUPPE EKA (N=28[a])	GRUPPE AMBULANZ (N=663[a])	PRÜF-STATISTIK	SIGNIF.[b]
ORALER KONFLIKT	60,71 %	33,79 %	χ^2=8,577 p=0.005	**
ZWANGHAFT-ANALER KONFLIKT	0 %	10,11 %	c	c
PHALLISCH-NARZIßTISCHER KONFLIKT	14,29 %	11,16 %	χ^2=0,262 p>0.5	ns
ÖDIPAL-HYSTERISCHER KONFLIKT	14,29 %	15,38 %	χ^2=0,025 p>0.75	ns
NICHT EINSCHÄTZBAR	10,71 %	29, 56 %	χ^2=0,025 p>0.75	*

[a] *fehlende Werte (Gruppe EKA=3; Gruppe Ambulanz=80)*
[b] *Signifikanzbereich: * $p \leq 0,05$ = signifikant, ** $p \leq 0,01$ = sehr signifikant, ns = nicht signifikant*
[c] *kein Wert, da eine Zelle kein Ereignis enthält*

---

[20] Teilobjektbeziehungen, Verschmelzungstendenzen mit dem Guten, Ausstoßungstendenz gegenüber dem schlechten Objekt; Beziehungsobjekt hat nur bedürfnisbefriedigende Bedeutung; Tendenz, sich die Objekte einzuverleiben; Themen der oralen Gier, der oralen Aggressivität, des Nicht-Sattwerdens, Vollseins, Störbarkeit durch orale Frustration

[21] Tendenz, die Objekte zu überwältigen, zu beherrschen, zu kontrollieren, unterzuordnen, zu quälen, zu zerstören: Führung, Macht und Geltung zu beanspruchen, Willkür zu üben (aggressiver Bereich), Tendenz zurückzuhalten, für sich zu behalten (retentiver Bereich), Tönung der Schmutzlust, des Chaotischen, Unordentlichen, des Hinterrum (analer Bereich)

[22] Anspruch auf narzißtische Geltung auf dem Hintergrund phallischer Phantasien, narzißtische Objektwahl, Abwehr passiv-rezeptiver Strebungen

[23] Libidinöse Fixierung auf kindlich-ödipale Objekte; erotisches Interesse und sexuelles Begehren bleiben inzestuös auf gleich- und gegengeschlechtliche Elternteile gerichtet

Ein durchgängig bestimmendes Thema der EKA-Patienten (vor allem in Gruppe A und B) ist die enorme Bedürftigkeit und Abhängigkeit bzw. die Abwehr von Bedürftigkeit und Abhängigkeit. Diese Thematik ist zentraler Inhalt des oralen Konfliktmodus. Bei der Auswertung kommt dieser Zusammenhang recht deutlich zum Ausdruck: Bei 61% der EKA-Patienten diagnostizieren die Therapeuten einen oralen Konflikt, bei der Ambulanzstichprobe jedoch nur bei 34%. Interessant ist, daß bei keinem EKA-Patienten der zwanghaft-anale Konflikt als zentraler psychischer Konflikt diagnostiziert wird, dagegen in der Ambulanzgruppe immerhin bei 10% der Patienten. Der zwanghaft-anale Konflikt bildet sich auf einem relativ hohen psychischen Niveau aus. Die Ergebnisse dieser Auswertung geben insgesamt deutliche Hinweise auf die Bedeutung von frühen Störungsanteilen in der EKA-Gruppe.

6.7.2.4 Konfliktverarbeitung

Die Konfliktverarbeitung beschreibt, welchen Bewältigungsstil der Patient als Lösungsversuch des zentralen Konflikts gefunden hat, und zwar im Umgang mit sich selbst und in der Beziehung zu den anderen (z. B. die Objekte meiden, benutzen, entwerten, versorgen oder idealisieren). Da einem Patienten durchaus mehrere Verarbeitungsmöglichkeiten zur Verfügung stehen können, sind Mehrfachkodierungen zugelassen. In den Therapeutenfragebögen werden folgende 9 Modi der Konfliktverarbeitung unterschieden, wobei die Fußnoten in gekürzter Form die Erläuterungen aus dem Fragebogen wiedergeben:

- schizoide Verarbeitung[24]
- altruistisch fürsorgliche Verarbeitung[25]
- überkompensatorisch-aktive Verarbeitung[26]
- regressive Verarbeitung[27]
- normative Verarbeitung[28]
- narzißtische Verarbeitung[29]
- manisch-philobatische Verarbeitung[30]
- zwanghafte Verarbeitung[31]
- hysterische Verarbeitung[32]

---

[24] Distanzierung und Vermeidung von emotionalem Kontakt und emotionaler Bindung

[25] Sicherung wichtiger Bindungen durch Übernahme von Verantwortung, Fürsorglichkeit, Unterordnung eigener Interessen im Dienste des anderen

[26] progressive Abwehr im Sinne von Aktivität, Leistungsbereitschaft, Produktivsein

[27] passiv-oral, erwartungsvoll, hilflos, kränkbar, enttäuscht, Rückzugsneigung

[28] „Alles ist normal", nichts in Frage stellen, wenig Phantasien über das Mögliche

[29] Bemühen, um einem eigenen hohen Ideal gerecht zu werden, dadurch Anerkennung und Bewunderung zu erlangen

[30] rauschhafte Befriedigung durch die Verwirklichung riskanter Ziele, die aus eigener Kraft und alleine realisiert werden

[31] Sicherheit durch Ordnung, Prinzipien, Regeln, Pflichten, Festlegungen, Vermeidung von Spontanem, Emotionalem

[32] Emotionalisierter, sexualisierter Umgang mit der Realität; Agiertendenz, Dramatisierung, Verwirrung, Faszination

In die Tabelle werden die beiden Verarbeitungsmodi aufgenommen, die hinsichtlich der Thematik der vier Beziehungsmuster eine Relevanz besitzen.

	GRUPPE EKA (N=31)	GRUPPE AMBULANZ (N=743)	PRÜF-STATISTIK	SIGNIF.[a]
ALTRUISTISCH-FÜRSORGLICH	46,67 %	20,47 %	χ^2=11.697 p=0.001	**
REGRESSIV	46,67 %	37,88 %	χ^2=0.941 p=0.332	ns

[a] Signifikanzbereich: ** $p \leq 0,01$ = *sehr signifikant, ns = nicht signifikant*

Die Auswertung ergibt einen sehr signifikanten Unterschied bei der Einschätzung des altruistisch-fürsorglichen Verarbeitungsmodus, der sich in der EKA-Gruppe annähernd bei 50% der Patienten finden läßt, dagegen in der Ambulanzgruppe bei 20%. Prozentual häufiger findet sich in der EKA-Gruppe auch eine regressive Verarbeitung. In dieser Gruppe wird der regressive Verarbeitungsmodus bei 47% der Patienten als bedeutsam diagnostiziert, gegenüber 38% in der Ambulanzgruppe. Dieser Häufigkeitsunterschied ist jedoch nicht signifikant.

6.7.2.5 Konfliktverarbeitung: EKA-Gruppenvergleich

Bisher wurden die EKA-Patienten als gesamte Gruppe (Gruppe EKA) allen übrigen Ambulanzpatienten (Gruppe Ambulanz) gegenübergestellt. Nun erfolgt ein Vergleich innerhalb der EKA-Gruppe. Untersucht werden Unterschiede bezüglich der Konfliktverarbeitung. Der Verarbeitungsmodus bestimmt grundlegend die Beziehungsgestaltung mit dem anderen (Objekt): die Erwartungen, Wünsche, Ansprüche, die Art der Kommunikation und des Austausches. Der altruistisch-fürsorgliche und der regressive Konfliktverarbeitungsmodus entsprechen in zentralen Punkten den Beziehungsmustern der Gruppe A und B (Gruppe A: regressiver Verarbeitungsmodus; Gruppe B: altruistisch-fürsorglicher Verarbeitungsmodus). Die folgende Tabelle soll wichtige Parallelen verdeutlichen:

Tabelle: Gegenüberstellung Beziehungsmuster (Interviewprotokoll) und Konfliktverarbeitungsmodus(Fragebogen)

	BEZIEHUNGSMUSTER -ERSTINTERVIEWPROTOKOLLE-	KONFLIKTVERARBEITUNGSMODUS -FRAGEBOGENITEMS-
MUSTER B AKTIV-ANDERE ENTSPRICHT **ALTRUISTISCH - FÜRSORGLICHEM MODUS**	**Muster B (aktiv-andere)** • aktiver Modus der Einflußnahme in der Sorge und Bemühung um andere • Übernahme von Verantwortlichkeit und Zuständigkeit für andere • Abwehr der eigenen Bedürftigkeit • Aufgabe/Verleugnung des Bedürfnisses nach Versorgung und Unterstützung durch andere	**altruistisch-fürsorglicher Modus** • Sicherung wichtiger Bindung durch Übernahme von Verantwortung, Fürsorglichkeit, Unterordnung eigener Interessen im Dienste des anderen
MUSTER A PASSIV-SELBST ENTSPRICHT **REGRESSIVEM MODUS**	**Muster A (passiv-andere)** • passiver Modus der Einflußnahme • Initiative, Verantwortung und Schuld werden an andere abgegeben • hoher Anspruch an andere, passive Erwartungshaltung) • starke Bedürftigkeit, Abhängigkeit, Unselbständigkeit und Hilflosigkeit	**regressiver Modus** • passiv-oral, erwartungsvoll, hilflos, kränkbar, enttäuscht, • Rückzugsneigung

Interessant ist nun, wie sich die beiden Konfliktmodi auf die Gruppen A und B verteilen.

	EKA-GRUPPE A (PASSIV-SELBST) (N=11)	**EKA-GRUPPE B (AKTIV-ANDERE) (N–12)**	**PRÜF-STATISTIK**	**SIGNIF.**[a]
ALTRUISTISCH-FÜRSORGLICH	20 %	75 %	χ^2=6.600 p=0.010	**
REGRESSIV	70 %	25 %	χ^2=4.455 p=0.035	*

[a] *Signifikanzbereich: * $p \leq 0,05$ = signifikant, ** $p \leq 0,01$ = sehr signifikant*

Dieser interne EKA-Gruppenvergleich zeigt deutlich, daß sich die beiden Gruppen in bezug auf den Verarbeitungsmodus unterscheiden. Mit dem Ergebnis eines signifikanten bzw. hoch signifikanten Unterschieds zwischen den Gruppe A und B bezüglich der Konfliktverarbeitung erhält man eine Validierung der Gruppenbildung und somit der qualitativen Analyse.

7 DISKUSSION

7.1 ZIEL UND VORGEHEN DER UNTERSUCHUNG

Gegenstand der vorliegenden Arbeit ist eine explorative, qualitative Untersuchung eines EKA-Samples von 31 Personen. Die zentrale Fragestellung untersucht anhand von Einzelfallanalysen, ob sich in dem EKA-Sample bezüglich der Art der Beziehungsgestaltung ein durchgängiges Muster finden läßt oder ob mehrere Beziehungsmuster identifiziert werden können. In einem weiteren Abschnitt der Arbeit wird ein Vergleich der vier EKA-Gruppen, die entsprechend der identifizierten Beziehungsmuster gebildet werden, vorgenommen. Dabei werden die EKA-Gruppen auf Unterschiede in bezug auf die Variablen biographische Beziehungserfahrung, soziale Situation und Symptomatik, Bindung an das Elternhaus sowie therapeutischer Arbeitskontakt untersucht.

Als Material für die Untersuchung werden *Erstgesprächsprotokolle* aus der psychosomatischen Klinik zugrunde gelegt, die nach einer *qualitativen Methode* ausgewertet werden. Im Anschluß an die qualitative Analyse erfolgen einige ergänzende quantitative Auswertungen. Hierbei wird das EKA-Sample mit einer Gruppe von Nicht-EKA-Patienten aus dem gleichen Untersuchungsfeld hinsichtlich ausgewählter Variablen verglichen.

Die Verwendung von Erstgesprächsprotokollen erlaubt eine qualitative Untersuchung einer *relativ großen Anzahl* von Fallberichten (n=31). Ein weiterer Vorteil besteht darin, daß in den Protokollen die aktuelle und biographische Situation der Patienten ausführlich dargestellt und Zusammenhänge mit der psychischen Erkrankung erarbeitet werden. Die Protokolle enthalten neben der Wiedergabe von Gesprächsinhalten wichtige subjektive und szenische Informationen (ARGELANDER 1970), wie z. B. Beobachtungen, Eindrücke und Gegenübertragungsgefühle des Therapeuten. Durch diese wird es möglich, objektive oder harte Daten, wie z. B. der Verlust eines Elternteils, in ihren Bezügen zu erfassen und aus dem jeweils speziellen Zusammenhang heraus zu interpretieren. Einige Daten werden dadurch erst einschätzbar und verstehbar, z. B. durch eine Unterscheidung zwischen protektiven und belastenden Faktoren, und es wird möglich, die jeweils spezifische Situation der Patienten zu erfassen.

Die Erstinterviews mit den 31 EKA-Patienten werden von 17 Therapeuten an der Klinik geführt, die anschließend die Gesprächsprotokolle verfassen. Auf Seiten der Therapeuten liegt bezüglich des EKA-Untersuchungsgegenstandes kein Forschungsinteresse vor. Dadurch ist eine größere Unvoreingenommenheit der Untersucher gegeben. Allerdings führt dieser Umstand möglicherweise zu einem häufigeren Übersehen von EKA-Fällen und relevanten Informationen. In der vorliegenden Studie werden nach den hier definierten Einschlußkriterien ca. 4% aller Ambulanzpatienten als EKA identifiziert. Dabei handelt es sich um einen - relativ zu der aus dem klinischen Eindruck erwachsenen Erwartung - geringen Prozentsatz an EKA. Es läßt sich daher das Vorhandensein einer größeren Anzahl *falsch negativer* Fälle vermuten.

Für das Zustandekommen von falsch negativen Fällen müssen in erster Linie drei Ursachen in Betracht gezogen werden:

1. der Patient erzählt im Interview vom elterlichen Alkoholmißbrauch, der Therapeut erinnert sich jedoch nicht oder berichtet nicht im Protokoll,
2. der Patient erinnert sich nicht (Abwehr) oder
3. der Patient erinnert sich, erzählt jedoch nicht.

Vermutlich ist die Anzahl der letztgenannten Gruppe hoch. Die Schambesetztheit und Tabuisierung dieses Themas macht dies erklärlich, ebenso wie eine starke Angst vor Bewertung und Ablehnung[33].

Durch die Auswahl des Samples von EKA-Patienten einer Psychosomatischen Klinik wird der *Gültigkeitsbereich* für die im folgenden Abschnitt diskutierten Ergebnisse festgelegt. Nach KLEINIG (1982) gelten Ergebnisse in der qualitativen Sozialforschung nur innerhalb eines durch die Untersuchung abgegrenzten Systems. Sie sind damit zeitlich-historisch und auf bestimmte soziale Bezüge begrenzt. Die vorliegenden Ergebnisse können dementsprechend nur eingeschränkt für EKA in anderen Zusammenhängen verallgemeinert werden, vor allem für nicht-klinische Bereiche. Für andere klinische Zusammenhänge (Psychiatrie, Langzeittherapieeinrichtungen, somatische Kliniken) erscheint eine Verallgemeinerung unproblematischer. Hierzu sei auf das breite Spektrum von Patienten in der Ambulanzsprechstunde hingewiesen.

7.2 ERGEBNISSE DER UNTERSUCHUNG

7.2.1 HETEROGENITÄT DES SAMPLES

Das zentrale Ergebnis der Einzelfallauswertung ist die *Differenzierung von Beziehungsmustern* der EKA-Patienten einer Psychosomatischen Klinik. Es existiert also nicht *ein* spezifisches Beziehungsmuster, vielmehr lassen sich vier unterschiedliche Beziehungsmuster A-D finden. Als zuverlässige Unterscheidungskriterien erweisen sich dabei die Variablen „Verantwortungs-übernahme", „Modus der Einflußnahme in der Beziehung", „Umgang mit Bedürfnissen" und „Erwartungen". Eine zusammenfassende Charakterisierung der vier Beziehungsmuster A-D nach diesen Kriterien gibt die folgende tabellarische Übersicht wieder. Eine ausführliche Gegenüberstellung und Diskussion der vier Beziehungsmuster erfolgt im anschließenden Kapitel.

---

[33] DENEKE (1993, S.128f) formuliert diesbezüglich: „Es gibt viele seelisch-geistige Inhalte, die wir als Diagnostiker - bei dem Versuch die Repräsentanzenwelt eines Patienten zu rekonstruieren - für unbewußt halten, die aber dem Patienten tatsächlich sehr wohl bewußt sind. Er teilt sie uns nur nicht mit, weil er sich schämt, unsere Verachtung fürchtet, uns nicht traut etc. oder sie nicht einmal vor sich selbst benennen will."

	MUSTER A (n=11) ABHÄNGIGKEIT INANSPRUCHNAHME PASSIV/SELBST	MUSTER B (n=12) VERPFLICHTUNG BEMÜHUNG AKTIV/ANDERE	MUSTER C (n=6) ANPASSUNG ZURÜCKNAHME PASSIV/ANDERE /SELBST	MUSTER D (n=2) DISTANZIERUNG ZURÜCKWEISUNG AKTIV/SELBST
EINFLUSS-NAHMEMODUS	passiv	aktiv	passiv	aktiv
FÜR SICH SELBST VERANT-WORTUNG, ZUSTÄNDIG-KEIT	keine Eigenverantwortung andere sind zuständig	keine Eigenverantwortung	keine Eigenverantwortung	keine Eigenverantwortung
FÜR ANDERE	keine Verantwortung für andere	**Verantwortlichkeit, Zuständigkeit für andere** (Schuldgefühle)	teilweise Verantwortungs-übernahme für andere	Ablehnung von Verantwortlichkeit und Zuständigkeit für andere
EIGENE	**starke Bedürftigkeit** und **Abhängigkeit**	**Abwehr** der eigenen Bedürftigkeit	Bedürftigkeit und **Abhängigkeit**	**Abwehr** der eigenen Bedürftigkeit
	Aufgabe/Verleugnung des Bedürfnisses nach Selbständigkeit, Selbstbestimmung, Unabhängigkeit	Aufgabe/Verleugnung des Bedürfnisses nach Versorgung und Unterstützung durch andere, Abhängigkeit	Aufgabe/Verleugnung des Bedürfnisses nach Eigenständigkeit, Selbstbestimmung, Behauptung, Unabhängigkeit	Aufgabe/Verleugnung des Bedürfnisses nach Beziehung, Bindung, Nähe, Abhängigkeit, Versorgung und Unterstützung
BEDÜRFNISSE BEDÜRFTIG-KEIT ANDERER	wird kaum wahrgenommen, Unverständnis	stark auf **Bedürfnisse der anderen** ausgerichtet; diese werden befriedigt	sensibel auf Bedürfnisse der anderen ausgerichtet und angepaßt	Zurückweisung, Entwertung und Verachtung von Bedürftigkeit und „Schwäche" anderer
ANSPRÜCHE, ERWAR-TUNGEN	**hoher Anspruch an andere** (offene Forderung)	**hoher Anspruch an sich selbst** (in der Beziehung)	Anspruch an andere Anspruch an sich selbst	hoher Anspruch an sich selbst (Stärke, Leistung)
	wenig Anspruch an sich selbst	hoher Anspruch an andere (verdeckt)	mit Tendenz wie Gruppe A oder B	hoher Anspruch an andere, Gekränktsein

fett=starke Ausprägung

Mit der Differenzierung dieser vier Beziehungsmuster werden Forschungsergebnisse bestätigt und erklärt, die auf das Vorhandensein einer Heterogenität innerhalb der Gruppe der EKA aufmerksam machen (D'ANDREA et al. 1994). Dies erscheint bedeutsam, da bisherige Forschungsbemühungen, die von einer Einheitlichkeit der Gesamtgruppe der EKA ausgegangen sind, oft insofern keine befriedigenden Ergebnisse erbracht haben, als sich die Gruppe der EKA im Vergleich zu Kontrollgruppen in bezug auf untersuchte Parameter wie z. B. Symptom-variablen und Persönlichkeitsmerkmale nicht unterschieden haben. Das ist zunächst erstaunlich, da doch einige Wissenschaftler in ihrer langjährigen klinischen Arbeit den Eindruck gewonnen haben, daß EKA-Patienten eine eigenständige Gruppe mit spezifischen Merkmalen darstellen.

Untersucht man EKA als Gesamtstichprobe, muß nach den vorliegenden Ergebnissen davon ausgegangen werden, daß die oben dargestellten charakteristischen Merkmale der vier EKA-Beziehungsmuster unerkannt bleiben, da sich diese gegenseitig nivellieren, wie z. B.:

GRUPPE A	GRUPPE B
• Ablehnung der Verantwortung für andere	• ausgeprägtes Verantwortungsgefühl für andere
• starke Bedürftigkeit und Abhängigkeit	• Abwehr der eigenen Bedürftigkeit

Möglicherweise sind aus diesem Grund in den entsprechenden Untersuchungen signifikante Resultate ausgeblieben.

Mit dem Nachweis der Heterogenität in dem untersuchten EKA-Sample wird eine Entwicklung auf dem Gebiet der EKA-Forschung unterstützt, die in Richtung einer Differenzierung geht. Wichtige Ergebnisse auf diesem Weg hatten zuvor z. B. WEGSCHEIDER (1981) UND BLACK (1988) mit ihren Rollenkonzepten (vgl. 1.3.2) über Kinder in Alkoholikerfamilien hervorgebracht. Ein Vergleich dieser Rollenkonzepte mit den in der vorliegenden Arbeit entwickelten Beziehungsmustern läßt sich insofern durchführen, als daß ein bestimmtes Beziehungsmuster durchaus auch als eine „Rolle" mit bestimmten Aufgaben, Verhaltensweisen und Reaktionsmustern verstanden werden kann. Bei einer Gegenüberstellung wird deutlich, daß sich einige „Rollen"-Inhalte sehr genau mit den Charakteristiken der Beziehungsmuster A-C decken.

• Muster A - • der Sündenbock, schwarzes Schaf (Wegscheider)
• Muster B - • das verantwortungsbewußte Kind (Black)
• Muster C - • das fügsame Kind (Black)/ das unsichtbare, stille Kind (Wegscheider)

Die Ergebnisse der vorliegenden Studie legen also eine Abgrenzung von Arbeiten nahe, die ein einheitliches Persönlichkeitskonzept für EKA entwickelt haben (z. B. WOITITZ 1990, vgl. Kapitel 1.3.2.). In gleichem Zuge unterstützen sie die Resultate der Studien von LYON & SEEFELDT (1995), BAKER & STEPHENSON (1995) UND HAVEY et al. (1995), die die Gültigkeit der von WOITITZ aufgestellten Persönlichkeitscharakteristiken nicht bestätigen können sowie anderer Vergleichsstudien von EKA mit Kontrollgruppen, in denen die Hypothese vom Vorhandensein eines typischen Persönlichkeitsprofils für EKA widerlegt wird (SHEMWELL et al. 1995, CARPENTER 1995). Mit dem Ergebnis der Identifizierung von vier Beziehungsmustern bei EKA-Patienten wird mit der vorliegenden Untersuchung für die erwähnten Forschungsergebnisse eine Begründung geliefert.

Berücksichtigt man zusätzlich die Resultate einer jahrzehntelangen Alkoholismusforschung, erscheint das Ergebnis der Differenzierung von vier Beziehungsmustern bei EKA nicht verwunderlich. Das Fazit zahlreicher psychoanalytischer Forschungsbemühungen ist die Erkenntnis, daß sich hinter der Symptomatik einer Alkoholabhängigkeit völlig verschiedene Persönlichkeitsstrukturen und -phänomene verbergen können (ROST 1986). Damit verbunden sind jeweils unterschiedliche Objektbeziehungen, die diese Menschen eingehen. Dementsprechend wird man unterschiedliche familiäre Beziehungsmuster vorfinden, die ihre jeweils spezifischen Auswirkungen auf die Entwicklung der Kinder in diesen Alkoholikerfamilien haben.

Somit erscheint der Nachweis einer Heterogenität innerhalb der EKA-Gruppe, hier in bezug auf Beziehungsmuster, plausibel.

7.2.2 GEGENÜBERSTELLUNG DER GRUPPEN

Entsprechend der vier identifizierten Beziehungsmuster A-D werden vier gleichnamige *Gruppen A-D* gebildet, zu denen die 31 untersuchten Fälle zugeordnet werden. Die prozentuale Verteilung der Beziehungsmuster im Sample ergibt für das Untersuchungsfeld der Psychosomatischen Klinik eine deutliche Dominanz der beiden Beziehungsmuster B mit 38,7% und A mit 35,5%. Es ist jedoch zu vermuten, daß sich die Verteilung der Beziehungsmuster in anderen Untersuchungszusammenhängen anders darstellen würde (Ausführungen dazu s. Kapitel 8.6).

Im folgenden werden die vier Gruppen A-D hinsichtlich der Beziehungsgestaltung sowie der beruflichen und sozialen Integration zusammenfassend beschrieben, verglichen und diskutiert.

GRUPPE A (N=11) Beziehungsmuster **ABHÄNGIGKEIT-INANSPRUCHNAHME** (passiv-selbst)

Die *berufliche und soziale Integration* ist in dieser Gruppe am *wenigsten gelungen*. 72% der Patienten sind *langzeitkrank* bzw. *langzeitarbeitslos*, 50% sind *ohne Ausbildung*. Die Leistungsfähigkeit und -bereitschaft sind hier am geringsten. Es besteht kaum eine soziale Einbindung. Bei einem relativ hohen Durchschnittsalter ist der wichtigste soziale Bezug immer noch die Herkunftsfamilie. Eigene Kinder haben diese Patienten nicht. Bestimmte Anforderungen, die damit verbunden sind, wie z. B. die Übernahme von Verantwortung und das Zurückstellen eigener Bedürfnisse, entfallen. Dieses Beziehungsmuster tritt vergleichsweise häufig bei männlichen EKA-Patienten auf.

Bedürfnisse, Verantwortung: Die Patienten vermeiden es, Verantwortung für sich selbst oder andere zu übernehmen. Sie zeigen wenig Bereitschaft und Initiative. Im Mittelpunkt der Aufmerksamkeit steht die eigene Bedürftigkeit. Die konsumierende, einverleibende Haltung in Beziehungen oder auch im Suchtverhalten kann als orale Aggressivität interpretiert werden. Die Bedürfnisse des Gegenübers werden mit Unverständnis registriert oder gar nicht wahrgenommen. An diese anderen werden hohe *Versorgungsansprüche* gestellt. Die eigene Bedürftigkeit und Abhängigkeit wird selten problematisch erlebt. Bei 55% der Gruppe-A-Patienten findet sie ihren Ausdruck in einer ausgeprägten Suchtproblematik mit autodestruktiven Zügen und in Verbindung mit einer mangelnden Krankheitseinsicht und fehlenden Bereitschaft zur Verantwortungsübernahme. Die Patienten fühlen sich in ihrer Opferhaltung benachteiligt.

Diskussion: Regressive, passiv-vermeidende Beziehungsstrukturen sind dominierend. Die vorwürfliche Anspruchshaltung kann als Ausdruck einer Einforderung von Wiedergutmachung für erlittene Verletzungen verstanden werden. Das Vorherrschen eines regressiven Bewältigungsmusters kann durch die quantitative Auswertung bestätigt werden. Die Therapeuten beurteilen bei 70% der Gruppe-A-Patienten den regressiven Konfliktverarbeitungsmodus als sehr bedeutsam. Bei einem regressiven Verarbeitungsmodus konstelliert sich die Beziehung auf einer passiv-oralen Ebene. Im Kontakt reagieren diese Menschen erwartungsvoll, hilflos, kränkbar, enttäuscht und mit Rückzugstendenzen.

RUDOLF (1996) beschreibt die „oral-regressive Verarbeitung" als einen Bewältigungsmodus des depressiven Grundkonflikts. Die von RUDOLF (a.a.O.) dargestellten Beziehungskonstellationen bei einer oral-regressiven Verarbeitung entsprechen in weiten Teilen denen des Beziehungsmusters A. Als charakteristisch für diesen Verarbeitungsmodus stellt RUDOLF die passive, resignative Haltung gegenüber der Welt und den Objekten und die tiefe Überzeugung von dem eigenen Unvermögen, Einfluß auf die Welt nehmen und Veränderungen bewirken zu können, heraus. Typisch ist außerdem ein Gefühl der Unerträglichkeit der Realität. Weiterhin macht RUDOLF (1996) auf den oft früh einsetzenden Prozeß einer persönlichen und sozialen Desintegration aufmerksam. Diese Tendenz spiegelt sich bei den EKA-Patienten der Gruppe A in den Langzeitkrankschreibungen, der Arbeitslosigkeit, der nicht vorhandenen Berufsausbildung, in der Suchtmittelabhängigkeit und in der kindlich-regressiven Abhängigkeit vom Elternhaus bzw. Partner wider.

GRUPPE B (N=12) Beziehungsmuster **VERPFLICHTUNG-BEMÜHUNG** (aktiv-andere)

Im Gegensatz zur Gruppe A wird eine *gute berufliche und soziale Integration* festgestellt. 83% der Patienten sind mit einer Arbeit oder Ausbildung beschäftigt, 92 % haben eine abgeschlossene *Ausbildung* bzw. befinden sich in Ausbildung. Ein Großteil der Gruppe (42%) hat *eigene Kinder* zu versorgen. Diese Aufgabe nimmt oft einen zentralen Stellenwert im Leben der Patienten ein.

Bedürfnisse, Verantwortung: Im Zentrum der Aufmerksamkeit stehen die Bedürfnisse und Interessen der anderen, für die eine enorme Sensibilität entwickelt wird. Die Patienten stellen hohe Ansprüche an sich selbst. In einer aufopfernden, teilweise autodestruktiven Weise sind sie um andere bemüht. Im Gegensatz dazu steht die Abwehr und *Zurücknahme eigener Bedürfnisse* nach Versorgung und Unterstützung. Erwartungen und Ansprüche an andere werden nicht offen deutlich. Die abgewehrte Bedürftigkeit kommt jedoch vermehrt im Suchtverhalten zum Ausdruck, welches bei 25% der Patienten beschrieben wird. Mit dem Suchtverhalten gehen enorme Schuld- und Schamgefühle einher. Außerdem werden ausgeprägte autodestruktive Tendenzen deutlich.

Diskussion: Bei dem Beziehungsmuster B steht die Sorge und der Einsatz für andere im Vordergrund. Durch eine projektive Identifizierung mit den Bedürfnissen des Gegenübers können in der Sorge und Bemühung um andere eigene Bedürfnisse stellvertretend befriedigt werden (altruistische Abtretung). Deutlich wird die Tendenz zur Kontrolle anderer durch ein überversorgendes Beziehungsangebot. Die Überversorgung und Verantwortungsabnahme führt zu einer „Entmündigung" des Gegenübers und zu dessen Unselbständigkeit und Abhängigkeit. Für den Patienten ist das mit Gefühlen der Sicherheit und der Bestätigung verbunden, die zu einer Selbstwertstabilisierung beitragen.

Bei der statistischen Einschätzung des Konfliktverarbeitungsmodus durch die Therapeuten (vgl. Kapitel 6.7.2.4) wird bei 75% der Patienten dieser Gruppe ein altruistisch-fürsorglicher Verarbeitungsmodus als sehr bedeutsam erkannt. Bei einem Vergleich der Zuordnungskriterien für das Beziehungsmuster B und den im Fragebogen definierten Merkmalen des altruistisch-fürsorglichen Verarbeitungsmodus fallen weitgehende inhaltliche Übereinstimmungen auf. Der Modus der altruistisch-fürsorglichen Verarbeitung beinhaltet schwerpunktmäßig die Sicherung wichtiger Bindungen durch Übernahme von Verantwortung und Fürsorglichkeit sowie die Unterordnung eigener Interessen im Dienste der anderen.

Das Beziehungsmuster B läßt sich mit dem von RUDOLF (1996, S. 131) beschriebenen Bewältigungsmusters der „altruistischen Verarbeitung" vergleichen. Nach Rudolf (a.a.O.) handelt es sich bei diesem Muster um Menschen, „die sich in verantwortungsvoller und pflichtbewußter Weise um die Nahestehenden [...] kümmern und dabei eigene Interessen und Bedürfnisse weitgehend zurückstellen". Die „altruistische Verarbeitung" wird von RUDOLF (a.a.O.) als ein Bewältigungsmodus auf relativ hohem Funktionsniveau gekennzeichnet. Als Ausdruck dafür können die für diese Gruppe nachgewiesene hohe berufliche und soziale Integrationsfähigkeit und Leistungsbereitschaft angesehen werden. Die bei einer Dekompensation der Bewältigung einsetzende Symptombildung manifestiert sich nach RUDOLF (a.a.O.) in charakteristischer Weise als Erschöpfungsreaktion mit Entwicklung eines depressiven Bildes, wobei der Patient nun selber, unter Schuldgefühlen, zum Hilfsbedürftigen wird. Bei den EKA-Patienten dieser Gruppe wird zudem die Entwicklung einer Suchtsymptomatik vergleichsweise häufig nachgewiesen.

GRUPPE C (N=6) Beziehungsmuster **ANPASSUNG-ZURÜCKNAHME** (passiv-andere/selbst)

In dieser Gruppe, die ausschließlich aus Frauen besteht, wird die *beste berufliche und soziale Integration* bzw. Anpassung festgestellt: 100% der Gruppe gehen einer *Beschäftigung* in Form einer Arbeit oder Ausbildung nach. Ebenfalls 100% der Gruppe können eine abgeschlossene *Ausbildung* vorweisen bzw. befinden sich momentan in Ausbildung. 17% haben Kinder, wobei zu berücksichtigen ist, daß in dieser Gruppe das geringste Durchschnittsalter vorliegt.

Bedürfnisse, Verantwortung: Im Vordergrund steht die starke Außenorientierung der Patientinnen. Die Bewältigungsstrategie ist gekennzeichnet durch eine generelle Anpassung und Zurücknahme bis hin zur Unterwerfung. Im Umgang mit eigenen und fremden Bedürfnissen zeigt sich kein durchgängiges Muster. Die vorhandene Bedürftigkeit und Abhängigkeit ist insgesamt weniger stark ausgeprägt als in Gruppe A. Durchweg bestehen jedoch Schwierigkeiten mit der Übernahme von Eigenverantwortung. Aggressionen, Konflikte und Auseinandersetzungen werden konsequent vermieden.

Diskussion: Das ausgeprägt vermeidende Verhalten und die soziale Anpassung erfolgen aus einer übergroßen Ängstlichkeit und Unsicherheit sowie aus einem starken *Unwerterleben* heraus. Im Gegensatz zu Gruppe B ist die Anpassung weniger eine Konsequenz hoher Selbstansprüche und starker Schuldgefühle. Die Abhängigkeit resultiert bei diesen Patienten eher aus Gefühlen des Nicht-Wertseins (Selbstwertproblematik) oder Nicht-Selbstseins (Identitätslosigkeit). Eine ähnlich stark ausgeprägte orale Abhängigkeit und Bedürftigkeit wie bei Gruppe A wird nicht deutlich. Bis auf die gravierende Selbstwertproblematik ergab sich bezüglich vieler untersuchter Eigenschaften in dieser Gruppe kein einheitliches Profil, so daß sich eine Charakterisierung und Zuordnung als schwierig erweist. Es ist nicht auszuschließen, daß es sich bei dieser Gruppe um Patienten handelt, bei denen Merkmale der Beziehungsmuster A *und* B vorhanden sind, jedoch in weniger stark ausgeprägter und weniger klar differenzierter Form. Möglicherweise liegt die Indifferenz bezüglich einiger Merkmale im jugendlichen Alter der Patienten begründet. Es wäre somit denkbar, daß im Verlauf der Entwicklung eine weitere Differenzierung des Beziehungsmusters in Richtung Muster A oder B erfolgt. Diese Hypothese müßte in einer weiteren Untersuchung, z. B. in einer Längsschnittstudie, überprüft werden.

GRUPPE D (N=2) Beziehungsmuster **DISTANZIERUNG-ZURÜCKWEISUNG** (aktiv-selbst)

Beide Patienten dieser Gruppe sind *beruflich* insofern *integriert*, als sie in einem Arbeits- bzw. Ausbildungsverhältnis beschäftigt sind. Bei einem Patienten gestaltet sich jedoch gerade die Arbeitssituation mit den Kollegen äußerst problematisch und unbefriedigend. Festgestellt wird eine aktive und konsequente Isolation von sozialen Kontakten sowie ein Rückzug aus dem Familienleben.

Bedürfnisse, Verantwortung: Bei den Patienten dieser Gruppe ist die Tendenz zur Kontrolle und zur Abwehr der eigenen Bedürftigkeit und von Bedürfnissen nach Beziehung, Versorgung und Unterstützung besonders stark ausgeprägt. Auch die Wahrnehmung dieser Bedürfnisse beim Gegenüber wird als bedrohlich erlebt und entwertet. Hierbei werden aggressive, nach außen gerichtete Impulse deutlich. Andere Menschen werden mit ihren Wünschen zurückgewiesen. Verbindlichkeiten und Abhängigkeiten in Beziehungen werden von diesen Patienten abgelehnt. Beide Patienten dieser Gruppe haben sich von ihrem Elternhaus extrem distanziert und den *Kontakt abgebrochen.* Die hohen Selbstansprüche spiegeln sich in einer starken Leistungsorientierung im Beruf, nicht jedoch auf der Beziehungsebene wie bei Gruppe B, wider.

Diskussion: Die geringe Anzahl von Patienten (n=2) in dieser Gruppe liegt möglicherweise in der Auswahl der Stichprobe begründet. Patienten mit dem Beziehungsmuster D haben kaum ein Anliegen an eine psychotherapeutische Behandlung und werden daher nur selten in therapeutischen Einrichtungen oder Beratungsstellen zu finden sein. Zusätzlich ist aufgrund der beziehungsvermeidenden und entwertenden Haltung dieser Patienten ein häufiger Wechsel der Behandler durch die Patienten anzunehmen.

Bei einem Vergleich mit den in der vorliegenden Arbeit verwendeten Fragebogenitems zur Einschätzung des Konfliktverarbeitungsmodus (vgl. Kapitel 6.7.2.4) lassen sich bei dem Beziehungsmuster D am ehesten Parallelen zu dem narzißtischen und schizoiden Konfliktverarbeitungsmodus erkennen. Entsprechend der Fragebogenitems zur Einschätzung des Konfliktverarbeitungsmodus beinhaltet der schizoide Konfliktverarbeitungsmodus die Distanzierung und Vermeidung von emotionalem Kontakt und emotionalen Bindungen. Die narzißtische Verarbeitung wird hingegen durch das Bemühen, einem eigenen hohen Ideal gerecht zu werden und dadurch Anerkennung und Bewunderung zu erlangen, charakterisiert. Dieses Bemühen spiegelt sich in der beruflichen Leistungsorientierung der Gruppe-D-Patienten wider.

GESCHLECHTSSPEZIFISCHE INTERPRETATIONEN

Trifft man trotz der geringen Anzahl von Männern im Sample (16%; n=5) eine Aussage über den Zusammenhang zwischen Beziehungsmuster und Geschlecht, ergibt sich folgende geschlechtsspezifische Verteilung: Männer tendieren zur Einnahme des Beziehungsmusters A und D, Frauen dagegen zur Einnahme des Musters B und C.

Berücksichtigt man sozialisationsbedingte, geschlechtsspezifische Rollenvorgaben sowie geschlechtsspezifische Identifikationsmöglichkeiten mit dem gleichgeschlechtlichen Elternteil (vgl. RUDOLF & MOTZKAU 1997), erscheint diese Verteilung plausibel: Frauen übernehmen die mütterlich-nährende, fürsorgliche Rolle in der Familie (siehe Beziehungsmuster B). Sie sind beziehungsorientiert, schützen die Beziehung, nehmen sich für diese zurück und neigen dazu, die Beziehung und den Partner zu idealisieren, sich selbst jedoch zu entwerten (siehe Beziehungsmuster C). Männer dagegen binden sich weniger emotional in der Beziehung und neigen dazu, die Beziehung zu entwerten. Entsprechend den gesellschaftlichen Anforderungen sind sie stärker leistungsbezogen und fungieren als Ernährer der Familie. Dieses Muster entspricht weitgehend dem hier beschriebenen Beziehungsmuster D.

Im Widerspruch dazu zeigen jedoch die Ergebnisse dieser Arbeit, daß ein Großteil der Männer eine Suchtproblematik entwickelt und zu einer Übernahme des abhängigen und unselbständigen Parts in der Beziehung tendiert. Diese Männer können den von der Gesellschaft an sie gestellten Anforderungen nicht genügen. Für männliche EKA kann hier eine schlechtere berufliche und soziale Integration (60% Langzeiterkrankung/Arbeitslosigkeit, 40% ohne Ausbildung, 60% Sucht) als für EKA-Frauen (23% Langzeiterkrankung/Arbeitslosigkeit, 19% ohne Ausbildung, 11% Sucht) nachgewiesen werden. Dieses Resultat steht in Übereinstimmung mit Ergebnissen von RUDOLF & MOTZKAU (1997), die eine soziale Integrationsstörung - gekennzeichnet durch Suchtzüge, Schwierigkeiten mit Geld, Schulden und soziale Konflikte - als typische Symptombildung bei Männern ermittelt haben. Diese soziale Symptomatik steht bei RUDOLF & MOTZKAU im Zusammenhang mit sozialen biographischen Belastungsfaktoren und mit belastenden psychosozialen Interaktionsmustern in der Kindheit. Auch SCHEPANK (1987) stellt die Alkoholsuchtsymptomatik als bevorzugte Symptomwahl bei Männern fest.

Das Symptom der mangelnden beruflichen und sozialen Integration mit der Tendenz zu süchtigen Verhaltensweisen kann zur Interpretation der interessanten Geschlechterverteilung herangezogen werden. Im Sample findet sich ein auffällig hoher Frauenanteil (84%). Auch im Vergleich mit der Ambulanzgesamtstichprobe (hier 58% Frauen) ist der Frauenanteil auffallend hoch. Nach den Vorüberlegungen ist davon auszugehen, daß ein großer Teil männlicher EKA verstärkt in anderen Kliniken (Psychiatrien, Suchtkliniken) oder in Obdachlosen- und Alkoholikerheimen zu finden sein wird.

7.2.3 BIOGRAPHISCHE ERFAHRUNG UND VULNERABILITÄT

• BELASTUNGEN IN DER HERKUNFTSFAMILIE

In der vorliegenden Arbeit wird die elterliche Alkoholabhängigkeit durchgängig als *Belastungsfaktor* bei der Entwicklung der Patienten im Kindesalter eingeschätzt. Bei der Untersuchung der Beziehung des Patienten in der Kindheit zum Alkoholikerelternteil wird das Erleben einer ständigen Mißachtung basaler Bedürfnisse geschildert. Dabei können für die Gesamtgruppe der EKA folgende Belastungsfaktoren identifiziert werden: die Vernachlässigung des Bedürfnisses nach emotionaler Zuwendung (*emotionale Verletzung*), nach physischer und materieller Versorgung sowie nach Beständigkeit, Sicherheit und Zuverlässigkeit (*Vernachlässigung, physische Gewalt, Scheidung* und *Trennung* der Eltern). Vergleicht man die erwähnten Belastungsfaktoren mit den Ergebnissen anderer Forschungsarbeiten, kann überwiegend eine Übereinstimmung hinsichtlich der Identifizierung belastender Faktoren und dysfunktionaler Strukturen festgestellt werden (HALEY 1980, EDWARDS & ZANDER 1985, KÖPPL & REINERS 1987, BRAKHOFF 1987, BLACK 1988, El GUEBALY et al. 1990, HYPHANTIS et al. 1991, BÄTZ 1991, ROSE et al. 1991, KERR & HILL 1992b, GRASHA & HOMAN 1995).

In der vorliegenden Studie erfolgt zusätzlich eine Vergleichsuntersuchung innerhalb der EKA-Stichprobe. Die vier EKA-Gruppen werden bezüglich des Auftretens der beschriebenen Belastungsfaktoren verglichen, wobei sich folgende Resultate ergeben:

Die Patienten der Gruppe A sind in mehrfacher Hinsicht vergleichsweise mit schwierigeren und stärker belastenden biographischen Bedingungen konfrontiert gewesen als die Patienten der übrigen Gruppen. In Gruppe A ist am weitaus häufigsten von einer eigenen brutalen körperlichen Gewalterfahrung der Patienten und von dem Erleben von Gewalthandlungen gegen andere (Geschwister, Mutter) zu erfahren. Der Anteil der Alkoholikermütter ist prozentual am größten, von ihnen ging aber nicht die Gewalt aus. In einem Fall sind beide Eltern von der Alkoholkrankheit betroffen. Außerdem ist die Anzahl der berichteten Scheidungen und Trennungen der Eltern in Gruppe A am größten.

In Gruppe B wird in erster Linie die Erfahrung von emotionaler Verletzung und Vernachlässigung problematisiert. Von einer physischen Gewaltanwendung der Eltern gegen die Patienten wird kaum berichtet, jedoch von körperlichen Gewalthandlungen gegen andere (Mutter, Geschwister).

In Gruppe C wird, ähnlich wie in Gruppe B, die Erfahrung von emotionaler Verletzung und Vernachlässigung beschrieben. Scheidungen bzw. Trennungen der Eltern wurden nicht berichtet.

Gruppe-D-Patienten haben belastende Kindheitserfahrungen in Form von brutaler körperlicher Gewalt sowie von emotionaler Verletzung und Vernachlässigung gemacht.

Insgesamt werden deutliche Unterschiede hinsichtlich der Art und des Ausmaßes der beschriebenen Belastungsfaktoren festgestellt. Über die Erfahrung einer emotionalen Verletzung wird, mehr oder weniger ausgeprägt, in allen Fällen berichtet. Nicht dagegen über die Erfahrung von körperlicher Gewalt, die nahezu ausschließlich Patienten aus Gruppe A erfahren haben. Der *Belastungsfaktor der physischen Mißhandlung* erweist sich als ein relativ zuverlässiges *Unterscheidungskriterium für die Gruppen*. Körperlicher Gewalthandlungen gegen andere Bezugspersonen werden dagegen in Gruppe A und B beschrieben. Bei Gruppe-B-Patienten führt diese Beobachtung häufig zu einer besonders engen und schuldhaften Bindung an die mißhandelten Bezugspersonen.

Zur Problematik der physischen Gewalt, die sich in der vorliegenden Arbeit als besonders bedeutsam herausstellt, lassen sich nur wenige Forschungsarbeiten finden. ROSE et al. (1991) und KERR & HILL (1992b) haben EKA-Personen mit Nicht-EKA-Personen verglichen und einen signifikanten Unterschied bezüglich physischer Mißbrauchserfahrungen in der Kindheit festgestellt. Die Gruppe der EKA ist signifikant stärker durch physische Gewalterfahrungen belastet. Nicht untersucht werden in diesen Studien Unterschiede innerhalb der EKA-Gruppe. Interessant ist an dieser Stelle auch der Vergleich mit der ebenfalls qualitativen, jedoch nicht-klinischen Untersuchung von VIELHABER (1996). In dieser Studie wird das Vorkommen von Gewalt als Interaktionsmuster in Alkoholikerfamilien nicht beschrieben. Dieses Ergebnis ist möglicherweise ein Hinweis auf das unterschiedliche Ausmaß an erfahrener Gewalt in nicht-klinischen und klinischen Stichproben. Die nicht festgestellte Gewalterfahrung gibt Anlaß zu einer weiteren Überlegung. Nach Ansicht der Autorin erfaßt VIELHABER in seiner Studie in erster Linie Gruppe-B-EKA. Seine Beziehungsbeschreibungen decken sich überwiegend mit Beschreibungen von Gruppe-B-Patienten. Durch seine Stichprobenauswahl, die auf Freiwilligkeitsbasis beruhte, konnte VIELHABER für seine nichtklinische Studie nur engagierte, evtl. auch vergleichsweise gesündere EKA gewinnen. Unter den bereitwilligen Probanden sind vermutlich kaum Gruppe-A-Personen zu finden. Diese nicht erfaßten Gruppe-A-Patienten wären dann eventuell jene „vermißten" Personen, die gewalttätige Beziehungserfahrungen beschrieben hätten.

Eine auffällige Diskrepanz zu den Ergebnissen der Forschungsliteratur ergibt sich für den Belastungsfaktor des *sexuellen Mißbrauchs*. In der vorliegenden Arbeit wird nur in einem Fall der Verdacht eines sexuellen Mißbrauchs geäußert. Im Gegensatz dazu wird in mehreren Untersuchungen (ROSE et al. 1991, BLACK 1988, YAMA et al. 1993, VIELHABER 1996) auf das überdurchschnittlich häufige Auftreten von sexuellem Mißbrauch in Alkoholikerfamilien hingewiesen. Als Ursache für diese Diskrepanz ist zunächst die Erstgesprächssituation zu diskutieren. Für die Thematisierung derart traumatischer und schambesetzter Verletzungen ist oft ein langfristiger Aufbau einer Vertrauensbeziehung in der Therapie notwendig. Somit muß von einer größeren Anzahl falsch negativer Ereignisse ausgegangen werden.

Als Reaktion auf die Belastungen in der Herkunftsfamilie haben die Patienten als Kinder verschiedene Bewältigungsstrategien entwickelt, wie z. B. die Anpassung, Unterordnung und Zurücknahme; die Vermeidung von Konflikten, Auseinandersetzungen und Aggressionen; die Übernahme von Verantwortung und elterlichen Aufgaben, eine frühe Selbständigkeit; den Kontaktabbruch zum Alkoholikerelternteil, den sozialen Rückzug sowie später das Suchtverhalten als Problemlösungsversuch. Diese Strategien werden überwiegend bis in die Gegenwart beibehalten. Unter den aktuellen Lebensbedingungen jedoch werden diese Bewältigungsstrategien zu suboptimalen bzw. dysfunktionalen Lösungsvarianten und sind somit hinderlich und lebenseinschränkend. Die Folge ist eine Symptomentwicklung.

7.2.4 KONFLIKTBEREICHE IN DER GEGENWART

In der vorliegenden Arbeit werden mehrere aktuelle Konfliktbereiche identifiziert, die sich bei EKA-Patienten als bedeutsam erweisen. Zunächst sei der Umgang mit Bedürfnissen und Verantwortung erwähnt und in engem Zusammenhang damit die Suchtproblematik und die Selbstwertthematik. Weitere Konfliktbereiche sind der Umgang mit Aggressionen und Konflikten sowie die Beziehung zu den Eltern bzw. die Ablösung vom Elternhaus. Diese Konfliktbereiche werden im folgenden für die Gesamtheit des EKA-Samples sowie in bezug auf die Unterschiedlichkeit ihrer Ausprägung in den vier Gruppen diskutiert.

• BEDÜRFNISSE UND VERANTWORTUNG

Für alle vier EKA-Gruppen wird ein problematischer und konfliktbehafteter Umgang der Patienten mit ihren Bedürfnissen und Impulsen festgestellt. Oft ist die Wahrnehmung eigener Bedürfnisse und Gefühle schwer beeinträchtigt. Dagegen können einige Patienten eine ausgesprochene Sensibilität für die Bedürfnisse anderer entwickeln, auf die sie übergroße Rücksicht nehmen. Für diese *Ausrichtung auf die Bedürfnisse des Gegenübers* wird in der vorliegenden Arbeit der Begriff des *Objektbezugs* eingeführt (vgl. Kapitel 4.5.2). Die Inhalte dieses Begriffs decken sich überwiegend mit den Inhalten des Konzepts der Co-Abhängigkeit, welches von einigen Autoren explizit auf EKA angewendet wird (vgl. Kapitel 1.3.2). Auf die selbstüberfordernde Haltung von EKA haben auch CUTTER & CUTTER (1987) und BÄTZ (1991) hingewiesen. VIELHABER (1996) bezeichnet die Konzentration der Aufmerksamkeit des Kindes auf den Alkoholikerelternteil und auf die Auswirkungen des Alkoholkonsums als „Soziale Zentrierung" und aus der Perspektive des Kindes oder heutigen Erwachsenen Kindes als „Fremdzentrierung". Mit „Fremdzentrierung" meint er die „Fokussierung des Handelns und Erlebens auf andere Personen". „Die fürsorgliche Beschäftigung mit den Problemen, Schwierigkeiten und Krankheiten anderer Menschen wird [...] zu einem beziehungsstiftenden Element" (VIELHABER 1996, S. 236).

Die genannten Konzepte der Co-Abhängigkeit und der Fremdzentrierung sowie die Selbstüberforderung lassen sich klar auf das in der vorliegenden Arbeit identifizierte Beziehungsmuster B anwenden und eingeschränkt auf das Beziehungsmuster C. Nicht dagegen gelten diese für das Beziehungsmuster A und D. Für diese Beziehungsmuster kann eine einseitige und daher ebenfalls problematische *Ausrichtung auf die eigenen Bedürfnisse*, also ein *Selbstbezug*, festgestellt werden. Vor allem für Gruppe-A-Patienten ist dabei neben der Selbstbezogenheit die konsequente Vermeidung einer eigenverantwortlichen Position charakteristisch. Daraus resultiert eine *starke Abhängigkeit* in der Beziehung. SCHMIDT (1987) hat die Entwicklung und Aufrechterhaltung massiver Abhängigkeitsmuster in Beziehungen und gegenüber Suchtmitteln als wiederkehrendes Grundphänomen in Suchtfamilien beschrieben. Das Phänomen der Abhängigkeit von anderen zeigt sich in der vorliegenden Arbeit ausgeprägt bei Gruppe-A-Patienten. In Gruppe B steht dagegen die Abhängigkeit anderer Menschen von der eigenen Person im Mittelpunkt.

Insgesamt ist in allen Gruppen eine Tendenz zur Einnahme einer Opferhaltung zu erkennen. Diese ist verbunden mit Gefühlen von Hilflosigkeit, Überforderung und Benachteiligung. Der Aspekt der „Enttäuschung" und des „Zu-kurz-gekommen-seins" spielt bei den meisten Patienten eine zentrale Rolle. Dieser kommt jedoch häufig nur indirekt hinter dem aufopfernden und anspruchslosen Bild, welches die Patienten von sich zeichnen, zum Ausdruck.

Bei mehr als 2/3 der EKA-Patienten (74%) läßt sich eine ausgeprägte orale Problematik als zentrale intrapsychische Konfliktthematik feststellen. Daraus wird die Vermutung abgeleitet, daß der orale Konfliktmodus bei EKA-Patienten eine besondere Rolle spielt. Diese Hypothese kann durch die quantitative Auswertung der *zentralen Konfliktthematik* bestätigt werden. *Das EKA-Sample unterscheidet sich in bezug auf das Merkmal des zentralen Konflikts sehr signifikant von der restlichen Ambulanzpatientengruppe.* Für 61% der *EKA-Patienten* im Vergleich zu 34% der übrigen Ambulanzpatientengruppe wird der *orale Konflikt als bestimmender Konfliktmodus* ermittelt.

Die Bedeutsamkeit der oralen Thematik spiegelt sich ebenfalls in dem häufig vorhandenen **Suchtverhalten** wider. Bei dem Vergleich des EKA-Samples mit der Ambulanzstichprobe wird eine *durchweg stärker ausgeprägte Mißbrauchs- und Abhängigkeitsproblematik* bei EKA-Patienten festgestellt. Dabei ergeben sich sehr signifikant erhöhte Werte für eine Alkoholabhängigkeit, einen Alkoholmißbrauch und eine Medikamentenabhängigkeit in der Vergangenheit, eine aktuelle Drogenabhängigkeit sowie signifikant erhöhte Werte für eine aktuelle Medikamentenabhängigkeit. Dieses Ergebnis deckt sich mit den Resultaten aus zahlreichen klinischen und nicht-klinischen Studien, die eine erhöhte Gefahr für die Entwicklung eines Alkohol- bzw. Suchtproblems bei EKA nachgewiesen haben (z. B. CHASSIN et al. 1991, BIDAUT et al. 1994, SHER et al. 1991, DOMENNICO & WINDLE 1993, MATHEW et al. 1994). Das Suchtverhalten in der EKA-Gruppe wird von Patienten und Therapeuten häufig im Sinne einer Identifizierung mit dem süchtigen Elternteil interpretiert.

In der vorliegenden Arbeit wird deutlich, daß eine Suchtsymptomatik bei Patienten der Gruppen A, B und D auftritt bzw. früher aufgetreten ist. Dabei tendieren Männer vergleichsweise häufiger zu einer Alkoholabhängigkeit, Frauen dagegen zu einem süchtigen Eßverhalten. Dieses Ergebnis steht in Einklang mit Beobachtungen anderer Autoren (vgl. Claydon 1987), nach denen Frauen eher zum Gebrauch weicher „Drogen" wie Essen und Medikamente greifen und Männer zu Alkohol oder Drogen. Bezüglich der Funktion und der Umgangsweise mit der Sucht können für Suchtpatienten der Gruppe A und B Unterschiede herausgearbeitet werden. Wichtige Differenzen ergeben sich in bezug auf das Erleben der Krankheit (Krankheitseinsicht, Leidensdruck, Scham- und Schuldgefühle, Selbstvorwürfe) und den Umgang mit der Krankheit (Verantwortungsübernahme, Motivation und Veränderungsbereitschaft, Krankheitsgewinn). Auf diese verschiedenen Umgangsweisen mit der Suchtthematik reagieren die Therapeuten kritisch-abgrenzend oder bereitschaftlich-unterstützend. Eine Differenzierung der Suchtpatienten erscheint daher in Hinblick auf die therapeutische Arbeit bedeutsam.

In engem Zusammenhang mit den Schwierigkeiten der EKA-Patienten, auf ihre Bedürfnisse und Grenzen zu achten und Eigenverantwortung zu übernehmen, ist die *Selbstwertproblematik* dieser Patienten zu sehen, die in allen vier Gruppen beschrieben wird. Das Vorhandensein eines Selbstwertkonflikts bei EKA-Patienten wird durch die quantitative Auswertung der Selbsteinschätzungen bestätigt. In bezug auf die untersuchten Selbstwert-Items *unterscheiden sich die EKA-Patienten sehr signifikant* von den restlichen Ambulanzpatienten. Eine Selbstwertproblematik bei EKA wurde bereits zuvor von anderen Autoren (BERKOWITZ 1988, LAMBROU 1990, BUSH et al. 1995) beschrieben.

Für ein Verständnis der ausgeprägten Selbstwertproblematik sowie für die Schwierigkeiten im Umgang mit eigenen und fremden Bedürfnissen ist es notwendig, auf die in Kapitel 7.2.3 diskutierten biographischen Bedingungen zurückzukommen. In der Kindheit haben diese Patienten gelernt, ihre Aufmerksamkeit sehr einseitig auf die Gefühle und Bedürfnisse der anderen Familienmitglieder und besonders auf die unberechenbaren und verletzenden Launen des Alkoholikerelternteils zu richten und sich entsprechend zu verhalten. Die wiederholte Frustration basaler Bedürfnisse resultiert in einer tiefen Kränkung und der Erfahrung der eigenen Wert- und Bedeutungslosigkeit. Das mangelnde Selbstwerterleben der Patienten, welches heute im Rahmen von Selbstwertkrisen, Selbstverurteilungen und vernichtendem Selbsthaß teilweise enorme Ausmaße annimmt, kann als Folge der lebensgeschichtlichen Erfahrung von Verlassenheit, Unbeständigkcit, Unsicherheit, Vernachlässigung sowie psychischer und physischer Mißhandlung gesehen werden.

Die Erfahrung von Bestätigung haben EKA-Patienten in ihrer Kind-heit lediglich für das Zurückstellen eigener Bedürfnisse und für ein angepaßtes und erwünschtes Verhalten im Sinne der Familienregeln erhalten. Bemerkenswert ist, daß gerade auch Patienten, die in ihrer Kindheit enorme Anforderungen bezüglich einer Selbständigkeit und Eigenverantwortlichkeit erfüllt haben, heute starke Selbstwertprobleme aufweisen und keineswegs eigenständig leben können. Die enormen damaligen Anforderungen können als eine zu frühe Autonomiezumutung verstanden werden, mit der sie als Kinder überfordert waren. Die Patienten blieben mit zahlreichen Enttäuschungen durch die Bezugspersonen zurück. Im Laufe ihrer Entwicklung haben sie unterschiedliche Umgangsweisen mit diesen Enttäuschungen gelernt.

RUDOLF (1996) beschreibt sechs Bewältigungsstile[34], die bei der Verarbeitung des oralen Grundkonflikts, der sich aus den frühen Objektenttäuschungen ableitet, zum Tragen kommen. In Anlehnung an diese Systematik von RUDOLF kann in der vorliegenden Arbeit nachgewiesen werden, daß sich die identifizierten Subgruppen von EKA-Patienten hinsichtlich ihrer Verarbeitungs- bzw. Bewältigungsstrategien im Umgang mit der oralen Konfliktthematik unterscheiden. Für Patienten der Gruppe A spielt die von RUDOLF so genannte oral-regressive Verarbeitung eine besondere Rolle, in Gruppe B die altruistisch-fürsorgliche. Diese beiden Zuordnungsmodi zu den Gruppen A und B können durch die quantitative Analyse validiert werden.

Während das Verarbeitungsmuster der Patienten aus Gruppe C zu indifferent und verschieden ist, als daß es konsistent einem der von RUDOLF vorgeschlagenen Bewältigungsstile zuordenbar wäre, kann für Gruppe D das Vorliegen eines narzißtischen bzw. schizoiden Verarbeitungsmodus hypothetisch angenommen werden. Eine Validierung dieser Zuordnung im Rahmen der quantitativen Analyse ist jedoch aufgrund der geringen Stichprobengröße in Gruppe D (n=2) in der vorliegenden Arbeit nicht möglich. Sie bleibt nachfolgenden Untersuchungen an größeren Stichproben vorbehalten.

• UMGANG MIT AGGRESSIONEN UND KONFLIKTEN

Betrachtet man den Umgang der EKA-Patienten mit Aggressionen und Konflikten wird eine nahezu durchgängige Aggressionsproblematik deutlich. Es bestehen erhebliche Schwierigkeiten bei der Wahrnehmung und dem Ausdruck aggressiver Gefühle und Impulse. Die Tendenz zur Vermeidung von Konflikten und Auseinandersetzungen ist deutlich ausgeprägt. Dieser vermeidende und tabuisierende Umgang mit Konflikten als charakteristische Bewältigungsstrategie in Alkoholikerfamilien und damit auch bei EKA konnte bereits in anderen Studien (SCHMIDT 1987, WEGSCHEIDER 1988, BLACK 1988, VIELHABER 1996) nachgewiesen werden.

In der vorliegenden Untersuchung werden zusätzlich unterschiedliche Strategien identifiziert, die die EKA-Patienten zur Kontrolle ihrer Aggressionen entwickelt haben. Die Bindung aggressiver Gefühle und Impulse gelingt einerseits durch eine *besonders enge und intensive Beziehung* zu wichtigen Bezugspersonen (Eltern, Partner). Diese enge Bindung besteht in Gruppe A über eine *Abhängigkeit*, in Gruppe B über *Schuldgefühle*. Eine andere Möglichkeit, eigene aggressive Impulse zu kontrollieren, wird in den Gruppen B und C deutlich: Durch ein *passiv-aggressives Verhalten* werden Aggressionen an das Gegenüber delegiert. Als weitere bedeutsame Strategie wird ein *autoaggressives Verhalten* in den Gruppen A, B und C festgestellt. Einzig in Gruppe D wird ein *nach außen gerichtetes aggressives* Verhalten in der Entwertung und Zurückweisung anderer Personen beobachtet.

Durch die Vermeidung aggressiver Äußerungen kommt es zu Abgrenzungsproblemen, die sich vor allem in der Beziehung zu den Eltern manifestieren. Aber auch in den partnerschaftlichen

---

[34] In seinem Modell erkannte RUDOLF (1996) folgende Bewältigungsstrategien als bedeutsam bei der Verabeitung des depres-siven Grundkonflikts: die altruistisch-fürsorgliche Verarbeitung, die narzißtische Verarbeitung, die schizoide Verarbeitung, die oral-regressive Verarbeitung, die philobatische Verarbeitung sowie die Bewältigung durch Humor.

und beruflichen Beziehungen finden massiven Grenzüberschreitungen statt, die von den Patienten toleriert werden. Aufgrund der *mangelnden Erfahrung eines konstruktiven Umgangs mit Aggressionen und Konflikten bei gleichzeitig häufig erlebter destruktiver verbaler oder körperlicher Gewalt* ist nachvollziehbar, daß diese Patienten Spannungen, Konflikte und Auseinandersetzungen als bedrohlich erleben.

• BINDUNG AN DAS ELTERNHAUS - BEWÄLTIGUNG DER ABLÖSUNG

Die ausgeprägten *Abgrenzungsprobleme* der EKA-Patienten, die besonders in der Beziehung zu den Eltern zum Tragen kommen, erschweren die Ablösung vom Elternhaus beträchtlich. Dabei wird beobachtet, daß eine Abgrenzung oder Trennung von der Alkoholikermutter noch schwieriger realisierbar ist als die Trennung vom Alkoholikervater. Beziehungsabbrüche werden dementsprechend ausschließlich in der Beziehung zum Alkoholikervater berichtet.

Eine enge Verbindung der EKA-Patienten zu den Eltern kommt in einer *räumlich-engen* oder einer *innerlich-intensiven* Beziehung zum Ausdruck.

In Gruppe A beruht die enge, intensive Beziehung zum Elternhaus auf der eigenen Unselbständigkeit sowie emotionalen und materiellen Abhängigkeit von den Eltern. Die Abhängigkeit äußert sich in der Bevorzugung einer räumlich-engen Lebensform. Dieses Ergebnis ist in Übereinstimmung mit den Ausführungen von SCHMIDT (1987), der als Charakteristikum für Suchtfamilien die Abhängigkeit der Kinder gegenüber dem Elternhaus - über innere oder über äußerliche Phänomene - beschreibt.

Die Beziehung der Gruppe-B-Patienten, gekennzeichnet durch eine ausgeprägte Verantwortungshaltung gegenüber dem Elternhaus, ist treffend mit dem Begriff der Co-Abhängigkeit zu charakterisieren (Schaef 1990). Die Patienten reagieren bei auftauchenden eigenen Abgrenzungswünschen mit massiven Schuldgefühlen.

In Gruppe C zeigt sich hinsichtlich der Bindungsintensität und -qualität kein durchgängiges Muster. Die Bindung an das Elternhaus stellt sich, verglichen mit Gruppe A und B, weniger intensiv dar. Dennoch besteht bei der Hälfte der Patientinnen eine starke räumliche Nähe zu den Eltern. Eine Erklärung für das Verbleiben im Elternhaus läßt sich aus dem jugendlichen Alter dieser Patientinnen ableiten.

Bei Patienten der Gruppe D unterscheidet sich die Art der Beziehung zum Elternhaus konträr zu der bei Patienten der Gruppen A und B. Die Patienten der Gruppe D distanzieren sich emotional in extremer Weise von Eltern und Geschwistern und brechen den Kontakt zu diesen ab. Von einer gelungenen Ablösung kann jedoch auch hier nicht ausgegangen werden. Die Patienten sind nicht in der Lage, unabhängig vom Elternhaus ein selbstbestimmtes, befriedigendes Leben in beruflicher oder privater Hinsicht aufzubauen.

Die in dieser Arbeit zunächst vorgenommene Differenzierung von Beziehungsqualitäten in der gegenwärtigen Beziehung von EKA zu ihren Eltern läßt sich mit der von VIELHABER (1996) vergleichen. Auch VIELHABER unterscheidet zwischen einer räumlichen und einer emotionalen bzw. inneren Bindung. Eine Aussage in bezug auf eine Variabilität innerhalb der EKA-Gruppe wird von ihm nicht getroffen. VIELHABER (1996) sieht in der Ablösung vom Elternhaus eine besonders wichtige Entwicklungsaufgabe, die von EKA zu leisten ist. Er beschreibt die emotionale Distanzierung als ein Mittel, um eine eigenständige, von den Eltern möglichst unabhängige Lebensgestaltung zu erreichen. In der vorliegenden Studie wird jedoch gezeigt, daß eine emotionale und räumliche Distanzierung vom Elternhaus keineswegs die selbstverwirklichende Gestaltung des eigenen Lebens garantiert.

Diskutiert man Ursachen für die Ablösungsschwierigkeiten vom Elternhaus, sind zunächst die mangelnden und problematischen Erfahrungen im Umgang mit Grenzen und Abgrenzung anzuführen. STEINGLASS (1987) und SCHMIDT (1987) haben auf die ausgeprägten Störungen der System- und Generationsgrenzen in Alkoholikerfamilien aufmerksam gemacht. Insbesondere sind die durchlässigen Grenzen innerhalb des Alkoholiker-Familiensystems mit den massiven Folgen für die Kinder, z. B. bei sexuellen Grenzüberschreitungen und Rollendiffusionen, zu erwähnen.

Eine weitere Erklärung für die Ablösungsschwierigkeiten läßt sich aus den engen Loyalitätsbindungen in Alkoholikerfamilien ableiten (HALEY 1980, KRÖGER et al. 1994). Bei Abgrenzungsversuchen können massive intrapsychische und reale Konflikte entstehen. Heftige Schuldgefühle sind als Reaktion auf Autonomiebestrebungen zu verstehen, die in diesen Familien als existentielle Bedrohung für die Stabilität des Systems erlebt werden. Die engen Loyalitätsbindungen behindern so die Entfaltungsmöglichkeiten und sind oft mit einem enormen Leidensdruck verbunden.

Als Erklärung der Ablösungsschwierigkeiten ist nicht zuletzt ein erheblicher Gewinn anzuführen, der sich aus der Beibehaltung einer engen Beziehung zum Elternhaus ergibt. Für Gruppe-A-Patienten bedeutet dieser Gewinn die Gewährleistung der eigenen Versorgung durch die Eltern, für Gruppe B-Patienten eine Reduktion von Angst und Schuldgefühlen durch die Beibehaltung des Gewohnten.

7.2.5 THERAPEUTISCHE BEZIEHUNG UND ENTWICKLUNGSPOTENTIAL

Ein weiterer Schwerpunkt der vorliegenden Arbeit ist die Untersuchung der therapeutischen Arbeitsbeziehung. Hierbei werden in einem EKA-Gruppenvergleich beträchtliche Differenzen bei der Einschätzung des Arbeitskontakts, des Entwicklungspotentials des Patienten sowie der Therapeutenhaltung nachgewiesen.

Der Arbeitskontakt in *Gruppe A* gestaltet sich schwierig. Das *Entwicklungspotential* der Patienten wird als *gering* eingeschätzt. Zu dieser Bewertung tragen bei: eine geringe Bereitschaft zur Übernahme von Verantwortung durch den Patienten, nicht stattgefundene Veränderungen in den vergleichsweise häufigen Vorbehandlungen sowie ein relativ geringer Leidensdruck. Die Therapeuten nehmen eine zurückhaltende, *kritische Haltung* ein. Die Bereitschaft, diesen eher „schwierigen", da wenig motivierten und fordernden Patienten in der eigenen Einrichtung ein Behandlungsangebot zu unterbreiten, ist äußerst gering. Negative Gegenübertragungen auf Seiten der Therapeuten spielen eine große Rolle. Die Patienten scheinen entsprechend ihrer biographischen Beziehungserfahrung das Gegenüber wiederholt in die Position des Ablehnenden, Mißverstehenden oder Strafenden zu bringen. Zusammenfassend handelt es sich also bei Patienten der Gruppe A um eine sogenannte schwierige Klientel. Es lassen sich Konflikte wiedererkennen, die insgesamt aus der Arbeit mit Suchtpatienten bekannt sind, wie z. B. die Instrumentalisierung, Idealisierung und Entwertung der Behandler oder das manipulative und regressiv-ansprüchliche Verhalten der Patienten (HARTWICH 1998).

In *Gruppe B* ist der therapeutische Arbeitskontakt dagegen vergleichsweise gut gelungen. Dieses Ergebnis kann auch als Folge der tendenziell bemühten Haltung dieser Patienten um andere interpretiert werden. Es scheint sich um eine „angenehmere" Klientel als in Gruppe A zu handeln. Die Bemühungen der Patienten fördern das *Engagement der Therapeuten*, sich für diese einzusetzen. Etwa 1/3 der Patienten der Gruppe B erhalten ein *stationäres Behandlungs-angebot im Haus*. Bei der Motivation der Therapeuten zur Unterstützung dieser Patienten können auch Verpflichtungsgefühle eine Rolle spielen. Den Patienten gelingt es schnell, Schuldgefühle im Gegenüber hervorzurufen. Kritische Interventionen werden von den Therapeuten, auch bezüglich des Suchtverhaltens, selten eingesetzt. Im Gruppenvergleich zeigen Patienten der Gruppe B eine vergleichsweise große Bereitschaft und eine hohe Therapie-motivation bei starkem Leidensdruck. Es wird ein *großes Entwicklungspotential* festgestellt.

Bemerkenswert ist, daß bei der Hälfte der Patienten dieser Gruppe die Indikation für eine *ambulante analytische Therapie* gestellt wird. Eine solche Indikation setzt eine gewisse Ich-Stabilität, Introspektionsfähigkeit und Therapiemotivation voraus. In den anderen drei Gruppen wird eine derartige Indikation nicht gestellt. Diese Tatsache unterstützt das in Kapitel 7.2.2 diskutierte Vorhandensein relativ reifer Bewältigungsstrategien in Gruppe B. RUDOLF (1991) weist für Patienten mit einer „altruistischen Verarbeitung" in Hinblick auf die therapeutische Zusammenarbeit eine prognostisch besonders günstige Entwicklung nach, die aus der Bereitschaft zur Verantwortungsübernahme und engagierten Bemühung dieser Patienten in der Beziehung resultiert. Nach RUDOLF (1991) kann das Muster der therapeutischen Beziehung bei Patienten der Gruppe B als „Kooperationsmuster" bezeichnet werden: Der Patient ist primär motiviert. Eine gemeinsame Besprechung, Planung und Organisation der Behandlung ist durch-führbar. Schwierigkeiten sind benennbar und können bewältigt werden. Aus dem Kontakt gehen beide Seiten tendenziell zufrieden hervor.

In *Gruppe C* wird eine Kombination von Variablenausprägungen der Gruppen A und B beobachtet. Der Patient-Therapeut-Kontakt ist überwiegend gelungen. Vergleichbar Gruppe A wird das Veränderungspotential der Patienten als niedrig eingeschätzt. Dennoch reagieren die Therapeuten, vergleichbar Gruppe B, mit einer bereitschaftlich-unterstützenden Haltung. Die Patienten erhalten ebenfalls Behandlungsangebote für die klinikeigene Station. Zusammen-fassend zeigen die Therapeuten eine ähnlich entgegenkommende Reaktion wie in Gruppe B bei einem unterschiedlichen, und zwar niedrigen Entwicklungspotential der Patienten.

In *Gruppe D* gestaltet sich der Aufbau des therapeutischen Arbeitskontakts aufgrund des kaum vorhandenen Anliegens auf Seiten der Patienten schwierig. Beim Therapeuten wird eine hilflose oder ärgerliche Gegenübertragung hervorgerufen. Diese Reaktion resultiert aus der konsequen-ten Abwehr jeglicher Bedürftigkeit inklusive von Beziehungswünschen auf Seiten der Patien-ten. Eine Veränderung oder Entwicklung kann nicht festgestellt werden. Aufgrund der geringen

Motivation und des geringen Leidensdrucks kommt eine Behandlung oder Therapievermittlung nicht zustande. Daraus läßt sich schließen, daß es sich bei dieser Patientengruppe mehr noch um eine nicht erreichbare als um eine schwierige Klientel zu handeln scheint. Die Interaktion in der therapeutischen Beziehung entspricht nach RUDOLF (1991) in vieler Hinsicht dem Typ eines „Trennungsmusters".

Zusammenfassend ergeben sich in den vier EKA-Gruppen bezüglich des *Entwicklungspotentials* deutliche Differenzen. Für die Gruppen A, C und D wird ein geringes Entwicklungspotential festgestellt. Insbesondere können bei Gruppe-A-Patienten keine Veränderungen nach therapeutischen Vorbehandlungen beobachtet werden. Ein mangelndes Verantwortungsbewußtsein, fehlende Eigeninitiative und ein geringer Leidensdruck behindern die Veränderung. Dennoch suchen diese Patienten durchaus therapeutische Unterstützung. Gruppe-D-Patienten werden sich dagegen kaum auf eine therapeutische Arbeitsbeziehung einlassen. Im Gegensatz zu den Patienten der Gruppen A, C und D werden für die relativ bemühten und motivierten Gruppe-B-Patienten vergleichsweise gute Entwicklungsmöglichkeiten festgestellt.

Diskutiert man die Frage, warum für einige EKA-Patienten die Veränderung ihrer Lebenssituation nahezu unmöglich erscheint und warum das Erzielen von Therapieerfolgen schwierig ist, stößt man auf vielfältige Aspekte. In ihrer Herkunftsfamilie haben diese Patienten erfahren, daß sie Macht, Gewalt und Verletzungen gegenüber ausgeliefert sind und diese nur wenig beeinflussen können. Heute jedoch wird erwartet, daß sie Verantwortung übernehmen und Initiative zeigen.

Voraussetzung dafür ist aber ein Verzicht auf eine anklagende Vorwurfshaltung und die Entwicklung eines Schuldbewußtseins. Bemühungen, Frustrationen und Enttäuschungen müssen in Kauf genommen werden. In einem schmerzhaften Entwicklungsprozeß muß auf eine Entschädigung und Wiedergutmachung früherer Verletzungen verzichtet werden und damit die Illusion von „Heilung" aufgegeben werden. Veränderung kann auch bedeuten, daß das gesamte Familiensystem hinterfragt werden muß, was eine Konfrontation mit starken Gefühlen von Wut, Haß, Enttäuschung und Schmerz beinhaltet. Erneut entstehen heftige Loyalitätskonflikte. Es drohen entsprechende Sanktionen des Systems bis hin zu einem Ausschluß. Das bedeutet den Verlust des gewohnten Haltes und der Sicherheit des Vertrauten.

Soweit der Autorin bekannt ist, liegt bislang nur eine Studie vor, die sich mit den Entwicklungschancen von EKA befaßt. So untersucht VIELHABER (1996) im Rahmen seiner qualitativen Studie den Aspekt der Entwicklung bzw. des Entwicklungsstandes. Er unterscheidet drei Daseinszustände, in denen sich EKA befinden können. Der erste Daseinszustand des „Verhaftet-Bleibens"[35] läßt sich inhaltlich mit dem Konzept der Kategorie 'Keine-Entwicklung' aus der vorliegenden Arbeit vergleichen; der zweite Daseinszustand „Kontinuität und Wandel"[36] mit dem Konzept der Kategorie 'Entwicklung'. Für den dritten Daseinszustand der „Normali-

---

[35] Bei diesem Daseinszustand haben Auswirkungen der Vergangenheit heute einen stark beeinträchtigenden Einfluß und werden als festgeschrieben und nicht abänderbar betrachtet. Es bestehen keine Entwicklungschancen.

[36] Auch bei diesem Daseinszustand werden negative Erfahrungen aus der Vergangenheit heute als beeinträchtigend erlebt. Dies führt hier allerdings zu einer aktiven Auseinandersetzung mit diesen Erfahrungen. Es existiert eine Perspektive der Ver-änderung.

sierung"[37] ließen sich in der vorliegenden Arbeit keine klinischen Beispiele finden. Es liegt nahe, die Ursache dafür in der sich unterscheidenden Auswahl der Stichproben zu suchen. Im Gegensatz zu der Arbeit von VIELHABER wird in der vorliegenden Arbeit eine klinische Stichprobe untersucht, wodurch sich die Aufmerksamkeit besonders auf das Vorhandensein von Beschwerden und Symptomen richtet. Bei dem überwiegenden Teil der Patienten sind beträchtliche Beziehungsschwierigkeiten vorhanden, insbesondere in der Beziehung zum Elternhaus, womit eine Zuordnung zum dritten Daseinszustand der „Normalisierung" ausgeschlossen wird.

Aus den oben beschriebenen unterschiedlichen *Indikationsentscheidungen* für eine therapeutische Behandlung bei den vier EKA-Gruppen lassen sich Hypothesen über eine Verteilung von *EKA in anderen Untersuchungszusammenhängen* ableiten. Für die Gruppe der Beziehungsmuster-A-EKA läßt sich ein gehäuftes Antreffen in Psychiatrien und Suchtkliniken erwarten. Bei zunehmend schlechter sozialer und beruflicher Integration wird ein gehäuftes Auftreten in sozialen Hilfseinrichtungen bzw. in der Obdachlosigkeit vermutet. EKA mit dem Beziehungsmuster B und C lassen sich dagegen eher in ambulanten Psychotherapien erwarten, da bei einem Teil dieser Patienten durch eine ambulante therapeutische Maßnahme eine ausreichende Behandlung gewährleistet werden kann. EKA mit dem Beziehungsmuster D werden aufgrund ihrer distanzierten Abwehrhaltung selten in professionellen therapeutischen Zusammenhängen zu finden sein.

7.2.6 SCHLUSSFOLGERUNGEN

Aus den in der vorliegenden Untersuchung dargestellten Ergebnissen lassen sich Ansatzpunkte für weitere Forschungsprojekte sowie Implikationen für therapeutisches Handeln ableiten.

• SCHLUSSFOLGERUNGEN FÜR DEN FORSCHUNGSBEREICH

Im Rahmen der vorliegenden Arbeit werden erstmals vier *EKA-Beziehungsmuster* identifiziert. Um die Existenz dieser vier Beziehungsmuster bei EKA-Patienten zu bestätigen, sollte dieses Ergebnis an einer umfangreicheren Stichprobe, möglichst zusätzlich in einem quantitativen Untersuchungsdesign, repliziert werden. Notwendig wären ebenfalls entsprechende Untersuchungen von nichtklinischen Stichproben und Untersuchungen in anderen klinischen Bereichen, da sich immer wieder deutliche Hinweise auf Differenzen zwischen verschiedenen EKA-Populationen in unterschiedlichen Untersuchungszusammenhängen ergeben haben (vgl. Kapitel 1.3 und 7.2.5). Eventuell ist dadurch auch eine Identifizierung weiterer Beziehungsmuster möglich.

Für folgende EKA-Forschungsprojekte erweist sich nach den Ergebnissen der vorliegenden Arbeit ein Vorgehen als sinnvoll, bei dem nicht von einer EKA-Gesamtstichprobe ausgegangen

---

[37] Dieser Zustand ist u. a. charakterisiert durch eine verlorene Relevanz der Vergangenheit. Die Gestaltung eines von der Alkoholikerkindkarriere unabhängigen Lebensweges ist möglich. Es besteht ein niedriger Belastungsgrad und eine positive oder neutrale Beziehung zu den Eltern.

wird, sondern bei dem die einzelnen *EKA-Subgruppen*, entsprechend der hier identifizierten Beziehungsmuster, *separat untersucht* werden. Dies kann zum einen durch ein Vergleichen der EKA-Subgruppen untereinander und zum anderen in Vergleichsstudien mit anderen klinischen Kontrollgruppen erfolgen. Durch eine derartige Vorgehensweise können in folgenden Studien möglicherweise Unterschiede bezüglich verschiedener Variablen wie z. B. Belastungsfaktoren in der Familie, Symptomatik, Beziehungsschwierigkeiten, Persönlichkeitsmerkmale, Inanspruchnahme therapeutischer Unterstützung identifiziert werden, wo bisherige Vergleichsstudien von EKA-Gesamtgruppen mit entsprechenden Kontrollgruppen bezüglich dieser Variablen unerwarteterweise keine signifikanten Differenzen feststellen.

Der biographische Belastungsfaktor „physische Gewalt in der Kindheit" wird in der vorliegenden Arbeit als zuverlässiges Unterscheidungskriterium für die EKA-Gruppen herausgearbeitet. Es besteht Grund zu der Annahme, daß Art und Ausmaß der *Belastungen in der Alkoholikerfamilie* einen Prädiktor für die Entwicklung bestimmter Beziehungsmuster und Bewältigungsstrategien darstellen. Eine mögliche Hypothese in diesem Zusammenhang lautet: Bei Patienten mit gewalttätigen Beziehungserfahrungen und anderen zusätzlichen Belastungsfaktoren (weibliches Geschlecht des Alkoholikerelternteils, Scheidung oder Trennung der Eltern) besteht eine größere Wahrscheinlichkeit, ein passiv-abhängiges Beziehungsmuster zu entwickeln. Diese Hypothese gilt es, möglichst auch in prospektiven Studien, zukünftig zu überprüfen.

In der bisherigen Forschung werden differenzierte Vergleichsstudien zu Belastungsfaktoren, familiären Strukturen und Beziehungskonstellationen in verschiedenen Alkoholikerfamilien weitgehend vernachlässigt. In Zukunft wird jedoch zu erforschen sein, ob eine Differenzierung *unterschiedlicher Typen von Alkoholikerfamilien* möglich ist. Die Identifizierung verschiedener Alkoholikerpersönlichkeitstypen und, wie in dieser Studie nachgewiesen, verschiedener Beziehungsmuster bei Alkoholikerkindern geben Anlaß für diese Hypothese.

Mit einer Differenzierung von Alkoholikerfamilientypen würde sich eine Möglichkeit eröffnen, protektive bzw. belastende Faktoren herauszufinden. Bisher haben nur wenige Autoren *protektive Faktoren* untersucht. Auch in dieser vorliegenden Studie können durch die klinische, defizitorientierte Sichtweise kaum Ressourcen und besondere Fähigkeiten der Patienten erfaßt werden. Biographisch bedeutsame stabilisierende und korrigierende Beziehungserfahrungen werden nur selten erwähnt. Eine Möglichkeit, protektive Faktoren zu ermitteln, wäre eine Untersuchung von „gesunden" Geschwistern, die zu befriedigenden Beziehungen in der Lage sind und eine berufliche Verwirklichung erreichen. Das Wissen über protektive und belastende Faktoren kann bei der Erarbeitung präventiver Maßnahmen für Kinder aus Alkoholikerfamilien nützlich sein, indem fundierte Aussagen zur Einschätzung bestehender Gefährdungsmomente und Risikofaktoren getroffen werden können.

Für eine weitergehende Untersuchung der *therapeutischen Arbeitsbeziehung* und der *Entwicklungsmöglichkeiten* dieser Patienten sind qualitative und quantitative Studien von Therapieverläufen ein möglicher Zugang. Wichtig ist hierbei, den Einfluß der Beziehungsmuster auf den Therapieverlauf zu untersuchen. Im Rahmen von Therapieevaluationsstudien kann die in dieser Arbeit aufgestellte Hypothese über Erfolgsaussichten einer psychotherapeutischen Behandlung in bezug auf die einzelnen Gruppen überprüft werden.

Abgeleitet aus dem Ergebnis der Bevorzugung bestimmter psychotherapeutischer Behandlungsindikationen in den vier EKA-Patientengruppen sind differierende Therpieergebnisse für die EKA-Gruppen in verschiedenen Therapiesettings zu erwarten. Diese Hypothese kann im Rahmen von Therapieevaluationsstudien therapeutischer Behandlungen unter verschiedenen Settingbedingungen bei EKA-Patienten in Abhängigkeit vom Beziehungsmuster überprüft werden.

In Katamnesestudien können Therapieresultate von EKA-Therapien ermittelt werden. Nach den Ergebnissen der vorliegenden Arbeit bestehen für die vier EKA-Gruppen sehr unterschiedliche Entwicklungschancen. Davon ausgehend ist anzunehmen, daß auch eine Untersuchung der langfristigen Stabilität von erreichter Veränderung für die einzelnen EKA-Gruppen unterschiedliche Ergebnisse erbringt. Die in dieser Arbeit getroffenen Aussagen bezüglich einer prognostischen Bedeutung der Gruppen können dadurch bestätigt bzw. widerlegt werden. Aus diesen Forschungsergebnissen wiederum können differenzierte Indikationsempfehlungen hinsichtlich einer psychotherapeutischen Behandlung für die einzelnen Gruppen abgeleitet werden.

• SCHLUSSFOLGERUNGEN FÜR DEN KLINISCHEN BEREICH

Ausgehend von den in dieser Studie ermittelten aktuellen Konfliktbereichen bei EKA-Patienten lassen sich für die therapeutische Arbeit folgende Themenschwerpunkte als zentral benennen:

Aus dem nachgewiesenen erhöhten Risiko für die Entwicklung einer *Suchtsymptomatik* ergibt sich die Notwendigkeit einer präzisen diagnostischen Abklärung des Suchtverhaltens. Weiterhin ist die Erfassung von Suchtstrukturen und Suchterkrankungen im sozialen Umfeld unerläßlich, da diese oft mit co-abhängigen Verhaltensweisen bei den Patienten verbunden sind. Die Suchtproblematik muß während der gesamten therapeutischen Behandlung aktiv verfolgt werden, da aufgrund von Scham- und Schuldgefühlen die Gefahr der Verleugnung und Tabuisierung besteht. Die unterschiedlichen Einstellungen und Umgangsweisen der Patienten mit der Suchtthematik sind in einem differenzierten therapeutischen Umgang zu berücksichtigen.

In bezug auf das Elternhaus wird eine schwerwiegende Abgrenzungsproblematik nachgewiesen. Damit verbunden sind enorme Einschränkungen der Entwicklungsmöglichkeit. Die *Ablösung vom Elternhaus* kann als wichtiges therapeutisches Ziel markiert werden. In Abhängigkeit von dem jeweiligen Beziehungsmuster wird dabei eine räumliche oder innerliche Distanzierung im Vordergrund stehen. Darüber hinaus ist die Berücksichtigung der Position des Patienten im Familiensystem und die Überprüfung seiner Funktion bei der Aufrechterhaltung des Systemgleichgewichts von Bedeutung. Ängste und Befürchtungen in Hinblick auf eine Gefährdung des Gleichgewichts durch therapiebedingte Veränderungen sollen antizipiert werden. Zu beachten sind weiterhin aktuelle konflikthafte Konstellationen in den Familien, wie z. B. Abhängigkeiten, Verträge, finanzielle Verstrickungen, die eine kritische Auseinandersetzung mit der

Familiengeschichte erschweren. Sind die familiären Bindungen extrem verflochten, ist die Indikation zu einer stationären Behandlung zu erwägen, um durch die räumliche Distanz eine Infragestellung des Systems zu erleichtern. Die Gruppentherapie stellt möglicherweise ein besonders geeignetes Behandlungssetting dar. In der Auseinandersetzung mit anderen Systemen, Werten und Normen erhalten die Patienten eine Chance, korrigierende Erfahrungen zu machen. Eine Ablösung und Neuorientierung außerhalb des eigenen, starren Familien-wertesystems wird dadurch erleichtert.

Ein weiterer zentraler Behandlungsfokus ergibt sich aus der mangelnden Fähigkeit zur Wahr-nehmung und konstruktiven Handhabung eigener Bedürfnisse. Ein wichtiges daraus abgeleitetes Therapieziel ist die *Übernahme einer eigenverantwortlichen Position* in der Beziehung.

Ein nächster Fokus richtet sich auf die mangelnde Konfliktfähigkeit: zu bearbeiten sind Schwierigkeiten, Ängste und negative Erfahrungen bezüglich aggressiver Beziehungselemente. Durch negative Erlebnisse geprägt, erfolgt bei vielen Patienten eine Gleichsetzung von Aggression mit Destruktion, brutaler Macht und Beziehungsabbruch. Die Erfahrung, sich einer Auseinandersetzungen in der therapeutischen Beziehung stellen zu können, wäre ein wichtiger Schritt. Es geht darum, *neue Konfliktbewältigungsstrategien* anstelle von süchtigem, auto-aggressivem oder vermeidendem Verhalten zu entwickeln.

Entsprechend der in dieser Studie identifizierten vier EKA-Beziehungsmuster bringen die Patienten unterschiedliche Voraussetzungen - z. B. bezüglich Leidensdruck, Krankheitsgewinn, Krankheitseinsicht oder Erwartungen an die Therapie - in eine Behandlung mit. Auch daraus ergeben sich Implikationen für therapeutisches Handeln:

Vor allem bei Patienten mit Beziehungsmuster A ist von einem beträchtlichen Krankheits-gewinn auszugehen. Wie gezeigt wird, haben diese Patienten im Vergleich zu den Patienten der anderen drei Gruppen die umfangreichsten Therapievorerfahrungen, ohne daß entsprechende Veränderungen erfolgt sind. Um Enttäuschungen, unnötige Kosten und Energieaufwendungen zu vermeiden, muß die Indikation für eine erneute therapeutische Behandlung genau geprüft werden. Anderenfalls besteht die Gefahr einer iatrogenen Krankheits- und Systemstabilisierung. Eine weitere Schwierigkeit stellen die enormen regressiven Beziehungswünsche und die ausgeprägte Anspruchhaltung der Patienten dar, die häufig Ursache für negative Gegenüber-tragungsgefühle sind. Eine engmaschige Supervision erscheint hier besonders notwendig. Zusätzlich wird in der vorliegenden Arbeit die äußerst schlechte soziale und berufliche Inte-gration in Gruppe A offengelegt. Die Abklärung und Berücksichtigung der sozialen Realität dieser Patienten, wie z. B. Wohnungssituation, Arbeit, Ausbildung, Finanzen, Kriminalität und soziale Kontakte, läßt sich so als Grundvoraussetzung einer adäquaten Behandlung nennen. Die Einbeziehung anderer stützender Hilfsangebote in Form von Sozialarbeitern, Beratungsstellen, Selbsthilfegruppen o. ä. ist zu erwägen.

Im Kontakt mit Gruppe B-Patienten ist deren einseitige Ausrichtung auf die Bedürfnisse anderer zu beachten. Veränderungen können hier Ausdruck einer Anpassung an die Vorstellungen des Therapeuten sein. Die Auseinandersetzung mit der eigenen bedürftigen, hilflosen, aber auch egoistischen Seite sowie das Ansprechen von Enttäuschungen, Ärger und Wut sind wichtige Schritte innerhalb der therapeutischen Beziehung.

In der therapeutischen Arbeit mit Gruppe-C-Patienten gilt es zunächst zu entwickeln, welche Konfliktthemen, neben einer meist ausgeprägten Selbstwertproblematik, bei diesen angepaßten, zurückgenommenen Menschen im Vordergrund stehen.

Bei Gruppe-D-Patienten erweist sich die Abwehr von Beziehungswünschen und Bedürfnissen als äußerst problematisch für die Etablierung einer therapeutischen Arbeitsbeziehung. Es mangelt an Krankheitseinsicht, einem Leidensdruck und an der Motivation, sich zu verändern. Durch die geringe Patientenanzahl in Gruppe D und das Ablehnen einer psychotherapeutischen Behandlung durch diese Patienten wird die Hypothese gestützt, daß Patienten dieser Gruppe für eine Psychotherapie nur schwer zu gewinnen sein werden.

7.3 METHODENKRITISCHE BEMERKUNGEN

Zur Bearbeitung der Fragestellungen (s. Kapitel 7.1) wird eine *qualitative Untersuchung* durchgeführt. Damit wird aktuellen Forderungen der Forschung nach einer differenzierten Betrachtung der EKA-Problematik, u. a. um unbefriedigende Ergebnisse quantitativer Analysen erklären zu können, entsprochen. Qualitative Auseinandersetzungen mit diesem Forschungsgegenstand werden bisher weitgehend vermißt. Die in der vorliegenden Arbeit gewählte qualitative Methode der Grounded Theory erweist sich als angemessenes Auswertungsverfahren, da es eine umfassende und differenzierte Analyse von EKA-Einzelfällen ermöglicht.

Durch eine vergleichende qualitative Analyse der Einzelfälle können Variationen und Gemeinsamkeiten dieser Fälle auf eine optimale Weise erfaßt werden. Die Methode erlaubt eine adäquate Auswertung der komplexen und vielschichtigen Protokolldaten. Die zirkuläre, prozeßorientierte Vorgehensweise ist besonders geeignet, um die vorgefundenen individuellen und prozeßhaften Phänomene wie „Beziehungsmuster", „Bewältigung" und „Entwicklung" zu erfassen. Durch ein induktives Vorgehen ist die Möglichkeit zur Hypothesengenerierung und zur Erlangung eines tieferen Verständnisses des untersuchten Gegenstandes gegeben.

Trotz der zahlreichen Vorzüge ist die Effektivität der Methode zu prüfen. STRAUSS (1994) macht auf das Zeitproblem dieses komplexen Analyseverfahrens aufmerksam. Auch BORTZ & DÖRING (1995) sehen einen Nachteil der Grounded-Theory-Methode in einem ungünstigen Kosten-Nutzen-Verhältnis. LAMNEK (1988) weist auf die häufig schwer begrenzbare Datenfülle hin, die im Laufe der Auswertung entsteht, mit eventuell verbundenen Schwierigkeiten bei einer sinnvollen Beschränkung. Ebenfalls kritisch betrachtet LAMNEK (1988) das postulierte Prinzip der Unvoreingenommenheit oder völligen Voraussetzungslosigkeit. Sicherlich bringt jeder Forscher Vorkenntnisse und Erfahrungen mit, die sich für die Forschungstätigkeit sogar als unverzichtbar erweisen, beispielsweise um eine relevante Informationsauswahl aus der Datenmenge treffen zu können.

Im Zusammenhang mit qualitativen Einzelfallanalysen weist DENEKE (1993) auf Irrtumsmöglichkeiten hin, die sich aus dem Fehlen objektiver Kriterien für die Validierung der Interpretationen und Hypothesen ergeben. Um diese Irrtumsmöglichkeiten zu minimieren, werden in der regelmäßigen kollegialen Supervision die untersuchten Ambulanzpatienten besprochen und psychodynamische Hypothesen und Interpretationen überprüft. DENEKE (1993) erwähnt die Bedeutung der Supervision als Selbstkontrollinstrument im Rahmen von Untersuchungsvorhaben im klinisch-analytischen Kontext und damit als eine wichtige Möglichkeit, die Gültigkeits- und Aussagekraft zu erhöhen.

Eine *kombinierte Anwendung* statistischer Auswertungsverfahren mit der Methode der Grounded Theory ist durchaus möglich. In der vorliegenden Arbeit werden im Anschluß an die qualitative Analyse einige quantitative Auswertungen durchgeführt. Dabei wird die Möglichkeit genutzt, eine Validierung qualitativer Ergebnisse mittels quantitativer Untersuchungen zu erreichen. Ein besonderer Wert wird hier auf die streng getrennte Durchführung der beiden Auswertungsschritte gelegt. Daher erfolgt die quantitative Analyse *im Anschluß* an die qualitative Untersuchung. Die statistische Auswertung stützt sich auf Ein-Item-Messungen. Damit ist eine methodische Qualitätseinschränkung verbunden.

Durch die Einbeziehung von zwei unterschiedlichen Datenquellen in Form der Interviewprotokolle und der statistischen Erhebung kann eine Datentriangulation (JAKOBSEN & WILKE 1997) erreicht werden. Die Kombination der qualitativen Vorgehensweise mit quantitativen Analyseelementen dient in erster Linie zur Validierung und Ergänzung der qualitativ gewonnenen Ergebnisse. Die Gefahr einer einseitigen, lediglich von der subjektiven Sichtweise geprägten Interpretation der Resultate kann dadurch im wesentlichen ausgeschlossen werden.

8 ZUSAMMENFASSUNG

Ziel der vorliegenden klinischen Studie ist das Gewinnen neuer Erkenntnisse bezüglich einer vermutlich bestehenden Heterogenität in der Gruppe erwachsener Kinder aus Alkoholikerfamilien (EKA). Dazu wird eine Analyse von 31 Einzelfällen durchgeführt. Untersucht werden Erstinterviewprotokolle mit EKA-Patienten einer psychosomatischen Ambulanz. Die Analyse der Gesprächsprotokolle erfolgt unter Einsatz einer qualitativen Forschungsmethode. Durch die Ergebnisse einer sich anschließenden statistischen Auswertung werden die Resultate der qualitativen Untersuchung validiert und ergänzt. Zusätzlich erfolgt ein Vergleich der EKA-Gruppe (n=31) mit der Gruppe aller übrigen Ambulanzpatienten (n=743).

Zentrale Fragestellung der vorliegenden Arbeit ist, ob sich in dem EKA-Sample bezüglich der Art der Beziehungsgestaltung ein durchgängiges Muster finden läßt oder ob mehrere Beziehungsmuster identifiziert werden können.

Bei der qualitativen Analyse der Daten nach der Methode der Grounded Theory erweist sich die Kategorie 'Beziehungsgestaltung' als zentral bedeutsam (Schlüsselkategorie). Nach einer Bestimmung von Eigenschaften und Dimensionen dieser Kategorie erfolgt die Analyse der Beziehungsgestaltung für jeden einzelnen Fall. Durch eine Darstellung der Beziehungsstrukturen in einem Flußdiagramm entstehen 31 vergleichbare Einzelfall-Beziehungsdiagramme. Unter Anwendung der Methode der Fallkontrastierung werden *vier Muster der Beziehungsgestaltung* differenziert, die sich zuverlässig in bezug auf die Variablen „Verantwortungsübernahme", „Modus der Einflußnahme in der Beziehung", „Umgang mit Bedürfnissen" und „Erwartungen" unterscheiden:

> Beziehungsmuster A: 'Abhängigkeit-Inanspruchnahme' (passiv-selbst)
> Beziehungsmuster B: 'Verpflichtung-Bemühung' (aktiv-andere)
> Beziehungsmuster C: 'Anpassung-Zurücknahme' (passiv-andere/selbst)
> Beziehungsmuster D: 'Distanzierung-Zurückweisung' (aktiv-selbst).

Damit wird in der vorliegenden Studie eine *Heterogenität* in der untersuchten *EKA-Patientengruppe* bezüglich der *Gestaltung aktueller Beziehungen* nachgewiesen. Nach Zuordnung der 31 Einzelfälle zu diesen vier Beziehungsmustern entstehen vier unterschiedlich große EKA-Gruppen (A-D), die entsprechend der Beziehungsmuster benannt werden.

Im zweiten Abschnitt der Arbeit wird ein Vergleich dieser EKA-Gruppen in bezug auf die Variablen biographische Beziehungserfahrung, soziale Situation und Symptomatik, Bindung an das Elternhaus sowie therapeutischer Arbeitskontakt vorgenommen. Die dabei entstandenen Ergebnisse können wie folgt zusammengefaßt werden:

1. Für die vier EKA-Gruppen werden unterschiedliche Beziehungserfahrungen in der Kindheit beschrieben. Während sich die Erfahrung körperlicher Gewalt als bedeutsames Unterscheidungskriterium für die EKA-Gruppen erweist, werden Erfahrungen von emotionaler Verletzung und Vernachlässigung in allen vier Gruppen beobachtet. Gruppe A wird im

Hinblick auf Beziehungserfahrungen in der Kindheit als besonders belastete Gruppe identifiziert. Ausgehend von diesen Ergebnissen wird eine Existenz unterschiedlicher Alkoholiker-Familiensysteme, die sich u. a. in ihren Beziehungsstrukturen unterscheiden, angenommen. Für die kindliche Entwicklung resultieren daraus unterschiedliche Belastungsfaktoren.

2. Erhebliche Unterschiede zwischen den vier EKA-Gruppen werden bezüglich der beruflichen und sozialen Integration festgestellt. Die Variationsbreite liegt zwischen einer schlechten sozialen Situation mit mangelnder Ausbildung, Leistungsschwierigkeiten, Langzeitarbeitslosigkeit, Langzeitkrankheit und sozialer Isolierung (Gruppe A) und einer intakten, teilweise überangepaßt wirkenden guten sozialen Integration (Gruppe B und C).

3. Bei der Untersuchung aktueller psychischer Konfliktbereiche erweisen sich für das EKA-Sample folgende Themen als relevant: die Selbstwertregulation, der Umgang mit eigenen Bedürfnissen und Verantwortung, das Suchtverhalten, der Konflikt- und Aggressionsbereich sowie die Beziehung zum Elternhaus und hier insbesondere eine ausgeprägte Abgrenzungs- und Ablösungsproblematik.

4. In einem Vergleich der EKA-Gruppe mit der restlichen Ambulanzstichprobe wird überwiegend ein sehr signifikant häufigeres Auftreten einer Abhängigkeit von verschiedenen Suchtmitteln in der EKA-Gruppe nachgewiesen. Bezüglich der Suchtmittelwahl wird im EKA-Sample bei Frauen tendenziell stärker ein Mißbrauch von Nahrungsmitteln und Medikamenten, bei Männern ein Mißbrauch von Alkohol beobachtet.

5. Für 2/3 des untersuchten EKA-Samples besitzt der orale Konflikt als intrapsychische Konfliktthematik eine zentrale Bedeutung. Im Vergleich mit den übrigen Ambulanzpatienten tritt in der EKA-Gruppe der orale Konflikt sehr signifikant häufiger auf.

6. Bei einem Vergleich der beiden größten EKA-Gruppen A und B (jeweils etwa 1/3 des EKA-Samples) bezüglich des Modus der Konfliktverarbeitung wird ein sehr signifikant häufigeres Auftreten eines altruistisch-fürsorglichen Verarbeitungsmodus in Gruppe B und ein signifikant häufigeres Auftreten eines regressiven Verarbeitungsmodus in Gruppe A festgestellt. Im Vergleich mit den übrigen Ambulanzpatienten wird in der EKA-Gruppe in bezug auf den Modus der Konfliktverarbeitung ein sehr signifikant häufigeres Auftreten eines altruistisch-fürsorglichen Verarbeitungsmodus beobachtet. Das prozentual häufigere Auftreten eines regressiven Verarbeitungsmodus in der EKA-Gruppe erweist sich im Chi^2-Test jedoch nicht als statistisch signifikant.

7. Die Ablösung vom Elternhaus erweist sich in allen Gruppen als Problemfeld, jedoch werden unterschiedliche Umgangsweisen festgestellt: 1. eine real enge, auch räumlich enge Bindung in einer Abhängigkeitsbeziehung (v. a. Gruppe A), 2. eine innerlich enge Bindung durch ein enormes Verantwortungs- und Verpflichtungsgefühl gegenüber den Eltern (v. a. Gruppe B) und 3. eine extreme Distanzierung mit völligem Kontaktabbruch (v. a. Gruppe D).

8. Die Untersuchung der therapeutischen Arbeitsbeziehung zeigt große Unterschiede im Gruppenvergleich. Ausgehend von dieser Einschätzung wird eine hypothetische Beurteilung der Erfolgsaussichten einer psychotherapeutischen Behandlung in bezug auf die einzelnen Gruppen vorgenommen. In Abhängigkeit von der Höhe des zu erwartenden Erfolgs läßt sich mit absteigender Tendenz folgende Reihung festlegen: 1. Gruppe B, 2. Gruppe C, 3. Gruppe A und D.

9. Die Ergebnisse der vorliegenden Arbeit können als Erklärung für einige unerwartete Resultate bisheriger Studien dienen, in denen EKA-Stichproben ausschließlich als Gesamtgruppe mit unterschiedlichen Kontrollgruppen verglichen werden. Wird das EKA-Sample als Gesamtgruppe in die Auswertung einbezogen, ist nach den Ergebnissen dieser Arbeit davon auszugehen, daß eine Nivellierung vorhandener, maximal divergierender Ausprägungen bestimmter Variablen und Muster in der EKA-Gruppe (z. B. Beziehung, soziale Integration, Symptomatik, Konfliktverarbeitungsmodus) erfolgt, so daß man Ergebnisse erhält, bei denen sich EKA-Stichproben nicht signifikant von Kontrollgruppen unterscheiden.

9 LITERATURVERZEICHNIS

Ackerman, R./Gondolf, E. (1991): Adult children of alcoholics: The effects of background and treatment on ACOA symptoms. International journal of addictions, 26, S. 1159-1172.

Argelander, H. (1970): Das Erstinterview in der Psychotherapie. Wissenschaftliche Buchgesellschaft, Darmstadt, S. 12-15, 22-35.

Argelander, H. (1966): Zur Psychodynamik des Erstinterviews. Psyche, 20, S. 40-53.

Bätz, A. (1991): Zur Situation von Kindern in Alkoholikerfamilien: Familienstruktur und Rollenzuschreibung. Medizinische Dissertation, Universität Heidelberg, S. 1-30, 103-115.

Baker, D./Stephenson, L. (1995): Personality characteristics of adult children of alcoholics. Journal of Clinical Psychology, 51, S. 694-702.

Balint, M./Balint, E. (1980): Psychotherapeutische Techniken in der Medizin. (1961) Klett, Stuttgart.

Batra, A/Schott, K./Mann, K. (1998): Biologische Aspekte abhängigen Verhaltens, S. 19-29. In: Hartwich, P./Haas, S./Maurer, K./Pflug, B. (Hrsg.): Alkhol- und Drogenabhängigkeit: Konzepte und Therapie. Wissenschaft & Praxis, Sternenfels Berlin.

Belliveau, J./Stoppard, J. (1995): Parental alcohol abuse and gender as predictors of psychopathology in adult children of alcoholics. Journal of Addictive Behaviours, 20, S. 619-625.

Bennett, L./Wolin, S./Reiss, D. (1988): Deliberate family process: A strategy for protecting children of alcoholics. British Journal of Addiction, 83, S. 821-829.

Berkowitz, A./Perkins, H.W. (1988): Personality characteristics of children of alcoholics. Journal of Consulting and Clinical Psychology, 56, S. 206-209.

Berlin, R./Davis, R./Orenstein, A. (1988): Adaptive and reactive distancing among adolescents from alcoholic families. Journal of Adolescence, 23, S. 577-584.

Bernard, C./Ramage, A. (1991): Group as a metaphor for the family: Treating adult children of alcoholics. Quarterly Journal of Family Dynamics of Addiction, 1, S. 22-31.

Bergmann, J. (1985): Flüchtigkeit und methodische Fixierung sozialer Wirklichkeit. Aufzeichnungen als Daten der interpretativen Soziologie, S. 299-320. In: Bonß, W./Hartmann, H. (Hrsg.): Entzauberte Wissenschaft. Soziale Welt, Sonderband 3, Schwartz, Göttingen.

Bidaut, R./Bradford, S./Smith, E. (1994): Prevalence of mental illnesses in adult offspring of alcoholic mothers. Journal of Drug and Alcohol Dependence, 35, S. 81-90.

Black, C. (1988): Mir kann das nicht passieren! Kinder von Alkoholikern als Kinder, Jugendliche und Erwachsene. Bögner-Kaufmann, Wildberg, S. 21-130.

Bortz, J./Döring, N. (1995): Forschungsmethoden und Evaluation, 2. Aufl., S. 271-312. Springer, Berlin Heidelberg New York.

Boszormenyi-Nagy, I./Spark, G. (1981): Parentifizierung, S. 209-228. In: Boszormenyi-Nagy, I./ Spark, G.: Unsichtbare Bindungen: Die Dynamik familiärer Systeme. Klett-Cotta, Stuttgart.

Brabant, S./Martof, M. (1993): Childhood experience and complicated grief: A study of adult children of alcoholics. International journal of addictions, 28, S. 1111-1125.

Braithwaite, V/Devine, C. (1993): Life satisfaction and adjustment of children of alcoholics: the effects of parental drinking, family disorganisation and survival roles. British Journal of Clinical Psychology, 32, S. 417-429.

Brakhoff, J. (1987): Vorwort. S. 7-10, In: Brakhoff, J. (Hrsg.): Kinder von Suchtkranken: Situation, Prävention, Beratung und Therapie. Lambertus, Freiburg.

Breuer, F. (1996): Theoretische und methodologische Grundlinien unseres Forschungsstils, S. 14-40. In: Breuer, F. (Hrsg.): Qualitative Psychologie. Westdeutscher Verlag, Opladen.

Bush, S./Ballard, M./Fremouw, W. (1995): Attributional style, depressive features, and self-esteem: Adult children of alcoholic and non-alcoholic parents. Journal of Youth and Adolescence, 24, S. 177-185.

Carpenter, D. (1995): Adult children of alcoholics: CAQ profiles. Quarterly Journal of Alcoholism Treatment, 13, S. 63-70.

Chandy, J./Harris, L./Blum, R./Resnick, M. (1994): Disordered eating among adolescents whose parents misuse alcohol: Protective and risk factors. International journal of addictions, 29, S. 505-516.

Chassin, L./Rogosch, F./Barrera, M. (1991): Substance use and symptomatology among adolescent children of alcoholics. The Journal of Abnormal Psychology, 100, S. 449-463.

Churchill, J./Broida, J./Nicholson, N. (1990): Locus of control and self-esteem of adult children of alcoholics. Journal of Studies on Alcohol, 51, S. 373-376.

Clair, D./Genest, M. (1987): Variables associated with the adjustment of offspring of alcoholic fathers. Journal of Studies on Alcohol, 48, S. 345-55.

Claydon, P (1987): Self-reported alcohol, drug, and eating-disorder problems among male and female collegiate children of alcoholics. Special Issue: Students, alcohol, and college health. Journal of American College Health, 36, S. 111-116.

Coleman, F./Frick, P. (1994): MMPI-2 profiles of adult children of alcoholics. Journal of Clinical Psychology, 50, S. 446-454.

Cotton, N. (1979): The familial incidence of alcoholism: a review. Journal of Studies on Alcohol, 40, S. 89-116.

Crawford, R./Phyfer, A. (1988): Adult children of alcoholics: A counselling model. Journal of College Student Development, 29, S. 105-111.

Cutter, C./Cutter, H. (1987): Experience and change in Al-Anon family groups: adult children of alcoholics. Journal of Studies on Alcohol, 48, S. 29-32.

D'Andrea, L./Fisher, G./Harrison, T. (1994): Cluster analysis of adult children of alcoholics. International journal of addictions, 29, S. 565-582.

Deneke, F.-W. (1993): Das Selbst und seine Repräsentanzen: Wie kommt der Fall zu seiner Geschichte?, S. 120-139. In: Stuhr, U./Deneke, F.-W. (Hrsg.): Die Fallgeschichte: Beiträge zu ihrer Bedeutung als Forschungsinstrument. Asanger, Heidelberg.

Deutsche Hauptstelle gegen die Suchtgefahren (1997): Basis-Informationen zu Suchtkrankheiten und Rauschmitteln. Hamm.

Devin, C./Braithwaite, V. (1993): The survival roles of children of alcoholics: their measurement and validity. Journal of Addiction, 88, S. 69-78.

Domenico, D./Windle, M. (1993): Intrapersonal and interpersonal functioning among middle-aged adult children of alcoholics. Journal of Consulting and Clinical Psychology, 61, S. 659-666.

Dorsch, F. (Hrsg.) (1987): Psychologisches Wörterbuch, 11. Auflg., Hans Huber, Bern Stuttgart Toronto, S. 275.

Dührssen, A. (1986): Die biographische Anamnese unter tiefenpsychologischem Aspekt. 2. Aufl., Vandenhoeck und Ruprecht, Göttingen.

Edwards, D./Zander, T. (1985): Children of alcoholics: Background and strategies for the counsellor. Elementary School Guidance and Counselling, 20, S. 121-128.

Emshoff, J./Anyan, L. (1991): From prevention to treatment. Issues for school-aged children of alcoholics. Recent Developments in Alcoholism, 9, S. 327-346.

Fisher, G./Jenkins, S./Harrison, T./Jesch, K. (1993): Personality characteristics of adult children of alcoholics, other adults from dysfunctional families, and adults from non-dysfunctional families. International journal of addictions, 28, S. 477-485.

Flick, U. (1991): Stationen des qualitativen Forschungsprozesses, S. 148-176. In: Flick, U. (Hrsg.): Handbuch Qualitative Sozialforschung: Grundlagen, Konzepte, Methoden und Anwendungen. Psychologie Verlags Union, München.

Flick, U. (1992): Entzauberung der Intuition, S. 11-55. In: Hoffmeyer-Zlotnik, J. (Hrsg.): Analyse verbaler Daten. Westdeutscher Verlag, Opladen.

Flick, U. (1995): Qualitative Forschung. Theorie, Methode, Anwendung in Psychologie und Sozialwissenschaften. Rowohlt, Reinbek, S. 9-28.

Fox, K./Gilbert, B. (1994): The interpersonal and psychological functioning of women who experienced childhood physical abuse, incest, and parental alcoholism. Journal of Child Abuse and Neglect, 18, S. 849-858.

Frommer, J. (1996): Qualitative Diagnostikforschung. Das Erstgespräch als Instrument psychotherapeutischer Diagnostik, S. 3-41. Springer, Berlin Heidelberg New York.

Gadamer, H.G. (1972): Wahrheit und Methode. 3. Aufl., J. C. B. Mohr, Tübingen.

Gerhardt, U. (1986): Verstehende Strukturanalyse: Die Konstruktion von Idealtypen als Analyseschritt bei der Auswertung qualitativer Forschungsmaterialien, S. 31-84. In: Soeffner, H.-G. (Hrsg.): Sozialstruktur und soziale Typik. Campus, Frankfurt New York.

Geyer, M. (1990): Methodik des psychotherapeutischen Einzelgesprächs. Johann Ambrosius Barth, Leipzig.

Giunta, C./Compas, B. (1994): Adult daughters of alcoholics: are they unique? Journal of Studies on Alcohol, 55, S. 600-606.

Glaser, B. (1978): Theoretical sensitivity. Sociology Press, Mill Valley.

Glaser, B./Strauss, A. (1967): The discovery of grounded theory. Aldine, Chicago.

Glaser, B./Strauss, A. (1984): Die Entdeckung gegenstandsbezogener Theorie: Eine Grundstrategie qualitativer Forschung, S. 91-111. In: Hopf, C./Weingarten, E. (Hrsg.): Qualitative Sozialforschung, 2. Auflg., Klett-Cotta, Stuttgart.

Goodwin, D./Schulsinger, F./Hermansen, L./Guze, S./Winokur, G. (1973): Alcohol problems in adoptees raised apart from alcoholic biological parents. Archives of Genetical Psychiatry, 28, S. 238-243.

Grande, T./Porsch U./Rudolf, G. (1987): Die biographische Anamnese als Ergebnis der Therapeut-Patient-Interaktion und ihr Einfluß auf Prognose und Indikationsentscheidungen. In: Lamprecht, F. (Hrsg.): Spezialisierung und Integration in Psychosomatik und Psychotherapie. Springer, Berlin Heidelberg New York Tokyo.

Grasha, A./Homan, M. (1995): Psychological size and distance in the relationships of adult children of alcoholics with their parents. Journal of Psychological Reports, 76, S. 595-606.

el Guebaly, N./Staley, D./Rockmann, G./Leckie, A./Barkmann, K./O'Riordan, J./Koensgen, S. (1991): The adult children of alcoholics in a psychiatric population. American Journal of Drug and Alcohol Abuse, 17, S. 215-226.

el Guebaly, N./Walker, J./Ross, C./Currie, R. (1990): Adult children of problem drinkers in an urban community. British Journal of Psychiatry, 156, S. 249-255.

Haley, J. (1980): Ansätze zu einer Theorie pathologischer Systeme, S. 61-83. In: Watzlawick, P./ Weakland, J. (Hrsg.): Interaktion. Huber, Bern.

Hall, C./Bolen, L./Webster, R. (1994): Adjustment issues with adult children of alcoholics. Journal of Clinical Psychology, 50, S. 786-792.

Hallmaier (1985): Alkoholismus und Co-Alkoholismus. Suchtgefahren, 31, S. 271-277.

Harburg, E./DiFranceisco, W./Webster, D./Gleiberman, L./Schork, A. (1990): Familial transmission of alcohol use: II. Imitation of and aversion to parent drinking by adult offspring. Journal of Studies on Alcohol, 51, S. 245-256.

Hardwick, C./Hansen, N./Bairnsfather, L. (1995): Are adult children of alcoholics unique? A study of object relations and reality testing. International journal of addictions, 30, S. 525-539.

Hartwich, P. (1998): Suchtkrankheiten: Probleme und Konzepte, S. 11-19. In: Hartwich, P./Haas, S./Maurer, K./Pflug, B. (Hrsg.): Alkohol- und Drogenabhängigkeit: Konzepte und Therapie. Wissenschaft & Praxis, Sternenfels Berlin.

Havey, J./Boswell, D./Romans, J. (1995): The relationship of self-perception and stress in adult children of alcoholics and their peers. Journal of Drug Education, 25, S. 23-29.

Heigl-Evers, A. (1995): Vermittlung von innerer und äußerer Realität in der Abhängigkeits- und Suchttherapie. Psychoanalytische Sicht, S. 11-29. In: Heigl-Evers, A./Helas, I./Vollmer, H. (Hrsg.): Suchtkranke in ihrer inneren und äußeren Realität: Praxis der Suchttherapie im Methodenvergleich. Vandenhoeck & Ruprecht, Göttingen Zürich.

Hermanns, H. (1992): Die Auswertung narrativer Interviews. In: Hoffmeyer-Zlotnik, J. (Hrsg.): Analyse verbaler Daten. Westdeutscher Verlag, Opladen, S. 118.

Hildenbrand, B. (1994): Vorwort, S. 11-17. In: Strauss, A. L.: Grundlagen qualitativer Sozialforschung: Datenanalyse und Theoriebildung in der empirischen und soziologischen Forschung. Fink, München.

Hill, E./Nord, J./Blow, F. (1992): Young-adult children of alcoholic parents: protective effects of positive family functions. British Journal of Addiction, S. 1677-1690.

Hohage, R./Klöss, L./Kächele, H. (1981): Über die diagnostisch-therapeutische Funktion von Erstgesprächen in einer psychotherapeutischen Ambulanz. Psyche, 41, S. 544-556.

Hopf, C. (1991): Qualitative Interviews in der Sozialforschung. Ein Überblick, S. 177-179. In: Flick, U. (Hrsg.): Handbuch Qualitative Sozialforschung: Konzepte, Methoden und Anwendungen. Psychologie Verlags Union, München.

Hopf, C. (1984): Soziologie und qualitative Sozialforschung, S. 11-35. In: Hopf, C./Weingarten, E. (Hrsg.): Qualitative Sozialforschung. 2. Aufl., Klett-Cotta, Stuttgart.

Hyphantis, T./Koutras, V./Liakos, A./Marselos, M. (1991): Alcohol and drug use, family situation and school performance in adolescent children of alcoholics. International Journal of Social Psychiatry, 37, S. 35-42.

Jakob, P. (1991): Entwicklungsprobleme von Kindern, Jugendlichen und jungen Erwachsenen in Familien mit einem Alkoholproblem. Praxis der Kinderpsychologie und Kinderpsychiatrie, 40, S. 49-55.

Jakobsen, T./Wilke, S. (1997): Über die Notwendigkeit einer gegenstandsangemessenen Kombination von qualitativer und quantitativer Forschungsmethodik , Beiträge aus der Leitlinienkonferenz „Dokumentation und Forschungsmethodik". Vortrag 10. Mainzer Werkstatt zur empirischen Forschung über stationäre Psychotherapie, November 1997.

Jellinek, E.M. (1952): Phases of alcohol addiction. Quarterly Journal of Studies on Alkohol, 13, S. 673-684.

Jellinek, E.M. (1960): The disease concept of alcoholism. Yale University Press, New Haven.

Jenkins, S./Fisher, G./Harrison, T. (1993): Adult children of dysfunctional families: Childhood roles. Journal of Mental Health Counselling, 15, S. 310-319.

Johnson, J./Tiegel, S. (1991): Treating adults by alcoholic parents. Resent Developments in Alcoholism, 9, S. 347-359.

Jones, D./Zalewski, C. (1994): Shame and depression proneness among female adult children of alcoholics. International journal of addictions, 29, S. 1601-1609.

Kampe, H./Kunz, D./Overbeck-Larisch, M./Steier, M./Schuchmann, M. (1996): Über das Drogenverlangen bei Drogenabhängigen. Sucht, 42, S. 331-350.

Kaufman, E. (1985): Family systems and family therapy of substance abuse: An overview of two decades of research and clinical experience. International journal of addictions, 20, S. 897-916.

Kaufman, E. (1986): The family of the alcoholic patient. Journal of Psychosomatic Research, 27, S. 347-360.

Kaufman, E./Kaufmann, P. (1979): Introduction, S. 1-5, In: Kaufman, E./Kaufmann, P. (Hrsg.): Family Therapy of Drug and Alcohol Abuse. Gardner Press, New York.

Kaufman, E./Pattison, E. (1981): Differential methods of therapy in the treatment of alcoholism. Journal of Studies on Alcohol, 42, S. 951-971.

Kerr, A./Hill, E. (1992a): An exploratory study comparing ACoAs to non-ACoAs on current family relationships. Quarterly Journal of Alcoholism and Treatment, 9, S. 23-38.

Kerr, A./Hill, E. (1992b): An exploratory study comparing ACoAs to non-ACoAs on family of origin relationships. Australian Journal of Marriage and Family, 13, S. 24-33.

Kleinig, G. (1982): Umriß zu einer Methodologie qualitativer Sozialforschung. In: Kölner Zeitschrift für Soziologie und Sozialpsychologie, 34, S. 224-253.

Knorring, A.von/Bohman, M./Knorring, L.von/Oreland, L. (1985): Platelet MAO activity as a biological marker in subgroups of alcoholism. Acta Psychiatrica Scandinavica, 72, S. 51-58.

Köppl, B./Reiners, W. (1987): Hilfen für Kinder von alkoholkranken Vätern. S. 14-15. Lambertus, Freiburg.

Kraiker, C./Pekrun, R. (1991): Motivation: Intervention. S. 241-248, In: Perrez, M /Baumann, U. (Hrsg.): Lehrbuch klinische Psychologie. Bd. 2: Intervention, Huber, Bern Stuttgart Toronto.

Kröger, F./Drinkmann, A./WÄlte, D./Lask, J./Petzold, E. (1994): Der Apfel fällt nicht weit vom Stamm? Zur Situation der Kinder in Alkoholkranken-Familien. System Familie Forschung und Therapie, 7, S. 159-165.

Lamnek, S. (1988): Qualitative Sozialforschung, Bd. I Methodologie, S. 21-29, S. 106-124, S. 140-176. Bd. II Methoden und Techniken, S. 60-90. Psychologie Verlags Union, München und Weinheim.

Lürssen, E. (1976): Das Suchtproblem in neuerer psychoanalytischer Sicht. In: Eicke, D. (Hrsg.): Die Psychologie des 20. Jahrhunderts. Bd. 2., Kindler, Zürich, S. 838-864.

Lyon, M./Seefeldt, R. (1995): Failure to validate characteristics of adult children of alcoholics: A replication and extension. Quarterly Journal of Alcoholism Treatment, 12, S. 69-85.

Maier, W (1996): Genetik von Alkoholabusus und Alkoholabhängigkeit, S. 85-98. In: Mann, K./ Buchkremer, G. (Hrsg.): Sucht: Grundlagen, Diagnostik, Therapie. Gustav Fischer, Stuttgart.

Mathew, R./Wilson, W./Blazer, D./Georg, L. (1993): Psychiatric disorders in adult children of alcoholics: data from the Epidemiologic Catchment Area project. American Journal of Psychiatry, 150, S. 793-800.

Maulen, B./Faust, V. (1992): Erwachsene Kinder von Alkoholikern. Eine neue diagnostische Gruppe mit Relevanz für Praxis und Klinik. Fortschritte der Medizin, 110, S. 527-530.

Mayring, P. (1988): Qualitative Inhaltsanalyse: Grundlagen und Techniken. Deutscher Studien Verlag, Weinheim, S. 14-21.

McNeill,V./Gilbert, B. (1991): External locus of control in children of alcoholics. Psychological Reports, 68, S. 528-30.

Mertens, W. (1992): Psychoanalytisches Erstinterview. Bd. 1, S. 236-258. In: Mertens, W.: Einführung in die Psychoanalytische Therapie. 2. Aufl., Kohlhammer, Stuttgart Berlin Köln.

Ohannessian, C./Hesselbrock, V. (1994): An examination of the underlying influence of temperament and problem behaviours on drinking behaviours in a sample of adult offspring of alcoholics. Journal of Addictive Behaviours, 19, S. 257-68.

Olbrich, R./Croissant, B./Demmel, R./Rist, F. (1998): Alkoholsucht und Disposition: Psychisch unauffällige Risikopersonen aus suchtkranken Familien in Alkoholexpositionsstudien, S. 31-42. In: Hartwich, P./Haas, S./Maurer, K./Pflug, B. (Hrsg.): Alkohol- und Drogenabhängigkeit: Konzepte und Therapie. Wissenschaft & Praxis, Sternenfels Berlin.

Parker, D./Harford, T. (1988): Alcohol related problems, marital disruption and depressive symptoms among adult children of alcohol abusers in the United States. Journal of Studies on Alcohol, 49, S. 306-313.

Petry, J. (1987): Neuere Entwicklungstendenzen der Alkoholismusforschung. Verhaltensmodifikation und Verhaltensmedizin, 8, S. 334-338.

Petry, J. (1996): Alkoholismustherapie. 3., erw. u. akt. Aufl., Beltz, Weinheim Basel, S. 4-11.

Porsch, U./Rudolf, G./Grande, T (1988): Formen der therapeutischen Arbeitsbeziehung. Zeitschrift für Psychosomatische Medizin und Psychoanalyse, 1. Vierteljahresheft 1988, S. 50-73.

Radó, S. (1926): Die psychischen Wirkungen der Rauschgifte. Psyche 29 (1975), S. 360-376.

Radó, S. (1934): Psychoanalyse der Pharmakothymie. Internationale Zeitschrift für Psychoanalyse 20, S. 16-32.

Rennert, M. (1990): Co-Abhängigkeit: Was Sucht für die Familie bedeutet. 2. Aufl., Lambertus, Freiburg.

Rhodes, J./Blackham, G. (1987): Differences in character roles between adolescents from alcoholic and non-alcoholic homes. American Journal of Drug and Alcohol Abuse, 13, S. 145-155.

Rose, S./Peadbody, C./Stratigeas, B. (1991): Undetected abuse among intensive case management clients. Journal of Hospital Community Psychiatry, 42, S. 499-503.

Rost, W.-D. (1986): Psychoanalytische Modellvorstellungen zur Theorie des Alkoholismus. Psyche, 4, S. 290-308.

Rudolf, G. (1981): Untersuchung und Befund bei Neurosen und psychosomatischen Erkrankungen. Beltz, Weinheim.

Rudolf, G. (1987): Die Arzt-Patienten-Beziehung in der ärztlichen Praxis. In: Hippius, H./Schmauß, M. (Hrsg.): Aktuelle Aspekte der Psychiatrie in Klinik und Praxis. W. Zuckschwerdt, München Bern Wien San Francisco, S. 37-41.

Rudolf, G. (1991): Die therapeutische Arbeitsbeziehung. Untersuchungen zum Zustandekommen, Verlauf und Ergebnis analytischer Psychotherapien. Springer, Berlin Heidelberg New York, S. 3-10.

Rudolf, G. (1993): Aufbau und Funktion von Fallgeschichten im Wandel der Zeit, S. 17-31. In: Stuhr, U./Deneke, F.-W. (Hrsg.): Die Fallgeschichte: Beiträge zu ihrer Bedeutung als Forschungsinstrument. Asanger, Heidelberg.

Rudolf, G. (Hrsg.) (1995): Psychosomatische Klinik Universität Heidelberg: Fünf-Jahres-Bericht 1989-1994, Die Psychosomatische Ambulanz. S. 9-17.

Rudolf, G. (1996): Psychotherapeutische Medizin. 3.Aufl., Enke, Stuttgart, S. 85-102, S. 125-145, S. 287-321.

Rudolf, G./Motzkau, H. (1997): Die Auswirkungen von biographischen Belastungen auf die Gesundheit von erwachsenen Frauen und Männern. Psychosomatische Medizin, 43, S. 349-368.

Scavnicky-Mylant, M. (1990): The process of coping among young adult children of alcoholics. Issues in Mental Health Nursing, 11, S. 125-139.

Schaef, A.W. (1990): Die Flucht vor der Nähe. 2. Aufl., Hoffmann & Campe, Hamburg, S. 152-158.

Scheitlin, K. (1990): Identifying and helping children of alcoholics. Journal of Nurse Practice, 15, S. 34-36.

Schepank, H. (1987): Psychogene Erkrankungen der Stadtbevölkerung. Eine epidemiologisch-tiefenpsychologische Feldstudie in Mannheim. Springer, Berlin Heidelberg.

Schmidt, G. (1987): Beziehungsmuster und Glaubenssysteme bei Kindern von Suchtpatienten - eine systemische Betrachtung, S. 25-52. In: Brakhoff, J. (Hrsg.): Kinder von Suchtkranken: Situation, Prävention, Beratung und Therapie. Lambertus, Freiburg.

Schultz-Hencke, H. (1951): Lehrbuch der Psychoanalytischen Therapie. Thieme, Stuttgart.

Serrins, D./Edmundson, E./Laflin, M. (1995): Implications for the alcohol/drug education specialist working with children of alcoholics: a review of the literature from 1988 to 1992. Journal of Drug Education, 25, 171-190.

Shemwell, G./Dickey, K./Wittig, T. (1995): Adult children of alcoholics: An examination of the category. Journal of Alcohol and Drug Education, 40, S. 109-118.

Sher, K./Walitzer, K./Brent, E. (1991): Characteristics of children of alcoholics: putative risk factors, substance use and abuse, and psychopathology. Journal of Abnormal Psychology, 100, S. 427-448.

Sher, K. (1991): Psychological characteristics of children of alcoholics. Overview of research methods and findings. Recent Developments in Alcoholism, 9, S. 301-326.

Soyka, M. (1995): Anti-Craving-Substanzen in der Rückfallprophylaxe der Alkoholabhängigkeit. Sucht, 41, S. 265-276.

Stabenau, J. (1990): Addictive independent factors that predict risk for alcoholism. Journal of Studies on Alcohol, 51, S. 164-174.

Steinglass, P. (1979): Family therapy with alcoholics: a review, S. 147-186. In: Kaufman, E./Kaufmann, P. (Hrsg.): Family therapy of drug and alcohol abuse. Gardner press, New York.

Steinglass, P. (1987): The life history model of the alcoholic famiy, S. 49-74. In: Steinglass, P.: The Alcoholic Family. Basic Books, New York.

Strauss, A. L. (1994): Grundlagen qualitativer Sozialforschung: Datenanalyse und Theoriebildung in der empirischen und soziologischen Forschung. Fink, München, S. 18-70, S. 90-124, S. 151-198.

Strauss, A./Corbin, J. (1996): Grounded Theory: Grundlagen qulalitativer Sozialforschung. Beltz, Weinheim, S. 31-35, S. 43-56.

Stuhr, U./Deneke, F.-W. (Hrsg.) (1992): Vorwort, S. 1. In: Stuhr, U./Deneke, F.-W. (Hrsg.) (1993): Die Fallgeschichte: Beiträge zu ihrer Bedeutung als Forschungsinstrument. Asanger, Heidelberg.

Svanum, S./McAdoo, W. (1991): Parental alcoholism: an examination of male and female alcoholics in treatment. Journal of Studies on Alcohol, 52, S. 127-32.

Thomä, H./Kächele, H. (1985): Lehrbuch der psychoanalytischen Therapie, Bd. 1: Grundlagen. Springer, Berlin Heidelberg New York, S. 172-221.

Tislenko, L./Steinglass, P. (1988): The relationship between sex of the alcoholic and pattern of interaction in the home. 140th Annual Meeting of the American Psychiatric Association. American Journal of Drug and Alcohol Abuse, 14, S. 247-262.

Tweed, S./Ryff, C. (1991): Adult children of alcoholics: profiles of wellness admits distress. Journal of Studies on Alcohol, 52, S. 133-141.

Vielhaber, N. (1996): Erwachsene Kinder aus Alkoholikerfamilien: Belastungen, Bewältigungsversuche, Entwicklungschancen. S. 228-250. In: Breuer, F. (Hrsg.): Qualitative Psychologie. Westdeutscher Verlag, Opladen.

Volicer, L./Volicer, B./D'Angelo, N. (1985): Assessment of genetic predisposition to alcoholism in male alcoholics. Journal of Alcohol and Alcoholism, 20, S. 63-68.

Wegscheider, S. (1988): Es gibt doch eine Chance. Hoffnung und Heilung für die Alkoholiker-Familie. Bögner-Kaufmann, Wildberg.

Werner, L./Broida, J. (1991): Adult self-esteem and locus of control as a function of familial alcoholism and dysfunction. Journal of Studies on Alcohol, 52, S. 249-252.

West, M./Prinz, R. (1987): Parental alcoholism and childhood psychopathology. Psychological Bulletin, 102, S. 204-218.

Wilke, S. (1992): Die erste Begegnung: eine konversations- und inhaltsanalytische Untersuchung der Interaktion im psychoanalytischen Erstgespräch. Asanger, Heidelberg, S. 23-41, S. 330-339.

Wilson, J./Nagoshi, C. (1988): Adult children of alcoholics: cognitive and psychomotoric characteristics, British Journal of Addiction, 83, S. 809-820.

Winkler, A. (1983): Theorie der klassischen und operanten Konditionierung der Opiatabhängigkeit. In: Lettieri, D.J., Welz, R. (Hrsg.) Drogenabhängigkeit-Ursachen und Verlaufsformen. Beltz, Weinheim Basel.

Woititz, J. (1990): Um die Kindheit betrogen. Kösel, München, S. 9-16. (engl. 1983)

Wolin, S./Bennett, L. (1984): Family rituals. Journal of Family process, 23, S. 401-420.

Wolin, S./Bennett, L./Noonan, D. (1979): Family rituals and the recurrence of alcoholism over generations. American Journal of Psychiatry, 136, S. 589-593.

Woodside, M./Coughey, K./Cohen, R. (1993): Medical costs of children of alcoholics - pay now or pay later. Journal of Substance Abuse, 5, S. 281-287.

Yama, M./Fogas, B./Teegarden, L./Hastings, B. (1993): Childhood sexual abuse and parental alcoholism: interactive effects in adult women. American Journal of Orthopsychiatry, 63, S. 300-305.

Yeatman, F./Bogart, C./Geer, F./Sirrige, S. (1994): Children of alcoholic screening test: internal consistency, factor structure, and relationship to measures of family environment. Journal of Clinical Psychology, 50, S. 931-936.

Zerbin-Rüdin, E. (1989): Genetische Befunde zum chronischen Alkoholismus, S. 175-182. In: Schied, H./Heimann, H./Mayer, K. (Hrsg.): Der chronische Alkoholismus. Grundlagen, Diagnostik, Therapie. Fischer, Stuttgart New York.

ANHANG

Legende:

W = weiblich (Geschlecht des Patienten)
M = männlich (Geschlecht des Patienten)
J. = Jahre (Alter des Patienten)
(V) = Alkoholikervater
(M) = Alkoholikermutter
(Stv)= Alkoholikerstiefvater

FALL 7   W 21 J.   (V+Stv)
Beziehungsmuster A

"[der Patient] hängt nur noch zuhause rum, …
keine weiteren Zukunftsaussichten, etwa [zuhause] auszuziehen"

"[Eine Lehre] möchte er nicht [machen], da er einerseits zu faul sei
und andererseits nicht mit einem kleinen Gehalt auskommen möchte"

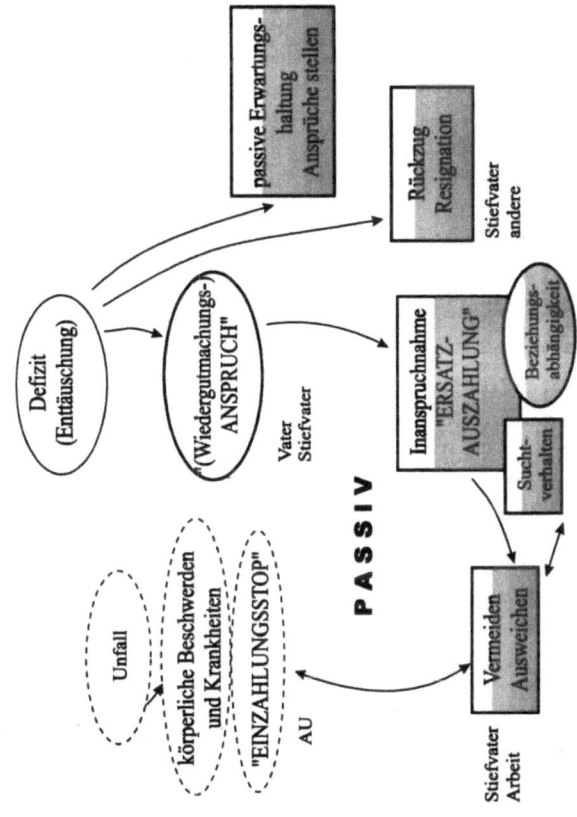

175

FALL 27 W 26 J. (M) "[die Patientin] wohnt wieder bei der Mutter, das sei nicht das Wahre"

"Die Eltern, vor allem die Mutter seien an allem schuld"

Beziehungsmuster A

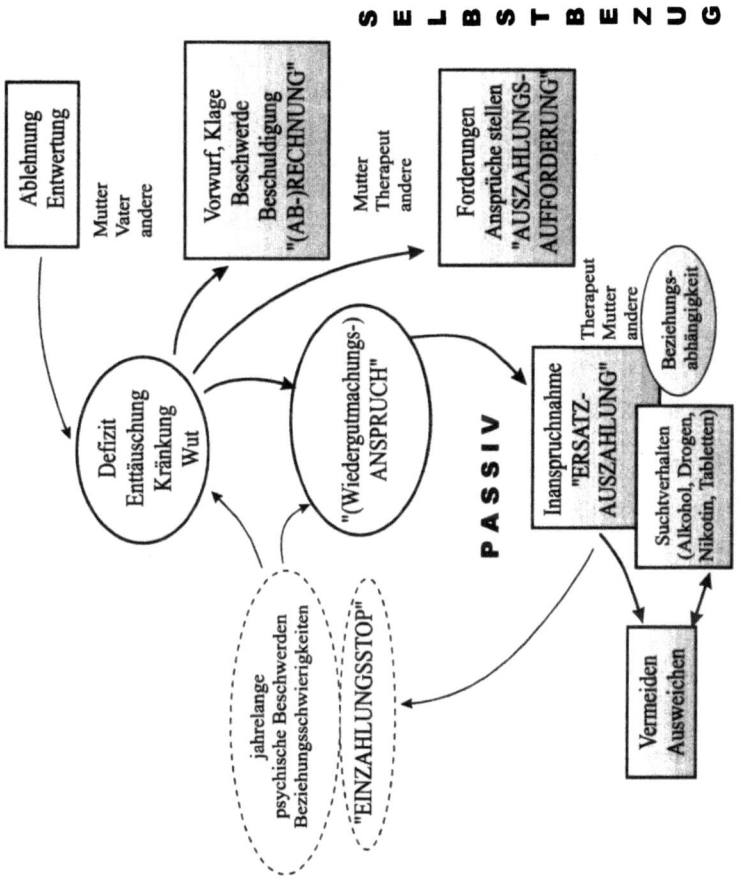

FALL 15 W 28 J. (M+V) "die Patientin diejenige ist, die innerhalb der Familie für alles zuständig ist und alle Sorgen auf sich häuft"
Beziehungsmuster B "Sie macht sich Vorwürfe, die Mutter nicht vor dem Tod habe retten können"

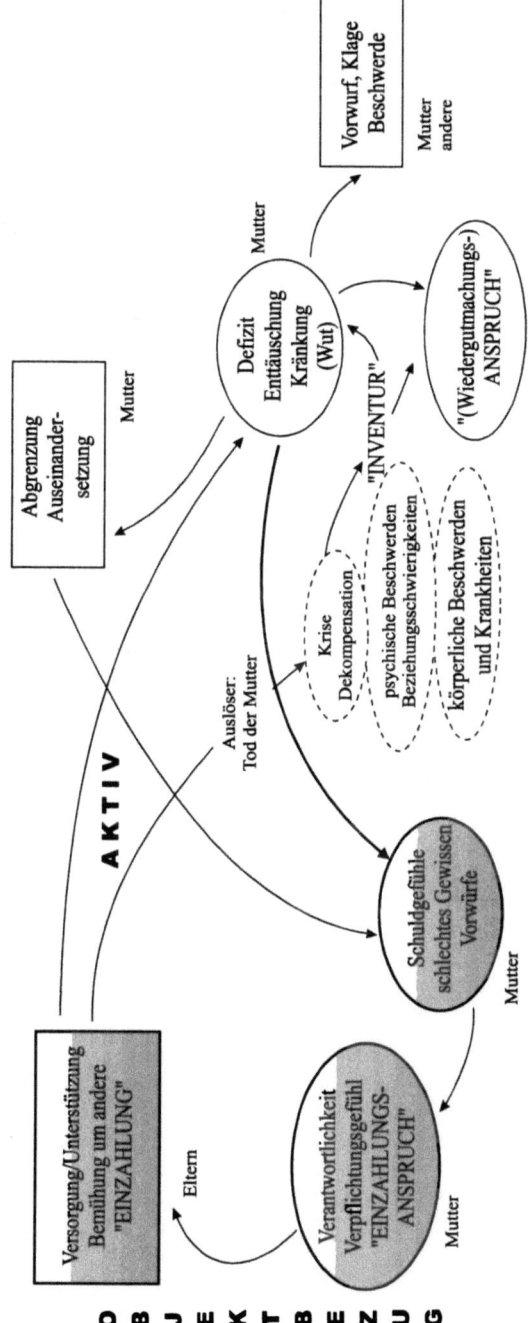

179

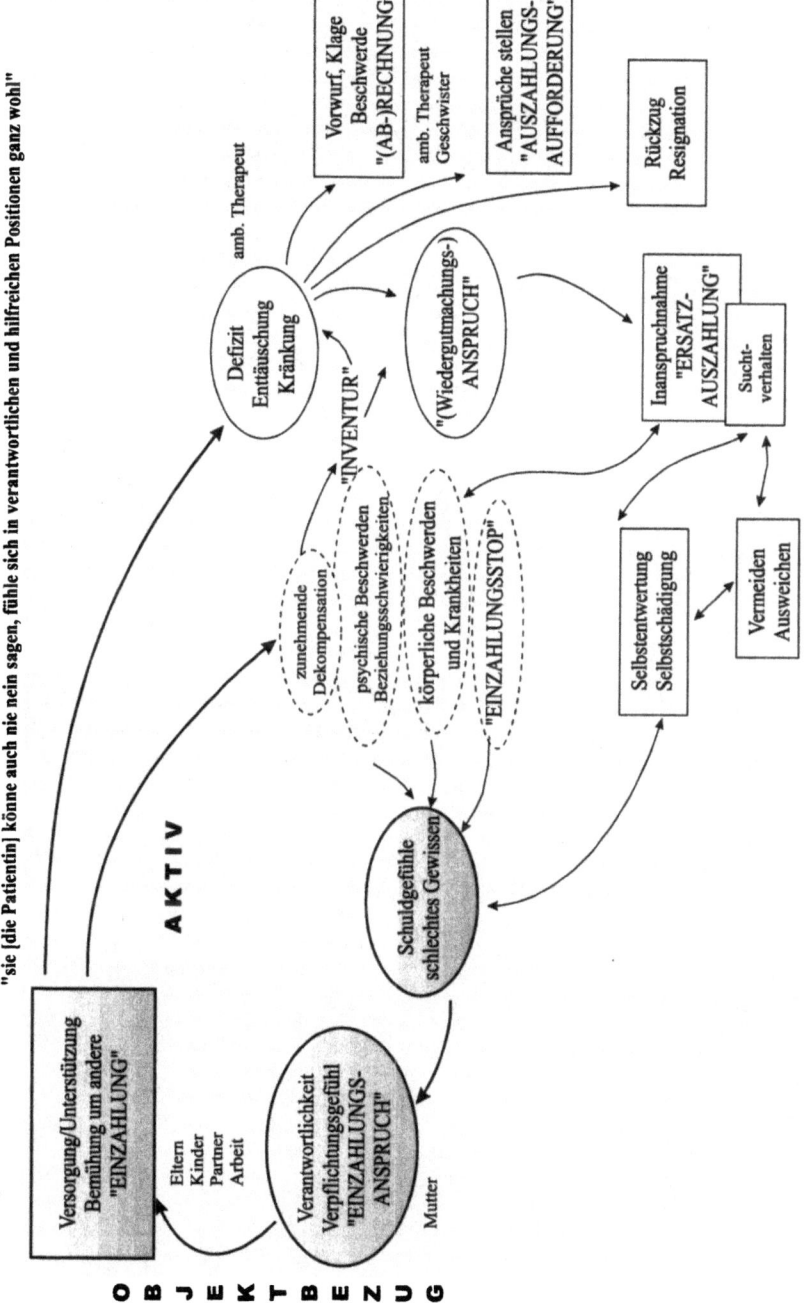

FALL 28 W 34 J. (V)
Beziehungsmuster B

"so sei es klar, daß nur sie [die Patientin] sich um die Eltern kümmern könne,
die beide anderen [Geschwister] seien dazu gar nicht in der Lage"
"sie [die Patientin] könne auch nie nein sagen, fühle sich in verantwortlichen und hilfreichen Positionen ganz wohl"

181

FALL 14   W 30 J.   (V)

Beziehungsmuster C

"sie [die Patientin] läßt achselzuckend alles mit sich geschehen,
hat inzwischen auch gar nicht mehr das Gefühl, etwas ändern zu können"

"am liebsten würde sie so etwas machen wie einfach verschwinden oder sich auflösen"

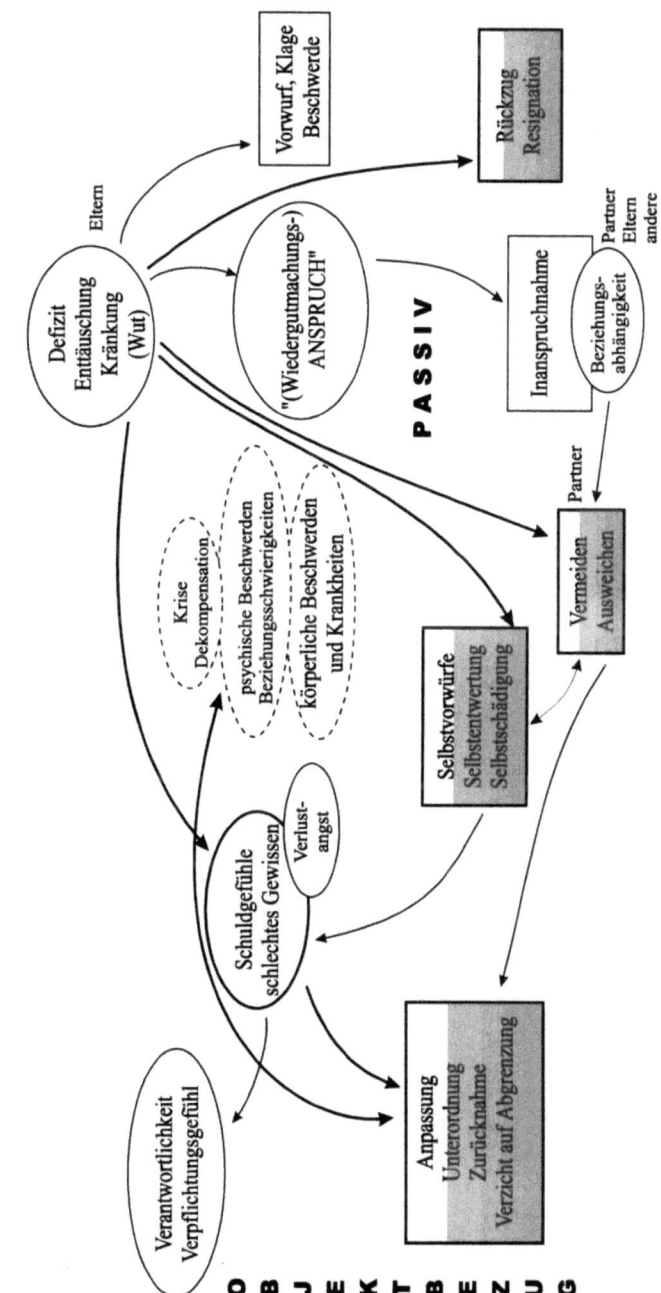

183

FALL 11 M 38 J. (V)

Beziehungsmuster D

"er [der Patient] habe keine Lust mehr, sich um die Eltern zu kümmern, sie seien ihm früher auch keine große Hilfe gewesen"

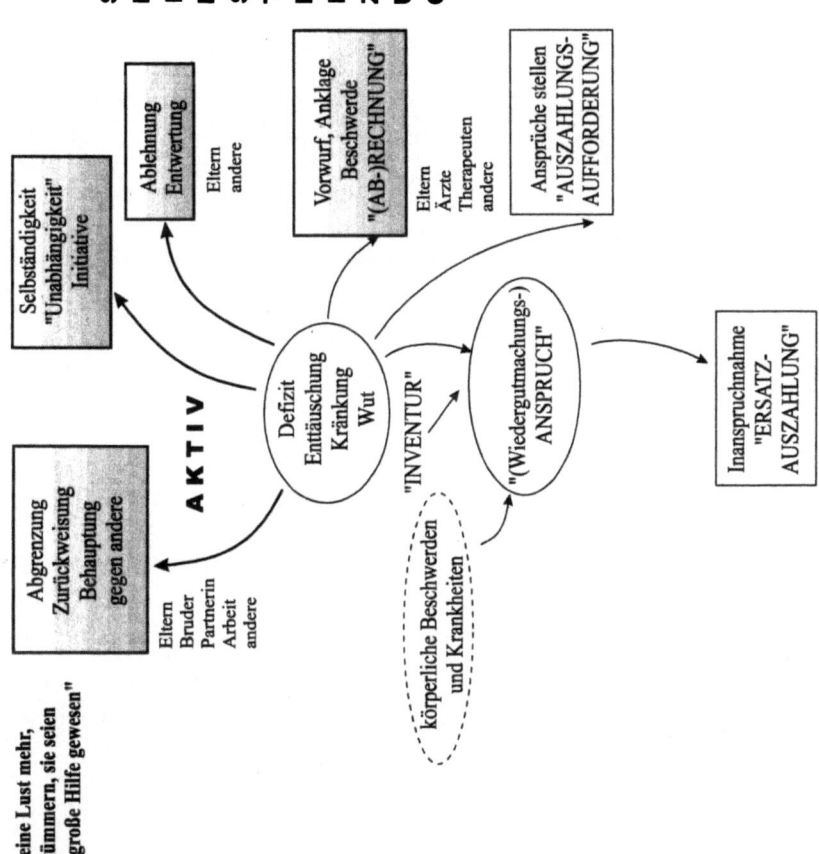

SELBSTBEZUG

Selbständigkeit
"Unabhängigkeit"
Initiative

Ablehnung
Entwertung

Eltern
andere

Vorwurf, Anklage
Beschwerde
"(AB-)RECHNUNG"

Eltern
Ärzte
Therapeuten
andere

Ansprüche stellen
"AUSZAHLUNGS-
AUFFORDERUNG"

Defizit
Enttäuschung
Kränkung
Wut

AKTIV

Abgrenzung
Zurückweisung
Behauptung
gegen andere

Eltern
Bruder
Partnerin
Arbeit
andere

"INVENTUR"

"(Wiedergutmachungs-)
ANSPRUCH"

körperliche Beschwerden
und Krankheiten

Inanspruchnahme
"ERSATZ-
AUSZAHLUNG"

BESCHREIBUNG DES SAMPLES (n=31) nach Geschlecht (sex), Alter (age), Identifikation des Alkoholikerelternteils (Alk-Elt) und klinischer Hauptdiagnose(n)

FALL	SEX	AGE	ALK-ELT	DIAGNOSE
1	w	21	M	Depression, Angst
2	w	45	V	Somatisierungsstörung, Depression
3	w	42	V	Somatisierungsstörung, Depression
4	w	21	M	Eßstörung
5	w	30	V	Persönlichkeitsstörung, Angst, Depressionen (Sucht)
6	m	37	V	Somatisierungsstörung
7	m	23	V	Sucht, funktionelle Störung
8	w	25	V	Depression
9	w	23	M & V	Persönlichkeitsstörung, Depression, Angst,
10	w	23	V	Konversionsstörung
11	m	38	V	funktionelle Störung, V. a. Persönlichkeitsstörung
12	m	31	M	Sucht, funktionelle Störung, V. a. Eßstörung
13	w	19	V	funktionelle Störung, depressive Reaktion
14	w	30	V	Depression
15	w	28	M & V	depressive Reaktion, Somatisierungsstörung
16	w	24	M	Depression, Z. n. Eßstörung
17	w	37	V	Somatisierungsstörung, Depression
18	w	23	V	Depression, Angst
19	w	24	V	Angststörung
20	w	28	V	Sucht, Angststörung
21	w	21	V	Persönlichkeitsstörung
22	w	45	M	Depression
23	w	44	M	Eßstörung
24	w	27	V & Stv	depressive Störung
25	w	37	V	Eßstörung, Angststörung
26	w	32	V	Eßstörung
27	w	26	M	Sucht, Depression, V. a. Persönlichkeitsstörung
28	w	34	V	Eßstörung, Adipositas, Sucht, Somatisierungsstörung
29	m	30	V	Sucht, Depression
30	w	29	M	Eßstörung
31	w	31	V	Depression

	GRUPPE A: 'ABHÄNGIGKEIT-INANSPRUCHNAHME' (PASSIV-SELBST)
5	**Bindung-Eltern**
7	**Bindung, passiv-aggressiv, Konfliktvermeidung**
8	**Bindung-Eltern**
9	autoaggressiv
10	(keine Aussage)
12	**Bindung-Eltern**
20	**Bindung-Eltern**
22	autoaggressiv, Konfliktvermeidung
27	**Bindung-Eltern, autoaggressiv**
29	**autoaggressiv, passiv-aggressiv, Konfliktvermeidung**
30	**Konfliktvermeidung, autoaggressiv**
	GRUPPE B: 'VERPFLICHTUNG-BEMÜHUNG' (AKTIV-ANDERE)
1	**Bindung über Schuldgefühle-Eltern**
2	**Bindung: Schuldgefühle, Konfliktvermeidung**
3	**Konfliktvermeidung, Somatisierung, Schuldgefühle**
6	**Konfliktvermeidung, Somatisierung**
15	**Schuldgefühle**
16	**Konfliktvermeidung, Sucht, Schuldgefühle**
19	Konfliktvermeidung, Schuldgefühle
23	Konfliktvermeidung, autoaggressiv, Sucht
24	Konfliktvermeidung
25	**Konfliktvermeidung, Sucht, Bindung-Familie, Schuldgefühle**
28	**Bindung-Eltern, autodestruktiv, Sucht, Konfliktvermeidung**
31	**Schuldgefühle**
	GRUPPE C: 'ANPASSUNG-ZURÜCKNAHME' (PASSIV-ANDERE/SELBST)
4	**Konfliktvermeidung, Delegation an andere**
13	Konfliktvermeidung
14	**Konfliktvermeidung, autoaggressiv, passiv-aggressiv**
17	**Konfliktvermeidung, Bindung-Eltern, Vorwurf, Schuld**
18	**Konfliktvermeidung, Bindung: Schuldgefühle, passiv-aggressiv**
21	Konfliktvermeidung, passiv-aggressiv
	GRUPPE D: 'DISTANZIERUNG-ZURÜCKWEISUNG' (AKTIV-SELBST)
11	Konfliktvermeidung, (aggressiv nach außen)
26	Konfliktvermeidung

(fett= besonders starke Ausprägung)

Aus unserem Programm

Hilke Brockmann
Die Lebensorganisation älterer Menschen
Eine Trendanalyse
1998. XIV, 270 Seiten, 33 Abb., 11 Tab., Broschur DM 62,-/ ÖS 453,-/ SFr 56,50
DUV Sozialwissenschaft
ISBN 3-8244-4311-2
Es wird deutlich, daß ältere Menschen im Vergleich zu jüngeren auch heute wenig
an Veränderungen und Wandel interessiert sind. Daneben gibt es den Typus der
"neuen Alten", die das Verhaltensstereotyp der "alten Alten" nahezu ins Gegenteil
verkehren.

Frank Detje
Handeln erklären
Vergleich von Theorien menschlichen Handelns und Denkens
1999. XII, 296 Seiten, 24 Abb., 10 Tab., Broschur DM 68,-/ ÖS 496,-/ SFr 62,-
DUV Psychologie
ISBN 3-8244-4345-7
Der Autor untersucht fünf bekannte Theorien zu verschiedenen psychologischen
Problemfeldern, um das Verhalten eines Menschen in einer komplexen Umwelt zu
erklären.

Eva Flicker
Liebe und Sexualität als soziale Konstruktion
Spielfilmromanzen aus Hollywood
1998. XII, 206 Seiten, 8 Tab., Broschur DM 48,-/ ÖS 350,-/ SFr 44,50
DUV Sozialwissenschaft
ISBN 3-8244-4271-X
Die Autorin verknüpft theoretische soziologische Konzeptionen von Sexualität und
Liebe mit Filminterpretationen ausgewählter Hollywood-Romanzen der 30er bis
90er Jahre.

Hans Gruber u. a. (Hrsg.)
Wissen und Denken
Beiträge aus Problemlösepsychologie und Wissenspsychologie
1999. 221 Seiten, 17 Abb., 7 Tab., Broschur DM 58,-/ ÖS 423,-/ SFr 52,50
DUV Kognitionswissenschaft
ISBN 3-8244-4327-9
Die Forschung über menschliche Kompetenz bzw. die Expertisenforschung erfolgt
in den Disziplinen Problemlösepsychologie und Wissenspsychologie. Der Band
trägt dazu bei, beide Zweige miteinander in Beziehung zu setzen.

MIX
Papier aus verantwortungsvollen Quellen
Paper from responsible sources
FSC® C105338

If you have any concerns about our products,
you can contact us on
ProductSafety@springernature.com

In case Publisher is established outside the EU,
the EU authorized representative is:
Springer Nature Customer Service Center GmbH
Europaplatz 3, 69115 Heidelberg, Germany

Printed by Libri Plureos GmbH
in Hamburg, Germany